ソーシャルワーク実践による高齢者虐待予防

社会福祉士
乙幡 美佐江◎著
Oppata Misae

発行 民事法研究会

はしがき

　虐待は、人権を侵害している事象である。

　これまで、高齢者に対する暴力などの虐待の事象が発生しないよう、予防できるようになることは、誰もが願ってきたことであろう。しかし、有効であると証明できる予防策がないまま、今日に至っている。

　本研究は、高齢者に対する虐待の事象が発生する前に、ソーシャルワーク実践を展開して予防できるようになることをめざし、2017年度ルーテル学院大学大学院学位博士論文「高齢者虐待防止法に基づいたソーシャルワーク実践における虐待事象の悪化防止──高齢者虐待の予防支援システムの構築に向けて──」を加筆・修正したものである。

　高齢者に対する虐待の事象は、2006年から高齢者虐待の防止、高齢者の養護者に対する支援等に関する法律に基づき、市区町村の責任において対応することが規定され、社会福祉士などのソーシャルワーカーが配置されている地域包括支援センターを中心に取り組まれてきた。高齢者虐待の事象は、法律に基づいたソーシャルワーク実践により取り組まれてきたことから、本研究は、すでに発生した虐待の事象の悪化を防ぐための取組みや虐待の悪化要因を探求することで、高齢者虐待の予防策について検討していくものである。

　高齢者虐待の予防策を検討するためには、予防概念が必要であるが、日本内外において高齢者虐待の予防概念は確立されていない状況にある。そのため、本研究において予防概念の作成を試みる。

　そして、筆者が作成を試みた高齢者虐待の予防概念を基本に、高齢者虐待の事象に対して実際に取り組まれたソーシャルワーク実践を分析する。その分析結果を踏まえ、高齢者虐待の予防策を提示する。

　本研究が、高齢者虐待の事象が発生する前にソーシャルワーク実践において取り組まれることによって、高齢者の権利が侵害されることなく、高齢者本人が、いっしょに生活したい方と住み慣れた地域、住み慣れた家で、その方らしく暮らしていくことができる社会になることの一助となれば幸いであ

はしがき

る。

2019年3月 乙幡　美佐江

（カバーイラストについて）

　カバーイラストの木の絵は、娘が小学校5年生のとき、授業の課題で描いたものを使いました。また、裏側のザリガニの絵は、息子が小学校1年生のときに、同じく授業の課題で描いたものを使いました。両画とも、生命力に溢れることから、虐待対応にかかわる人たちに、虐待の予防のためソーシャルワークの実践によって、被虐待者・養護者の生命力を引き出すきっかけとなってほしいという願いを込めたものです。

『ソーシャルワーク実践による高齢者虐待予防』

目　次

序章　本研究の背景と目的

Ⅰ　本研究の背景··2
　1　人口高齢化···2
　2　介護保険制度にみる費用抑制策·······················3
　3　ケア提供者の質と量··3
　4　高齢者虐待の相談・通報件数の増加と被虐待者の特性··············5
　5　被虐待者がおかれている環境·····························5
Ⅱ　本研究の目的··7
Ⅲ　本研究の枠組み···8
　1　本研究の射程···8
　2　高齢者虐待の予防概念··9
　3　高齢者虐待の事象を予防するソーシャルワーク実践··············10
　4　本研究の方法··11
　5　本研究の構成··13

第1章　養護者による高齢者虐待防止に関する先行研究

Ⅰ　高齢者虐待防止研究の現状と課題·····················16
　1　高齢者虐待の定義に関する研究··························16
　2　高齢者虐待の要因に関する研究··························19
　3　被虐待者の保護···26
　4　養護者支援の研究··27

3

Ⅱ　高齢者虐待防止法に基づいた対応の現状と課題……………31

　Ⅲ　虐待対応とソーシャルワーク実践………………………………36

　　1　法に基づいたソーシャルワーク実践の意義……………………36

　　2　法施行前後のソーシャルワーク支援の意味あい………………37

　　3　本研究でのソーシャルワーク実践の定義………………………40

第2章　高齢者虐待の予防に関する先行研究と概念枠組み作成の試み

　Ⅰ　高齢者虐待の予防に関する先行研究……………………………44

　Ⅱ　高齢者の介護予防事業における予防概念………………………47

　　1　介護保険法改正にみる介護予防サービス事業における予防概

　　　念の役割……………………………………………………………47

　　2　予防概念をめぐる生活習慣病予防と介護予防との関係………48

　Ⅲ　ソーシャルワークにおける予防概念……………………………50

　　1　予防概念導入の変遷……………………………………………50

　　2　予防概念の視点とソーシャルワークのモデル・アプローチと

　　　の関係………………………………………………………………51

　Ⅳ　予防医学・予防精神医学における予防概念……………………54

　　1　予防医学と予防精神医学における予防の目的…………………54

　　2　Caplan, G の提唱する第一次予防………………………………55

　　3　Caplan, G の提唱する第二次予防………………………………57

　　4　Caplan, G の提唱する第三次予防………………………………58

　　5　Caplan, G における第一次予防・第二次予防・第三次予防の

　　　関連性………………………………………………………………58

　　6　Caplan, G による危機の視点……………………………………60

　　7　Caplan, G による地域計画と評価………………………………62

　　8　Caplan, G の予防概念の枠組みにみる特徴……………………63

Ⅴ　日本の四つの虐待防止法における「予防」の扱われ方……66

Ⅵ　公的マニュアルに規定されている「予防」の段階 ………69

Ⅶ　高齢者虐待予防への Caplan, G の予防概念の援用 ………72

　　1　高齢者虐待の事象に対する第一次予防………………………72

　　2　高齢者虐待の事象に対する第二次予防………………………73

　　3　高齢者虐待の事象における第三次予防………………………74

　　4　高齢者虐待に関する予防対策の現状…………………………76

第3章　高齢者虐待悪化防止の協働プロセスの様相
──ケース記録の質的分析をとおして──

Ⅰ　高齢者虐待対応における協働の先行研究 ………………………80

Ⅱ　本研究における質的調査の目的…………………………………84

Ⅲ　研究の方法 ………………………………………………………85

　　1　質的調査の分析方法……………………………………………85

　　2　調査対象…………………………………………………………86

　　3　分析手順…………………………………………………………88

　　4　倫理的配慮……………………………………………………107

Ⅳ　分析結果………………………………………………………108

　　1　高齢者虐待が疑われた13事例の概要………………………108

　　2　第一分析の結果──高齢者虐待防止法に基づいたマニュアルの遵守状況──……………………………………………113

　　3　第二分析の結果──当事者の取組みにおける虐待の悪化を防止した取組み──……………………………………………137

　　4　第三分析の結果──虐待対応機関、関係者・関係機関、当事者の虐待対応プロセス──……………………………………146

　　5　13事例にみる高齢者虐待の悪化防止のための協働──第一・

目　次

第二・第三分析のまとめ——………………………………… 148

　6　考　察………………………………………………………… 157

　7　まとめ………………………………………………………… 168

Ⅴ　限界と意義 ………………………………………………………… 170

第4章　高齢者虐待の悪化を防止した取組みの探索的な分析
——量的調査を中心に——

Ⅰ　問題の関心 ………………………………………………………… 174

Ⅱ　高齢者虐待防止法に基づいた公的マニュアルの遵守
　　による虐待対応の体制に関する先行研究 ………………… 176

　1　高齢者虐待防止法に基づいた公的マニュアルの遵守状況の調査…… 176

　2　地域包括支援センター業務の支援プロセスの調査 ……………… 178

　3　地域包括支援センター業務の虐待対応プロセスに関連する要因 …… 179

Ⅲ　目　的 ……………………………………………………………… 183

Ⅳ　研究の方法 ………………………………………………………… 184

　1　調査方法と調査対象 ……………………………………………… 184

　2　分析方法 …………………………………………………………… 184

　3　分析に用いた変数 ………………………………………………… 185

　4　倫理的配慮 ………………………………………………………… 205

Ⅴ　結　果 ……………………………………………………………… 206

　1　基本属性 …………………………………………………………… 206

　2　高齢者虐待防止法に基づいた公的マニュアルの遵守状況の結
　　果と特徴 …………………………………………………………… 211

　3　市区町村マニュアルの策定の有無と高齢者虐待防止状況との
　　関連 ………………………………………………………………… 229

Ⅵ　考　察 ……………………………………………………………… 242

1　高齢者虐待の対応状況と悪化防止の取組み状況についての考察‥‥242

　2　市区町村がマニュアルを独自に作成する意義‥‥‥‥‥‥‥‥247

　3　本量的調査における限界‥‥‥‥‥‥‥‥‥‥‥‥‥‥‥‥‥‥248

第5章　実践への示唆
──高齢者虐待の予防支援システムの構築に向けて──

Ⅰ　高齢者虐待における第一次予防対策の必要性‥‥‥‥‥‥‥252

　1　研修・教育の実施とネットワークの活用の促進‥‥‥‥‥‥252

　2　都道府県単位による相談助言・広域調整機関の設置体制‥‥‥253

　3　調査・研究による検証の必要性‥‥‥‥‥‥‥‥‥‥‥‥‥253

Ⅱ　高齢者虐待における第二次予防対策の必要性‥‥‥‥‥‥‥254

　1　危機への介入体制の整備‥‥‥‥‥‥‥‥‥‥‥‥‥‥‥‥254

　2　虐待対応プロセスを遵守したソーシャルワーク実践の必要性‥‥255

Ⅲ　高齢者虐待の第三次予防対策の必要性‥‥‥‥‥‥‥‥‥‥256

Ⅳ　高齢者虐待を予防する地域づくりの必要性‥‥‥‥‥‥‥‥258

終章　まとめと今後の展望

Ⅰ　要　約‥‥‥‥‥‥‥‥‥‥‥‥‥‥‥‥‥‥‥‥‥‥‥‥‥262

Ⅱ　本研究の意義と限界‥‥‥‥‥‥‥‥‥‥‥‥‥‥‥‥‥‥268

　1　研究対象に対しての意義と限界‥‥‥‥‥‥‥‥‥‥‥‥‥268

　2　研究方法に関しての意義と限界‥‥‥‥‥‥‥‥‥‥‥‥‥268

　3　研究結果に関しての意義と限界‥‥‥‥‥‥‥‥‥‥‥‥‥269

Ⅲ　今後の展望‥‥‥‥‥‥‥‥‥‥‥‥‥‥‥‥‥‥‥‥‥‥270

目　　次

- 謝　　辞⋯⋯⋯⋯⋯⋯⋯⋯⋯⋯⋯⋯⋯⋯⋯⋯⋯⋯⋯⋯⋯⋯⋯⋯⋯ 271
- 文　　献⋯⋯⋯⋯⋯⋯⋯⋯⋯⋯⋯⋯⋯⋯⋯⋯⋯⋯⋯⋯⋯⋯⋯⋯⋯⋯ 273
- 〔巻末資料〕アンケート調査依頼文・調査票 ⋯⋯⋯⋯⋯⋯⋯⋯⋯⋯ 301
- 事項索引⋯⋯⋯⋯⋯⋯⋯⋯⋯⋯⋯⋯⋯⋯⋯⋯⋯⋯⋯⋯⋯⋯⋯⋯⋯⋯ 312
- 著者略歴⋯⋯⋯⋯⋯⋯⋯⋯⋯⋯⋯⋯⋯⋯⋯⋯⋯⋯⋯⋯⋯⋯⋯⋯⋯⋯ 315

序 章

本研究の背景と目的

　高齢者虐待の事象は、世界的な事象（the global phenomenon）として、WHO が取り上げている。
　高齢者の生命、生活を護るため、高齢者虐待の予防支援システムの構築が必要となった背景と研究の目的について述べる。

I　本研究の背景

　わが国において、虐待により高齢者の生命が危険にさらされるという事象が増えている。このような高齢者虐待の事象は、世界的な事象（the global phenomenon）として世界保健機関（以下、「WHO」という）が取り上げている。高齢者の生命を護るための対策を講じることは、すべての国の喫緊の課題である。

　本節では、高齢者虐待の予防支援システムの構築が必要となった背景として5点をあげる。

1　人口高齢化

　日本社会の人口動態は、少子高齢化から人口減少時代へと移行した。具体的には、2015年の高齢化率が26.7％であり、認知症の有病率が65歳以上高齢者の16.0％であったものが、2025年には高齢化率が30.3％で、認知症の有病率は20.6％に増え、今後も介護を必要とする者が増えると推計されている（厚生労働省 2016〔略語については巻末文献参照〕）。要介護者の増加は、家族の小規模化と重なり、高齢者虐待の事象に影響を及ぼす重要な社会的背景の一つとして考慮すべきと考える。

　また、少子高齢化・人口減少が急激に進み、2060年には、高齢化率が39.9％と2.5人に一人が高齢者となる一方、人口も9000万人を割ると見込まれている（厚生労働省 2016）。

　この事象を考慮すると、複数の高齢者のいる世帯が増え、一人の高齢者がもう一人の高齢者を介護する老々介護の事態や、一人暮らしの高齢者が増加すると考えられ、本人が十分に自身のケアができないことから生じる自己放棄・放任というセルフ・ネグレクトが増加することが考えられる。

　一方、日本老年学会・日本老年医学会（2017）は、高齢者を75歳以上とし、

74歳までを社会の支え手である労働人口に含めることを提案した。この提案によると、75歳未満の人々が高齢者ではなく、支援者として就労することや、近隣に住む同士で緊急時のために鍵を預け合うこと、親族関係にない者同士が家をシェアし、互いにケアし合うことなどが発生すると考えられる。

人口高齢化が及ぼす影響としては、虐待事象の構造を大きく変化させることが考えられる。介護従事者などとして勤務する人々や、親族関係にない現に養護する者による虐待が増加することが見込まれる。このように養護者と高齢者との関係性が虐待事象の構造をさらに変化させることになるであろう。

2　介護保険制度にみる費用抑制策

人口高齢化が高齢者の生活を脅かし、社会保障制度の持続が危うい状況をもたらしている。たとえば、介護保険制度の持続可能性の確保が課題とされ、限られた費用活用の重点化・効率化を図る対策が提案された（厚生労働省2016）。その一例として、2015年4月から特別養護老人ホームの入所要件がこれまでの要介護1以上から要介護3以上へと改正されたことがあげられる。つまり、高齢者の心身機能が重度に低下することがサービス受給の要件となったといえる。家庭での生活支援が十分に受けられない要介護2以下の高齢者にとっては、施設入所がますます難しくなり、虐待等に該当するとの行政等の判断なしでは、家庭での介護を維持せざるを得ない場合も発生している。

また、高齢者の約4人に一人が認知症またはその予備軍ともいわれ、介護が必要となる高齢者は今後さらに増加し、2025年の介護費用は約21兆円と推計されている（厚生労働省 2016）。介護保険の財政が厳しくなれば、サービスの提供がさらに制限され、虐待の事象がより悪化しない限り被虐待者への支援や保護が受けられないことにもなると考える。

3　ケア提供者の質と量

2015年の介護保険制度改正により、「地域包括ケアシステム」が推進され、「地域共生社会」をめざすこととなった（厚生労働省 2016、2017c）。この施

策により、高齢者は住み慣れた地域で医療介護、介護予防、住まい、および自立した日常生活への支援を、包括的に受けることができる在宅ケアシステムが整えられつつある。しかし、それに対応できるようなケア提供者の人材確保が困難な状況にあるという事実も否めない。

　この「地域包括ケアシステム」の拠点であり、高齢者虐待の対応機関である地域包括支援センターは、今後「全世代対応型地域包括支援センター」として高齢者、障害者、児童、生活困窮者の別なく、地域に暮らす住民誰もがその人の状況にあった支援を受けられる地域包括支援体制の拠点としての機能を果たすことが期待されている（厚生労働省 2015）。この体制の中で、社会福祉士などの専門職が行うソーシャルワークとして、主に、以下の七つの機能が求められている（厚生労働省 2015）。

　①　対象者を早期に、かつ積極的に把握するアウトリーチ
　②　育児、介護、障害、貧困など世帯全体の複雑化した状況のアセスメント
　③　対象者本人を中心とした総合的な支援プランの作成
　④　関係機関と方針などの検討・情報共有
　⑤　地域のネットワークの構築
　⑥　必要な社会資源の創造・開発
　⑦　コーディネート機能の発揮

　このように、地域包括ケアの推進には、ソーシャルワーカーが対象者を早期に把握することなどが求められているが、実際には高齢者虐待の事象に介入するには、虐待の通報を受け付けた時点で、通報時に虐待を受けたと思われる事象（たとえば、大声や痣など）の根拠が必要である（高齢者虐待の防止、高齢者の養護者に対する支援等に関する法律（以下、「高齢者虐待防止法」という）」7条1項・2項）。これは、高齢者虐待対応におけるソーシャルワーク実践において、虐待事象発生後の事後対応が中心とならざるを得ない状況を孕んでいる。

4 高齢者虐待の相談・通報件数の増加と被虐待者の特性

厚生労働省（2017b）の報告によれば、高齢者虐待の発見・通報時に、高齢者の身体状況が寝たきりの状態に近いほど、虐待の事態の深刻度が高いことが報告されている。つまり、虐待の事態が深刻化するまでは発見されない実態がすでに存在しているといえる。

高齢者虐待は、WHO（2015）の報告書によれば、先進諸国において、高齢者虐待の発生率が高齢者人口の１～10％であり、高齢者人口の４～６％が重大な虐待を受け、かつ増加しているとの記述がある。

日本における高齢者虐待の発生率については、養護者による高齢者虐待相談・通報件数から予測することになる。厚生労働省による平成27（2015）年度の調査報告では、養護者による虐待相談・通報件数は２万6688件であり（厚生労働省 2017b）、高齢者人口が3461万人（総務省 2016）から考えると、高齢者人口の約0.077％に該当する。

これは、高齢者人口の１％にも満たない数字であるが、相談・通報件数の増加傾向から考えると、高齢者虐待の発生率そのものが増加する危険性があるといえる。

被虐待者の特性は、厚生労働省（2017b）によれば、被虐待者の66.7％が、要支援・要介護認定を受けており、なんらかの支援や介護が必要な状況にある。その内訳には、認知症等で日常生活に支障を来すような症状・行動や意思疎通の困難さがみられる状況にある者が69.0％を占め、また、屋内での生活はおおむね自立しているが介助なしでは外出しない、あるいは寝たきり状態にある者が71.6％を占めている。これらの結果を踏まえると、支援や介護が必要な高齢者ほど虐待を受けやすい状況にある（厚生労働省 2017b）。

5 被虐待者がおかれている環境

支援や介護が必要な在宅の高齢者は、家族などと同居し介護を受けている状況にある。被虐待者の居住形態をみると、86.6％が養護者との同居となっ

ている。また、養護者の続柄は、未婚の子が45.1％、配偶者が21.5％、子夫婦が15.2％の順で多く、81.8％が同居する家族となっている。そして、被虐待者を介護している者が加害者となり、虐待などによる死亡事件が発生し続けている（厚生労働省 2017b）。これらの結果から、高齢者虐待の事象は、生命の危険に直結しており、家族介護者が加害者となる割合が高いといえる。

　高齢者に対する介護を考えると、居住形態は、同居する者がいるほうが、見守り者がいるという点でプラスの効果を生み出すはずである。しかし、既述の結果から考えると、最悪の場合、高齢者の死を招くというマイナス効果をもたらすこととなっている。2000（平成12）年に施行された「児童虐待の防止等に関する法律」（以下、「児童虐待防止法」という）では、家庭という密室性の高い場所で起こった虐待事例の分析が義務づけられ（4条5項）、その分析結果は、虐待防止のための制度・政策へ反映されている。しかし、2006（平成18）年に施行された高齢者虐待防止法では26条で、「高齢者虐待の事例の分析を行う」との文言はあるが、児童虐待防止法4条5項のいう「検証」の条文上の文言がない。実際に虐待事象が発生した事例を分析することは、虐待を防止する体制の整備に効果をもたらす。このことから、高齢者虐待防止の体制整備を図るため、日本高齢者虐待防止学会などにおいては高齢者虐待防止法の改正を求めている。

Ⅱ　本研究の目的

　本研究の目的は、高齢者虐待防止法に基づいたソーシャルワーク実践の実態を精査し、高齢者虐待の予防概念の枠組みとなる項目を確認・修正することで、包括的な高齢者虐待予防支援システムの構築を試みることである。

　既述の主な高齢者虐待を取り巻く社会的背景から、筆者は、高齢者虐待の事象が発生する前にソーシャルワーク実践を展開して虐待を予防することはできないのだろうかと考えた。そして、高齢者虐待防止法に基づいたソーシャルワーク実践による虐待事象の悪化を防ぐための取組みや虐待の悪化要因を探求することで、高齢者虐待予防策を提示し得ると考える。

Ⅲ　本研究の枠組み

　本研究の枠組みとして、本研究の射程、高齢者虐待の予防概念、高齢者虐待の事象を予防するソーシャルワーク実践について述べる。

1　本研究の射程

　高齢者虐待は、施設従事者等による虐待と養護者による虐待とに大別されるが、今後、人口の高齢化や財政上の問題等から地域包括ケアシステムが導入され、高齢者が住み慣れた家や地域で最期まで生活できることが重要視されることと、高齢者が支援者として従事するだけでなく、互いに現に養護する者となり得ることを考えて、本研究では、高齢者虐待の中でも、養護者による高齢者虐待に焦点をあてる。

　養護者による高齢者虐待の防止は、2006（平成18）年に施行された高齢者虐待防止法に基づき対応されるようになった。厚生労働省（2006）が同法に基づき、「高齢者虐待への対応と養護者支援について」（以下、「厚生労働省マニュアル（2006・2018）」という）を策定し、2018年に改訂された。厚労省マニュアル（2006）を補完するものとして日本社会福祉士会（2011）が「市町村・地域包括支援センター・都道府県のための養護者による高齢者虐待対応の手引き」（以下、「日本社会福祉士会の手引き（2011）」という）を策定している。また、各都道府県において、たとえば東京都（2006）が「高齢者虐待防止に向けた体制構築のために──東京都高齢者虐待対応マニュアル──」（以下、「東京都マニュアル（2006）」という）を策定している。ここでは、ソーシャルワーク実践のうち、法律やマニュアルに基づく支援が広く虐待対応にかかわる者に求められていることから、高齢者虐待防止法の規定に基づいて作成されている厚生労働省マニュアル（2006・2018）、東京都マニュアル（2006）、日本社会福祉士会手引き（2011）など（以下、「公的マニュアル」とい

う）の内容に基づき研究を実施する。

　なお、この公的マニュアルでは、高齢者を現に養護しない者による虐待など第三者による虐待や、セルフ・ネグレクト（自己放任）の事例に対しても、高齢者虐待防止法の養護者による虐待防止に準じた対応をするように求めている。

　しかし、第三者による虐待とセルフ・ネグレクトの事例においては、高齢者虐待防止法に規定された裁判所や行政による権限の行使のうち、特に、高齢者虐待防止法にしか規定されていない立入調査（私有地に住人の許可なく立入っても住居侵入罪（刑法130条）に問われない権限）と面会制限（被虐待者と虐待者の面会を制限できる権限）について権限行使できないことから、本研究では対象外とする。

2　高齢者虐待の予防概念

　2006年に高齢者虐待防止法が施行されて以降、厚生労働省は虐待の相談・通報件数などを報告している。その報告の中で2014年に初めて高齢者虐待の予防について取り上げ、第一次予防の目的を虐待の「未然防止」、第二次予防の目的を虐待の「悪化防止」、第三次予防の目的を虐待の「再発防止」とし、対応上の留意点が示された。現状における虐待対応は、第二次予防の虐待の悪化防止を中心に対応されていると説明されている（認知症介護研究・研修仙台センター 2014）。しかし、予防の考え方の根拠となった予防概念は示されず、現在においても不明である。

　また、公的マニュアルにおいては、虐待を未然に防止することが最も重要であると謳われ、市区町村と地域包括支援センターが、家庭内の権利意識の啓発や、認知症等に対する正しい理解の普及などの取組みが重要とされているが、予防概念については示されていない。高齢者虐待を未然に防止する対策として、厚生労働省（2017b）は、「高齢者虐待の対応の窓口となる部局の住民への周知」が81.7％、「地域包括支援センター等の関係者への高齢者虐待に関する研修」の実施が75.9％、「高齢者虐待について、講演会や市町村

広報紙等による、住民への啓発活動」の実施が65.2％と報告しているが、十分に実施されているとはいいがたい状況といえる。これら普及啓発や研修などの実施は、地域包括支援センターの権利擁護業務に位置づけられてはいるが、実施を義務づけてはいない（地域包括支援センター業務マニュアル検討委員会編 2015）。

　これらのことから本研究では、高齢者虐待の事象に対するソーシャルワーク実践に、予防概念が必要であるととらえる。なぜなら、高齢者虐待の事象は、医学的処置のように、悪い部分を切り取って健常の状態にするというよりは、人々が虐待の要因を抱えたまま生活していても、予防することで虐待の発生を遅らせる、発生してもすぐ対応することで虐待が起こっている期間を短縮し、虐待が再発しないように地域での生活を継続するための支援の方向性を考えたほうが、虐待対応の趣旨に一致すると考えるからである。

3　高齢者虐待の事象を予防するソーシャルワーク実践

　高齢者虐待の事象に対するソーシャルワーク実践は、主に地域包括支援センターによって行われている。権利擁護業務に位置づけられている高齢者虐待への対応は、地域包括支援センターに配置されている社会福祉士が中心となり、同センターに配置されている保健師と主任介護支援専門員などとともに専門性を発揮し、関係者・関係機関などと協働して対応することとしている（地域包括支援センター業務マニュアル検討委員会編 2015）。

　社会福祉士などのソーシャルワーカーが拠り所としている原理は、国際ソーシャルワーカー連盟（IFSW）がソーシャルワークの定義として2000年に採択した定義、並びに2014年に新しく採択された「ソーシャルワークのグローバル定義」（国際ソーシャルワーク学校連盟・国際ソーシャルワーカー連盟 2014）において、ソーシャルワークの基盤と位置づけられた諸原理「社会正義と人権」である。人権を侵害・否定し、社会正義に反する社会的行為である虐待の事象に、ソーシャルワークが取り組むことは必然である（副田 2008）。

10

児童虐待対応では、Biestek（1957）のケースワークの原則から、ソーシャルワーカーが虐待事象における緊急事態に対応し、被虐待者や虐待者である当事者と環境との間によりよい適応を実現してゆく過程に取り組むことはソーシャルワークであり、その働きかけをソーシャルワーク実践としている。高齢者虐待においては、1990年代のイギリスにおいて、ソーシャルワーカーが対応した虐待ケースの相当数でアセスメントやケア計画、定期的な計画の見直しが実施されていなかったことから、ソーシャルワーカーの介入には、良好なアセスメント、ケア計画、モニタリング、そして評価に関する原則を確立する必要性が強調された（Decalmer & Glendenning＝1998）。

　既述の2014年の国際ソーシャルワーカー連盟の総会において改訂されたソーシャルワークのグローバル定義の内容は、問題解決を図るという言葉が消え、ソーシャルワークは、生活課題に直面する当事者の取組みを支援することとされた（国際ソーシャルワーク学校連盟・国際ソーシャルワーカー連盟2014）。すなわち、ソーシャルワーカーは、問題となる事象が問題として顕在化する前から、生活課題に取り組むことが求められているといえよう。しかし、高齢者虐待防止法に基づく対応は、虐待事象の発生後に重点がおかれており、事象が重症化するまで放置される危険性が潜んでいると考える。

　これらのことから、本研究での高齢者虐待におけるソーシャルワーク実践とは、主に高齢者虐待に対応する地域包括支援センターに配置されている社会福祉士などのソーシャルワーカーが、担当地域において高齢者虐待の予防をめざし、インテーク、アセスメント、支援計画策定・実行、モニタリング、評価の実施など、一連の支援プロセスの原則をまもり、あらゆる援助技術とあらゆる資源を駆使することにより虐待の悪化を防止し、よりよい体制が整備されるよう社会政策の改善と開発にかかわる働きかけであると定義する。

4　本研究の方法

　本研究の方法として混合研究法（Mixed Methods Research）を用いる。混合研究法とは、量的調査と質的調査を一つの研究の中でいっしょに用いる方

法である（Creswell 2007）。混合研究法は1960年代初期に人類学者や社会学者によって使われ始めたマルチメソッドや1970年代後期に使われ始めたトライアンギュレーションから発展した。2005年には、Sage 出版社が「Journal of Mixed Method」という学術誌を刊行している。日本においても、2007年頃より混合研究法に関する訳本が出版され、健康科学・看護・教育・社会学・社会福祉学などのさまざまな分野において、混合研究法を用いたと明記した論文が発表されている。現在においても、混合研究法を用いた多くの研究が発表されその重要性が高まっている（高瀬 2010、川口 2011、廣瀬 2012）。

　混合研究法を使用するメリットとしては、量的調査だけ、あるいは質的調査だけでは答えることのできない問いに答えることができること、よりよい推測を行うことが可能になること、量的調査・質的調査の二つの調査法の違いから、現実の複雑さを理解できる可能性が増すことなどがあげられる（Creswell 2007、川口 2011）。しかし、何をもって混合研究法と定義するのか、また混合研究法の分類についてなど論者によって意見に隔たりがあり、統一された定義がないことが指摘されている（川口 2011）。よって、混合研究法を用いるときは、誰が提唱しているのか、どの手順を用いるかなどを示すことが求められるとの記述がある（川口 2011）。

　これらのことを踏まえ、本研究では、順次的手順（Creswell 2007）による混合研究法を採用する。この順次的手順とは、一つの方法で得られた結果を、他の方法によって精緻化し分析を展開することである。これは、探索的な目的のためにまず質的調査を用い、その母集団の結果の普遍化などのために、大きな標本を用いた量的調査でフォローアップする方法も該当する（Creswell 2007）。

　本研究では、順次的手順として、ある地域を対象に質的調査を行い、高齢者虐待の悪化防止の協働プロセスの様相として次の3点を明らかにする。

　第一に、高齢者虐待防止法に基づいた公的なマニュアルに示されている内容の遵守・不遵守状況から虐待を悪化させた要因、第二に、虐待の悪化を防止している被虐待者と養護者の取組み、第三に、公的マニュアルで示されて

いる虐待対応プロセスにおいて、高齢者虐待対応機関、関係者・関係機関、当事者などによる虐待の悪化を防止している取組みである。

　次に、量的調査を実施し、高齢者虐待の悪化を防止した取組みを探索的に分析する。具体的には、質的調査で把握された内容も含め、全国の地域包括支援センターの公的マニュアルの遵守状況などを把握し、特に、虐待の悪化を防止する取組みとしてあげられた体制整備の一つである市区町村マニュアルの策定の有無が、高齢者虐待防止法に基づいた公的マニュアルの遵守の程度などの高齢者虐待防止状況と関連しているかどうかを明らかにする。

　この混合研究法により、高齢者虐待に関する予防の概念についての構築を試みる。本研究においてこのような混合研究法を用いる意義は、質的調査で把握した高齢者虐待の悪化を防止する主な取組みなどが、全国の高齢者虐待対応にみられる事象であるかどうかを、量的調査を行うことで確認できる点にある。

5　本研究の構成

　第1章では、養護者による高齢者虐待防止に関する先行研究について述べる。高齢者虐待防止研究の現状と課題を示し、高齢者虐待防止法に規定された対応機関による虐待対応の現状と課題を整理し、虐待対応とソーシャルワーク実践について述べる。

　第2章では、高齢者虐待の予防に関する先行研究を概観し、高齢者の介護予防事業、ソーシャルワーク、予防医学、予防精神医学における予防概念を整理し、日本の四つの虐待防止法（児童虐待防止法、平成13（2001）年制定の「配偶者からの暴力の防止及び被害者の保護等に関する法律」（以下、「配偶者等虐待防止法」という）、高齢者虐待防止法、平成23（2011）年制定の「障害者虐待の防止、障害者の養護者に対する支援等に関する法律」（以下、「障害者虐待防止法」という））における「予防」の扱われ方、公的マニュアルに規定されている「予防」の段階を押さえたうえで、高齢者虐待予防の概念枠組みの作成を試みる。

第3章では、混合研究法のうち質的調査として、事例にみる高齢者虐待防止の協働プロセスの様相の分析を行う。当事者や親族、近隣住民、関係機関、虐待対応機関などによる虐待事象への協働による取組みを、地域包括支援センターの業務記録を対象に、質的内容分析法による分析を行う。記録されている事例は、高齢者虐待防止法の下に対応されていることから、高齢者虐待防止法に基づいた公的マニュアルの内容を枠組みとし、虐待を防止した協働の様相から、高齢者虐待を悪化させた要因と虐待の悪化を防止した取組みを明らかにする。

第4章では、量的調査を中心に高齢者虐待の悪化を防止した取組みを探索的に分析する。高齢者虐待対応機関による取組みの実態を把握し、質的調査の結果が全国的にみられるかどうかを確認するため、全国の地域包括支援センターを対象にした質問紙調査を実施する。そして、その結果を考察する。

第5章では、第3章・第4章で示した調査の結果を踏まえ、高齢者虐待予防に向けた高齢者虐待防止法に基づいた対応とソーシャルワーク実践について実践的なインプリケーションについて述べる。

終章では、本研究の要約を行い、研究の意義と限界、今後の展望を述べる。

第 1 章

養護者による高齢者虐待
防止に関する先行研究

　本章では、先行研究に焦点をあて、高齢者虐待防
止研究にみる現状および実践現場での虐待対応の現
状を取り上げ、その課題を明確にし、関連したソー
シャルワーク実践について述べる。

Ⅰ　高齢者虐待防止研究の現状と課題

　日本高齢者虐待防止学会の発行する学会誌「高齢者虐待防止研究」では、2005（平成17）年に制定された高齢者虐待防止法が施行から10年を迎える前年にあたる2014年、2015年に、日本の高齢者虐待の現状と課題についての特集が組まれた。同学会誌での主な論点は、虐待の定義、虐待の要因、被虐待者の保護や支援のための体制整備、養護者支援対策、虐待予防の考え方などである。

1　高齢者虐待の定義に関する研究

　高齢者虐待については、世界的に統一された定義が必要であるとの指摘から（Bonnie & Wallace 2008、渡部 2008、萩原 2009）、高齢者虐待の定義に関する調査研究を概観する。

　高齢者虐待を表す用語は、欧米では「Elder abuse」、「Elder mistreatment」、「Inadequate care」、「Harmful to the elderly」、「Lack of appropriate action」とさまざまに表現されている。日本では「不適切（Inadequate）」や「適切さに欠ける（Lack of appropriate）」である、「不適切ケア」は、「虐待」までには至っていない状況として認識されてきた。ところが、現在においては、欧米と同様に、「不適切ケア」も虐待であると解釈されるようになった（厚生労働省老健局高齢者支援課認知症・虐待防止対策推進室 2011）。

　WHO（2015）は、高齢者虐待を「単発ないしは、継続的な不適切な行為（lack of appropriate action）であり、信頼を結ぶことができるどの対人関係においても発生し、高齢者に危害や苦痛を与えることである」（WHO 2015※筆者訳）と定義づけている。また、不適切ケアも虐待であるとの認識がなされ、早期発見と通報・早期対応を促進することの必要性を提起している。

しかし、この WHO の定義を用いている法律や研究は、筆者が知る限りほとんど見当たらない。その意味で、高齢者虐待の定義については、いまだに世界的に共通の定義が確立されていないことから、調査結果の相互比較や研究の蓄積を難しくし、ひいては高齢者虐待の予防に関する社会の認識形成を妨げることにもなりうると考える。実際には、高齢者虐待についての定義の統合に向けて、研究は今も続けられている（上村ら 2003、Bonnie & Wallace 2008、中村 2014、任 2014、2016）。

一方、虐待予防の定義についてもまだ明確なものは示されていない。高齢者虐待防止法と配偶者等虐待防止法の条文では、「予防」ではなく「防止」という用語が使われ、障害者虐待防止法と児童虐待防止法の条文では、「防止」も「予防」も使用されている。児童虐待防止法１条と障害者虐待防止法１条に共通する文言「虐待の予防及び早期発見その他の虐待の防止」では、虐待予防と早期発見が同レベルのものとして扱われ、虐待の未然防止というよりは、事象の発生を早期に発見して対応し、虐待事象の悪化を防止するという意味で「予防」が用いられている。

ちなみに、高齢者虐待の定義の調査研究においては、どの定義を用いるかによって虐待の判断基準が異なるとの指摘がある（Bonnie & Wallace 2008、萩原 2009）。たとえば、「高齢者の権利利益の擁護に資すること」（１条）を目的として制定された高齢者虐待防止法（2006）では、虐待の定義を身体的虐待、心理的虐待、介護・世話の放棄・放任、性的虐待、経済的虐待の５類型としている。この判断基準を用い、市区町村は高齢者を保護するなどの権限を行使している。

他の国を例にとれば、高齢者虐待の判断基準に影響する虐待の類型は、上記５類型以外にもある。それは、「Self-neglect：セルフネグレクト」、「Abandonment：介護義務を持つものからの放棄」、「Social abuse：社会的虐待：友人や親族を人から遠ざけてしまう社会など」（The Elder Abuse Prevention Un_t 2014※筆者訳）、「Discrimination and mistreatment of older adult workers：職場での高齢者に対する差別や不適切な行為」（Brownell

第1章　養護者による高齢者虐待防止に関する先行研究

2013※筆者訳）などがある。しかし、これらの類型は、日本の現場で多くみられる虐待であるが、高齢者虐待防止法の5類型外であるため、同法に基づいた高齢者の保護などを実施する市区町村による権限の行使はできないことから、対応を除外される結果となっている。

　次に、虐待の判断基準に影響を与える用語として、被虐待者である「高齢者」や虐待者である「養護者」を包含した虐待事象の「当事者」の規定を取り上げる。

　被虐待者である「高齢者」とは、高齢者虐待防止法2条1項に「65歳以上の者」と定義されているが、同法附則2条では、「高齢者以外の者であって精神上または身体上の理由により養護を必要とするものに対する虐待の防止等のための制度については、速やかに検討が加えられ、その結果に基づいて必要な措置が講ぜられるものとする」としている。「高齢者に当たらない者」である65歳未満の者への養護者による虐待は、障害者虐待防止法での対応が可能である（厚生労働省社会・援護局 2012）。ちなみにアメリカでの調査研究は、高齢者を60歳以上と規定して、実施されている（Bonnie and Wallace 2008）。

　以上、高齢者虐待の定義に関する調査研究においては、どの定義を用いるかによって虐待の判断基準や調査対象者が異なり、共通定義が確立されていないことが、高齢者虐待の研究・調査を遅らせている現状を理解した。このため、本研究における高齢者虐待の定義を定めておく。

　本研究は、高齢者虐待防止法に基づいた養護者による虐待対応を中心とした研究であるため、高齢者虐待とは、「高齢者（65歳以上の者）が他者からの不適切な扱いにより権利利益を侵害される状態や生命、健康、生活が損なわれるような状態にあること」と定義する。虐待の種類としては、高齢者虐待防止法で規定している身体的虐待、心理的虐待、介護・世話の放棄・放任、性的虐待、経済的虐待の5類型とする。

　次に、高齢者虐待の要因に関する研究について述べる。

18

2　高齢者虐待の要因に関する研究

　高齢者虐待防止対策の示唆を得るためには、高齢者虐待の実態の全容解明が必要であるとの指摘（多々良 1994、高崎ら 1998、医療経済研究・社会保険福祉協会医療経済研究機構 2004、加藤 2004、橋本ら 2009、結城 2014、柴田 2014、小野 2014）がある。高齢者虐待の現状と課題については、高齢者虐待の要因に関する研究から考察したい。

⑴　欧米にみる虐待研究

　高齢者虐待の事象の説明には、さまざまな幅広い理論やアプローチの視点が用いられている（表1-1-2-1 参照）。そのプロセスは大きく五つに分類される。すなわち、①個人、家族内での関係事象（危機、ストレス、愛着など）、②社会の影響（役割、相互依存、社会システムなど）、③法令による対応（処罰規定と犯罪、ミクロ、メゾ、マクロなど）、④家族システムと環境システム（ストレングス、文化、交互作用など）、⑤予防概念の援用（公衆衛生など）である。

　まず、Caplan. G や Lindeman. E が研究した危機理論（Crisis theory）を虐待事象に援用し、ストレスの多い出来事が解決されず、不均衡が持続し、危機となって現れる事態が虐待であると考えた（Aguilera 1997）。

　次に、社会学の発展により、社会的交換理論（Social exchange theory）が出現し、経済の分野で用いられる報酬と損失の考え方を、被虐待者と養護者の依存関係に援用し、人と人との相互作用を報酬と罰の交換として考える。その意味で虐待は、相互依存の均衡が崩れた場合の反応であるとした（Wolf and Godkin 1982、Phillips and Biggs 2005）。この社会的交換理論はストレスが虐待を起こすとの考えをもつ一つのストレス理論（Stress theory）でもある（Curry and Stone 1995）。

　また、高齢者を社会の一員としてとらえた社会システム理論（Social systems theory）では、役割理論（role theory）を包含して、社会生活が、社会集団と社会の構成員間の相互作用から成り立っているものと考えた。そして、社会集団の変化がその構成員である個々の高齢者の役割を変化させ、その変

第1章　養護者による高齢者虐待防止に関する先行研究

表1-1-2-1　高齢者虐待の事象の説明に用いられた主な理論（その1）

提示者	理　論	内　　容
Aguilera C.D (1978 = 1994)	Crisis theory （危機理論）	Caplan, G や Lindeman, E が提唱した危機理論を高齢者虐待に援用し、ストレスの多い出来事における問題が、解決されず不均衡が持続し危機となることが虐待である。
Curry & Stone (1995)	Stress theory （ストレス理論）	社会的交換論は一つのストレス・モデルのタイプである。ストレスが虐待を起こす。
Wolf, Strugnell & Godkin (1982), Phillips. C (1986 = 2005)	Social exchange theory （社会的交換理論）	経済の分野で用いられる、報酬と損失の考え方を、被虐待者と養護者の依存関係に援用している。 人と人との相互作用を報酬と罰の交換と考える。虐待は、相互依存の均衡が崩れた場合の反応である。
Phillips, C (1986 = 2005)	Social systems theory （社会システム理論） role theory （役割理論）	社会生活は、社会それ自体と社会の構成員間の相互作用から生じてくるものとから成り立っている。それは社会集団内の役割を変化させ、変化した役割に沿って高齢者は相互作用する。
Fulmer（1989）	Agism （エイジズム）	高齢者が、知識や知恵など特有の価値・歴史をもっている人としてみる文化がある場合、高齢者本人が依存や能力低下などがあり、他の人より、人権などにおいて重要でないと思われ、価値下げを生み、偏見となり虐待につながる。
Shemmings, D (2000)	Attachment theory （愛着理論）	高齢者と介護者の愛着関係の程度が、晩年の家族成員の対立に関係し、虐待が起きる。
Podnieks, E (2004)	Micro, Mezzo, Macro （ミクロ、メゾ、マクロ）	介入レベルをメゾ（家族、地域など）とマクロ（法令など）で述べている。
Payne, B, K (2005)	Criminological theory （犯罪学）	経済的虐待は犯罪である。

表 1-1-2-1 高齢者虐待の事象の説明に用いられた主な理論（その２）

提示者	理　論	内　　容
Horsford, S.R. eds（2011）	Ecological systems theory（環境システムズ論）	米国のアフリカ系アメリカ人の高齢者虐待のリスクファクターとして文化的な要因や社会的な構造が影響しており、コミュニティーの文化的な強化やエコロジカルな視点が必要である。
Gibson & Qualls（2012）	Family systems theory（家族システム論）	主に経済的虐待への介入と理解に家族システムズ理論を用いている。
Hamby, S.（2014）	Strength theory（ストレングス理論）	人のもっている外的資源（人材、資産、環境、安全な場所など）と、内的資源（個性、認識能力、性格の強さなど）に存在する強みに焦点をあて、虐待を防止する。
WHO（2013）	The public health theory（公衆衛生理論）	公衆衛生理論より、世界的に高齢者虐待は公衆衛生にとって重大な問題であり、発生率を提示し、予防が重要とする。

（筆者作成）

化が高齢者の老化過程などにより促進され、高齢者個々人のアイディンティティの変化に影響するとの考えた（Phillips and Biggs 2005）。

　一方、高齢者を文化の中の人として、エイジズム（Agism）からとらえ、高齢者を知識や知恵など特有の価値・歴史をもっている人としてとらえる文化では、高齢者に依存や能力低下などがみられると、他の人々が、人権などの視点から高齢者を軽んじるという事象が生じ、そのような文化をもつ社会においては高齢者の社会的価値が低くなり、高齢者に対する偏見を生み、虐待につながるとの考えが出現した（Fulmer 1989）。

　そして、心理学の視点を援用し、愛着理論（Attachment theory）から、高齢者と介護者の愛着関係の程度が、晩年の家族成員の対立に関係して虐待が起きるととらえ、共依存関係や従来の世代間の暴力を伴う関係が要因であるとした（Shemmings 2000）。

ところが、虐待問題の解決には、システム理論の視点を用いて、被虐待者個人や家族のミクロレベルの支援だけでなく、地域というメゾレベルの支援や、法令などの制度の側面からのマクロレベルでの介入が必要であるとの見解が出現した（Podnieks 2004）。しかし、経済的虐待は窃盗や横領に値するため、犯罪学の立場からの議論がなされるようにもなった（Payne 2005）。

環境や文化というマクロ的視点を用いているものもあった。米国のアフリカ系アメリカ人の高齢者虐待のリスクファクターは、文化的な要因や社会的な構造に影響を受けるのであって、コミュニティーの文化的な強化やエコロジカルな視点が必要であるとして、環境システムズ論の視点（Ecological systems theory）を用いて説明している（Horsford and Parra.eds 2011）。

一方、高齢者を家族の一員ととらえる家族システム理論（Family systems theory）では、主に経済的虐待への介入と理解に焦点をあてている（Gibson and Qualls 2012）。また、人間のもっているストレングスに焦点をあて、人のもつ外的資源（人材、資産、環境、安全な場所など）と、内的資源（個性、認識能力、性格の強さなど）に存在する、強みを活用するストレングス理論を用いているものもあった（Hamby 2014）。

さらに、公衆衛生理論を適用した新たな視点が加わり、虐待の悪化を防ぐための対策や虐待が発生する前に予防する対策が必要であるとして、問題を予測して取組む大切さを指摘している研究もあった（WHO 2013）。

このように、高齢者虐待の事象についての研究のプロセスでは、さまざまな理論やモデルが取り入れられ、その要因を個人や家族システムの問題としていた時代から、環境からの影響を受けたものとして社会システム全体での取組みが必要な事象であるとの見方でその領域が拡大され、現在ではマクロシステムからの虐待事象の予防に到達したといえよう。

(2) 日本にみる虐待防止研究

高齢者虐待の要因については多くの研究がなされている（多々良 1994、高崎ら 1998、高崎ら 2004、医療経済研究・社会保険福祉協会医療経済研究機構 2004、加藤ら 2004、橋本ら 2009、結城 2014、柴田 2014、小野 2014）。

図 1-1-2-1　高齢者虐待が発生する要因

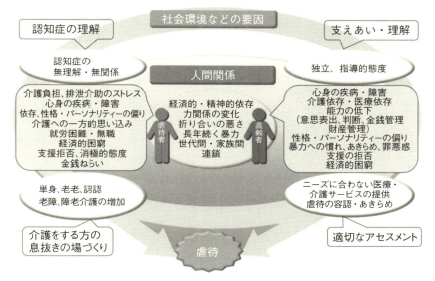

東京都パンフレット「高齢者虐待防止と権利擁護」をもとに一部改変

（地域包括支援センター運営マニュアル検討委員会編（2015）：134）

　これらの研究は、高齢者虐待防止法施行前後から厚生労働省（2016）などにより進められたものである。地域包括支援センター運営マニュアル検討委員会編（2015）には、これまでの虐待の発生要因に関する調査結果を網羅して、図 1-1-2-1 のように、高齢者虐待の要因については、簡潔にまとめられ、複数の要因が絡み合っていることが示された（川端 2015）。

　なお、高齢者虐待のリスク要因の妥当性について、Bonnie and Wallance（2003）は、以下の二つの観点から述べている。

　第一に、これまでには欧米でも「介護者のストレス」が主要リスク要因として強調されてきてはいるが、実際には、「介護者のストレス」、「高齢者の身体的障害」、「世代間連鎖」などもリスク要因として考えられてきた。しかし、これらの要因については高齢者虐待との関連性を示す実質的なエビデンスが確認されていないことの事実を指摘した。

第1章　養護者による高齢者虐待防止に関する先行研究

表 1-1-2-2　高齢者虐待の発生要因（複数回答）（その 1 ）

要　　　因	件数	割合(%)
虐待者の介護疲れ・介護ストレス	1,241	27.4
虐待者の障害・疾病	964	21.3
経済的困窮（経済的問題）	670	14.8
被虐待者の認知症の症状	576	12.7
虐待者の性格や人格（に基づく言動）	543	12.0
被虐待者と虐待者の虐待発生までの人間関係	472	10.4
虐待者の知識や情報の不足	366	8.1
虐待者の精神状態が安定していない	297	6.6
虐待者の飲酒の影響	284	6.3
被虐待者の精神障害（疑い含む）、高次脳機能障害、知的障害、認知機能の低下	234	5.2
被虐待者本人の性格や人格（に基づく言動）	178	3.9
家庭における養護者の他家族（虐待者以外）との関係の悪さほか家族関係の問題	165	3.6
虐待者の介護力の低下や不足	117	2.6
虐待者の理解力の不足や低下	113	2.5
被虐待者のその他の身体的自立度の低さ	82	1.8
被虐待者側のその他の要因	53	1.2
家庭に関するその他の要因	47	1.0
虐待者の孤立・補助介護者の不在等	42	0.9
（虐待者以外の）配偶者や家族・親族の無関心、無理解、非協力	34	0.8
虐待者側のその他の要因	27	0.6
被虐待者への排泄介助の困難さ	22	0.5
虐待者の外部サービス利用への抵抗感	20	0.4
虐待者のギャンブル依存	16	0.4

Ⅰ　高齢者虐待防止研究の現状と課題

表 1-1-2-2　高齢者虐待の発生要因（複数回答）（その 2 ）

要　　　因	件数	割合（%）
ケアサービスの不足・ミスマッチ等のマネジメントの問題	12	0.3
家庭内の経済的利害関係（財産、相続）	8	0.2
被虐待者が外部サービスの利用に抵抗感がある	6	0.1
虐待者に対する「介護は家族がすべき」といった周囲の声、世間体に対するストレスやプレッシャー	0	0.0
その他ケアマネジメントや制度関係の問題	0	0.0

（厚生労働省　2018b（資料 2 ）：15〜16）

　第二に、高齢者虐待のリスク要因の中でも実質的なエビデンスによって妥当性が確認されたものとして、「居住形態（一人暮らしだとリスクが下がり、同居だとリスクが高くなる）」、「社会的孤立（社会的ネットワークが弱い）」、「認知症による言動」、「虐待者の個人内特性（精神病やアルコール濫用など）」、「虐待者の依存性（経済的に依存しているとリスクが高くなる）」などの要因を提示している。

　また、National Criminal Justice Reference Service（2011）は、アメリカでの高齢者虐待が、虐待者（介護者）のストレスよりも、被虐待者や虐待者の精神的な疾患を主たるリスク要因とし、被虐待者であれ、虐待者であれ、支援が必要な当事者であり、認知症やうつ病、薬物依存症などへの治療やケアが必要であるとしている。

　なお、表 1-1-2-2（厚生労働省　2018b）から読み取ると、日本の高齢者虐待の発生要因としては、「虐待者の介護疲れ・介護ストレス」が27.4%で最も多い。しかし、「虐待者の性格や人格（に基づく言動）」が12.0%、「虐待者の飲酒の影響」が6.3%、「虐待者の精神状態が安定していない」が6.6%、「虐待者の精神障害（疑い含む）、高次脳機能障害、知的障害、認知機能の低下」が5.2%、「虐待者のギャンブル依存」が0.4%となっており、これら、性格、飲酒、精神状態、精神障害、ギャンブル依存が、いずれも養護者の個

25

人特性に起因する要因とすれば、計30.5%を占めることになる。これは、「虐待者の介護疲れ・介護ストレス」の27.4%を超えている。

　以上のことから、虐待の要因として、社会的孤立などの環境的な要因、依存・疾患などの養護者の要因、高齢者本人の認知症による行動・心理症状などが多くの調査報告などによって証明され、その対策が示されている。しかし、日本内外において高齢者虐待要因の全容がいまだ解明されていない現状にあり、すでに発生した虐待への対応から未然に防ぐ予防までを網羅する理論と対策が求められているといえよう。

　次に、被虐待者である高齢者本人のための保護や支援体制の整備について述べる。

3　被虐待者の保護

　高齢者に対する虐待を解消するため、被虐待者である高齢者を保護するなどの対策が日本内外においていくつか実施されてきた。

　イギリスでは1948年の国民扶助法（The National Assistance Act）により、高齢者の適切な介護と監護が欠けている場合に、地域の医師の診断の下、治安判事裁判所が、居宅から転居させることを最高3カ月まで命じることができた（Social Service Inspectorate Department of Health 2007）。

　アメリカにおいても、1940年代から1950年代にかけて一部の州が財産管理を中心に公的福祉プログラムとして成人保護を開始し、1987年に高齢アメリカ人法（Older Americans Act）が改正され、高齢者虐待の定義に「放任」を含めた。すなわち、介護の提供者が介護の義務を負う責任がある場合に、それを遂行しないことや、拒否した行為を放任と判断すると規定した（Bonnie and Wallace 2008、筒井・東野 2002）

　日本でも1963（昭和38）年に制定された老人福祉法に基づき被虐待者である高齢者を保護しており、その後、虐待への迅速な対応と地域による対応差を是正するなどのため、2006（平成18）年に高齢者虐待防止法等が施行された。この法律では、市区町村が強制的に権限を行使することが規定された。

その権限とは、同法施行以前から老人福祉法に規定されている、やむを得ない事由などによる措置（被虐待高齢者を施設などに保護する措置。老人福祉法10条の4、11条1項）と、成年後見制度の首長申立て（被虐待者の判断能力が低下し、適切に高齢者本人の財産を管理することや、身上を保護・監護する者がいないため、市町村長が家庭裁判所に申立てを行うこと（老人福祉法32条）、家庭裁判所が弁護士や社会福祉士などの適切な成年後見人等を決定する）のほかに、独自規定として、立入調査（私有地に侵入しても住居侵入罪に問われない権限。高齢者虐待防止法11条）と警察への援助要請（立入調査のときに警察に援助を要請できる権限。高齢者虐待防止法12条）、面会制限（養護者との面会を制限できる権限。高齢者虐待防止法13条）が新たに設けられた。

　これらの規定は虐待の解消に有効な施策ではあるが、生命、身体、財産の安全を最優先に考えた事後対応の体制整備であり、予防上の限界となる。

　次に、養護者への支援についての研究について概観する。

4　養護者支援の研究

　高齢者への養護者による虐待対応において、養護者支援は、虐待の未然防止・虐待の解消につながる対応とされていることから（厚生労働省 2018b）、ここでは法律上の位置づけ、支援の目的、養護者の属性、支援方法、支援内容、支援の終結、課題について述べることとしたい。

　まず、「養護者」とは、高齢者虐待防止法2条2項で、「高齢者を現に養護する者」と規定している。「現に養護する」とは、直接介護している者だけでなく、「金銭の管理、食事や介護などの世話、自宅の鍵の管理など、何らかの世話をしている者」（厚生労働省マニュアル：2）とし、「同居していなくても、現に身辺の世話をしている親族・知人等が養護者に該当する場合がある」（厚生労働省マニュアル：2）としている。つまり、同別居・親族かどうかにかかわらず、介護者はもちろんのこと、鍵や通帳を管理している者はすべて養護者と解され、高齢者虐待防止法の下に対応することとなる。

　日本における養護者支援の目的は、責任主体である市区町村が、高齢者の

権利利益を擁護するため、養護者に対し、相談、指導および助言その他必要な措置を講ずるとしている（高齢者虐待防止法1条、14条）。また、厚生労働省の調査によれば、虐待した養護者の属性は、主に40歳〜59歳が42.1％を占め、息子が40.5％、夫が21.5％とあわせて62.0％という結果が示されており、養護者は中高年男性が中心である（厚生労働省 2018b）。

養護者支援の内容は「助言・指導」の実施が52.8％、「養護者自身が介護負担軽減のための事業に参加」が2.5％となっている。養護者支援の終結については明記されていないが、被虐待者と養護者が「分離」により離れて生活することになったが29.2％、「分離されていない」が49.4％となっている（厚生労働省 2018b）。

上記の調査結果においては、養護者に対し誰がどのような「助言・指導」をしたか、どう終結したかなどについての詳細は不明であるので、ここでは、日本高齢者虐待防止学会研究調査委員会・朝日新聞大阪本社（2013）の調査結果から分析する。同会および同社が、全国の市区町村の虐待対応所管課に対してアンケート調査を実施した結果、養護者支援の内容は、介護負担軽減が42.7％、養護者の精神など健康問題への支援が21.4％、人間関係調整が13.6％、経済的支援が12.8％、被虐待者の精神など健康問題への対応が5.4％、知識・技術支援が4.1％であった。

養護者支援の方法としては、虐待対応の過程において、養護者支援チームを結成し、利益相反を防ぐため、被虐待者と養護者を別々のチームで対応すると公的マニュアルに明記されている。直営型地域包括支援センターでは、行政権限を行使する役割と養護者支援を実施する役割の両方を担うことから、関係形成が困難な養護者に対するソーシャルワーク実践のあり方と具体的方法の研究（綿谷・奥西 2015）や、男性介護者への支援の実施（石橋 2002、小宮山 2009、津止 2009、山本 2010）、虐待にかかわる援助職が拒否的な養護者と援助関係をつくり、援助職の前向きな姿勢の回復などのため、有用な実践アプローチとして問題解決志向アプローチに基づく「安心づくり安全探しアプローチ（AAA）」の活用とその研修が実施されている（副田・土屋 2011、

副田 2013)。

　また、高齢者虐待防止法における養護者支援の終結は、虐待が解消され、高齢者本人の生活の安定が図られたことを確認すると同時に、養護者支援を適切な関係機関にバトンタッチし、終結するとされている（厚生労働省2018a、日本社会福祉士会 2011）。終結の理由としては、被虐待者との「分離」と養護者の「自立」とされている（日本高齢者虐待防止学会研究調査委員会・朝日新聞大阪本社 2013）。

　なお、同調査結果では、専門職に養護者への支援をバトンタッチして虐待対応が終結されたかどうかについては、虐待の解消後専門職による「支援あり」が36.4％、「支援なし」が30.8％、これに関する「記録の記載がない」が32.8％であった（日本高齢者虐待防止学会研究調査委員会・朝日新聞大阪本社2013）。

　以上により、養護者支援の現状として、高齢者本人と養護者が離れて暮らすまで、あるいは虐待が解消して高齢者の安全が図られた後に、主な加害者である中高年男性の生活が自立するまで、65歳以上の者を対象とする市区町村の部署や地域包括支援センターによって支援を継続している場合と、養護者への支援を実施していない場合とがあるといえる。

　なお、養護者支援の課題として、日本高齢者虐待防止学会研究調査委員会・朝日新聞大阪本社（2013）の調査結果では、虐待解消と判断される分離の際「訴える（訴訟や情報開示請求）」という養護者の言動がみられ、分離の際に養護者が自殺する場合もあることが明らかにされている。

　高齢者虐待対応において、高齢者本人と養護者が離れて暮らす「分離」に関して、市区町村は、高齢者本人の生命・身体・財産を守るため、養護者の意に反して施設などへの分離による保護を実施する場合がある。市区町村の虐待対応所管課や地域包括支援センターが高齢者本人を保護する時点まで、養護者の気持ちに寄り添うなどして養護者への支援を実施していたとしても、分離したその時点から養護者と対立関係にならざるを得ない。意に反して高齢者本人と分離させられた養護者は、市区町村の責任を問うため、訴訟や情

報開示請求をしたり、自殺を企図することがある。

　つまり、高齢者虐待防止法の下、市区町村が第一の責任を担う高齢者虐待対応には、被虐待者の生命・身体・財産の危険だけでなく、自殺などによる養護者の生命の危険を伴うことがあり、市区町村の虐待対応所管課と地域包括支援センターは、被虐待者の安全が確保された後、訴訟や自殺リスクへの対応も必要となるといえよう。

　国外の高齢者虐待防止に関する法律における養護者支援には、高齢者を虐待する人に対する支援は含まれていない。たとえば、アメリカ全米家族ケア提供者支援プログラムでは、家族介護者の介護負担への支援が実施されているが、高齢者虐待防止の法規定とは直接関連をもたせていない（多々良2010）。イギリスやオーストラリアの一部では、「介護者法」が制定されており、介護を担う者が、独立したニーズをもつ個人であるとの認識をもった位置づけとなっている（湯原 2010、三富 2000）。

　被虐待者に対して保護や支援をすることと、虐待者に対する支援の両方を含む法律となっているのは日本のみである（多々良 2010）。

　上記のことから、日本の養護者支援は、65歳以上を対象としている市区町村の部署と地域包括支援センターが主に中高年の男性介護者に対して支援を行い、さらに、高齢者本人に対する虐待の解消後、養護者が自立するまでかかわり続けている現状がある。すなわち、市区町村が高齢者虐待防止法に基づき権限を行使することによって、養護者の自殺リスクと訴訟リスクが発生することへの対応も求められ、かかわりの終点がみえないことが課題となっているのである。

　次に、高齢者虐待防止法に規定された虐待対応機関による対応の現状と課題を述べる。

Ⅱ 高齢者虐待防止法に基づいた対応の現状と課題

　高齢者虐待への対応は、高齢者虐待防止法に責任主体として規定されている市区町村に立入調査や面会制限などの権限が与えられ、市区町村から虐待の事実確認などの業務の一部を委託された地域包括支援センターを中心に実施されている。

　地域包括支援センターには、社会福祉士・主任介護支援専門員・保健師の３職種が配置されており、高齢者虐待を含む権利擁護業務は主に社会福祉士が担う業務として実施されている。この権利擁護業務は、地域包括支援センター運営マニュアル検討委員会編（2015）に規定されている。権利擁護業務の中の高齢者虐待への対応は、高齢者虐待防止法に基づいて作成された公的マニュアルに明記されている。市区町村によっては、公的マニュアルに基づいて市区町村独自の高齢者虐待防止・対応マニュアルを作成しているところがある。

　公的マニュアルに明記されている市区町村の虐待対応所管課と地域包括支援センターが実施する主な業務は、①体制整備、②相談・通報・届出の受付、③事実確認（アセスメント）の実施、④コアメンバー（市区町村の虐待対応所管課と地域包括支援センター）による協議、⑤支援計画の作成・実行、⑥市区町村の権限行使などによる対応、⑦モニタリング・評価の実施、⑧協議による終結の判断などがある。以下に、それぞれの業務についての現状と課題を整理する。

　なお、④コアメンバーによる協議と、⑤支援計画の作成・実行、⑦モニタリング・評価の実施については、厚生労働省による調査は実施されていないため、全国の地域包括支援センターを対象とした調査結果（認知症介護研究・研修仙台センター 2017）基づき、その現状と課題を以下に述べる。

31

①体制整備

〈現状〉

　高齢者虐待の未然防止や早期発見などの対策として、高齢者虐待の対応窓口の周知や関係者への高齢者虐待に関する研修の実施、役所・役場内の体制強化、ネットワークの構築などが実施されている。

〈課題〉

　体制整備の中でも介護保険サービス事業者や行政機関、法律関係者、医療機関などからなる介入支援ネットワークの構築が毎年5割を下回る現状があることから、関係者・関係機関とのネットワークを構築し協働体制を整備することが課題としている（厚生労働省 2017d)。

②相談・通報・届出の受付

〈現状〉

　高齢者虐待に関して、国民や医療・保健・福祉関係者、弁護士に通報努力義務と虐待対応協力努力義務が課せられ、通報を受け付けた地域包括支援センターや市区町村は、速やかに事実確認を実施することが規定されている（同法4条、5条、7条、9条1項)。虐待の通報者としては介護支援専門員が29.5%と最も多く、次いで警察が21.1%、家族・親族が9.1%となっている（厚生労働省 2018b)。

〈課題〉

　体制整備が進んでいる市区町村ほど、相談・通報件数や虐待判断件数の増加がみられたことから、潜在的な虐待事案を顕在化する効果があるとし、市区町村の体制を整備するよう強く求めている（厚生労働省 2016)。

③事実確認の実施

〈現状〉

　地域包括支援センターや市区町村に義務づけられている事実確認については、虐待の通報を受け付けてから事実確認を開始までに要する期間が、即日から28日間以上と幅がある（厚生労働省老健局 2016)。

〈課題〉

　虐待対応における迅速かつ適切な初動期段階の事実確認の実施が課題としてあげられている（厚生労働省老健局 2016)。

④コアメンバーによる協議（コアメンバー会議）

〈現状〉

　地域包括支援センターが、コアメンバーによる協議を市区町村の虐待対応所管課に「要請しても開催されない」割合が22.7％となっている。

〈課題〉

　虐待対応の初動期における合議体の機能が不十分であることが課題として指摘されている（認知症介護研究・研修仙台センター　2017）。

⑤支援計画の作成・実行

〈現状〉

　地域包括支援センターの権利擁護業務を含む相談支援に対し、「支援計画を立案」しているのは26.9％となっている（国際医療福祉大学　2011）。

〈課題〉

　虐待対応に関する「支援計画」を作成している割合はさらに低いことが予想され、支援計画が全事業において作成されていないことが課題である。

⑥市区町村の権限行使などによる対応

〈現状〉

　高齢者虐待の解消のため、被虐待者である高齢者を施設などに分離した事例は31.2％、分離をせず同居のまま介護サービスなどを導入して虐待を解消した事例が50.4％となっている（認知症介護研究・研修仙台センター　2017）。また、分離した31.2％の事例のうち、行政権限として老人福祉法に基づく「やむを得ない事由などによる措置」を行使した事例は13.3％、「市区町村長による成年後見制度の申立」ては2.6％などとなっている（認知症介護研究・研修仙台センター　2017）。

〈課題〉

　上記の結果は、市区町村による「やむを得ない事由による措置」などの行使権限の行使の実施割合が必要な事例に対して措置などを控えているためである、あるいは、市区町村によって措置の判断に差があるためであると課題視されている（東京都　2013、結城　2014）。国においても、市区町村が予算上の問題などから措置を控えることを問題とし、市区町村に対し、措置費の確保や市区町村の独自の判断などの見直しと、高齢者のセーフティーネットとしての役割を維持、継続す

ることを求めている（厚生労働省社会保障審議会介護保険部会 2013、全国老人福祉施設協議会 2016）。

⑦モニタリング・評価の実施

〈現状〉

　地域包括支援センターの権利擁護業務を含む相談支援に対し、「モニタリング（進捗状況の把握）」が30.8％、「地域包括支援センターとしての課題解決」の評価が26.4％となっている。

〈課題〉

　地域包括支援センターによるモニタリング・評価業務の実施割合が低いことから、地域包括支援センター内でのモニタリング・評価システムが十分に機能していない課題が指摘されている（国際医療福祉大学 2011）。

⑧協議による終結の判断

〈現状〉

　終結業務に関しては、終結の判断理由として、「施設入所・入院」が46.7％、「在宅での状況が安定し支援不要となり、通常のケアマネメントへ移行した」が17.7％、「本人死亡」が17.5％となっており、分離した事例が全体に比して「終結」とされる割合が高いとの結果となっており、虐待の解消が終結の判断に直結している現状にある。

〈課題〉

　高齢者本人と養護者を分離することによる高齢者本人の保護を虐待対応の終結と結びつけることは適切ではなく、高齢者本人にとって適切な環境が整ったかどうかという観点で虐待対応の終結を判断していくべきものであるため、どのような状況を終結とみなすべきかを整理する必要性を指摘している（認知症介護研究・研修仙台センター 2017）。

　以上のことから、高齢者虐待防止法に規定された対応機関による虐待対応の現状は、市区町村の虐待対応所管課と業務委託先である地域包括支援センターの業務が、公的マニュアルに示されている虐待対応プロセスに沿って規定されているが、支援計画の作成やモニタリング・評価の実施などの全国調

査が実施されておらず、規定が遵守されているのかどうかが不明な状況にあった。つまり、虐待対応の実際は、虐待の事象が解消したかどうかを説明できるが、どのようなプロセスを経て解消に至ったのかを説明できる状況にないと考えられた。

　また、地域包括支援センターが抱える課題は、「業務量が過大」であることが24.7％と最も多く上げられている（三菱総合研究所 2015）。地域包括支援センターの職員が、虐待対応を含む権利擁護業務を実施する際、自身の「力量不足」を感じている職員が22.1％いる状況にある（三菱総合研究所 2015）。

　三菱総合研究所（2015）の調査では、権利擁護業務について、どの専門職が権利擁護業務を実際に対応し、どのくらいの虐待件数があるのかなどの調査は実施されていない。

　よって、地域包括支援センターにおいて、誰がどのような環境で権利擁護業務を実施しており、虐待対応プロセスはどう実施されているのかなど、全国的な調査の実施が必要であるといえよう。

　次に、虐待対応におけるソーシャルワーク実践についての先行研究を概観する。

第1章　養護者による高齢者虐待防止に関する先行研究

Ⅲ　虐待対応とソーシャルワーク実践

1　法に基づいたソーシャルワーク実践の意義

　虐待対応において、高齢者虐待防止法に基づいたソーシャルワーク実践には三つの意義がある。

　第一に、市区町村や裁判所による権限の行使が可能となる。具体的に、ソーシャルワーク実践を高齢者虐待防止法に基づいて行った場合は、被虐待者の安否を確認するために住居侵入罪に問われず私有地に立ち入る調査権限や、虐待者である養護者との面会を制限すること、養護者の意思にかかわらず被虐待者を施設等に保護すること、養護者以外に金銭を管理する人をつけるために市区町村長が家庭裁判所に成年後見制度の申立てを行うことなどが可能となる。

　第二に、ソーシャルワーク実践を高齢者虐待防止法に基づいて行った場合、介護サービス事業者や医療機関などの関係者・関係機関等による通報や、市区町村の虐待対応所管課と地域包括支援センターによる虐待の事実確認等のため、被虐待者や養護者の氏名・住所・病状などの個人情報を、関係者・関係機関等が市区町村や地域包括支援センターに提供することは個人情報の保護に関する法律（以下、「個人情報保護法」という）の例外規定に該当することになり、法令違反・守秘義務違反とはならないことである。

　第三に、ソーシャルワーク実践を高齢者虐待防止法に基づいて行った場合、65歳未満の養護者への支援も、65歳以上の者を対象とする地域包括支援センターや市区町村の虐待対応所管課において年齢を問わず支援を実施するための根拠法となる。

36

2 法施行前後のソーシャルワーク支援の意味あい

　最初に虐待防止法として出現したのが児童虐待防止法であり、その場合の
ソーシャルワーク支援についてはさまざまな見解が示された経緯がある。そ
れは、児童虐待対応において、虐待者との援助関係の信頼関係を形成しない
まま、行政や裁判所が権限を行使し、被虐待者を保護することが、ソーシャ
ルワークなのかどうかについての議論である。

　特に、児童虐待のソーシャルワーク支援に比べて、高齢者虐待へのソーシ
ャルワークは、専門化が遅れていると考える。そこで、まず、児童虐待のソ
ーシャルワーク支援を例に、ソーシャルワーク支援の意味あいを考えてみた
い。

　児童の場合、2005年現在で、保護者との援助関係の形成をする前に、行政
や裁判所が権限を行使することは、「ソーシャルワークの敗北」（才村 2005：
19）であるとの主張があった。「ソーシャルワークは虐待事例の前では無力
である」（才村 2005：20）とし、保護者との信頼関係の崩壊を避けるような
対応をしてきた歴史を憂いている。この「敗北」と「無力」という言葉は、
ソーシャルワーク支援として本来の責務を遂行せず、行政権限に委ねてしま
っている自らの姿勢を批判したものである。

　被虐待者、虐待者である当事者とソーシャルワーカー間において、援助関
係の形成なくしては援助が開始できず、受容的な実践でなければソーシャル
ワークではないという考え方が重視された結果によるものと考えられる。

　2000年代に入り、児童虐待の対応においては、「ソフトアプローチ（従来
の受容的ソーシャルワーク）」と「ハードアプローチ（強権的介入）」を意識的
に使い分けるのもソーシャルワークである（津崎 2004、才村 2005）とし、
画一的に強制的な権限を行使するのはソーシャルワークではないが、高い専
門性をもち、権限を行使するために十分なアセスメントや援助関係、援助プ
ロセスへの見通しなどをもった強制的介入もソーシャルワークであるとの考
え方が示された（才村 2005）。

第 1 章　養護者による高齢者虐待防止に関する先行研究

　児童虐待へのソーシャルワークの目的は、被虐待者や虐待者であるクライエントが、クライエントと環境との間によりよい適応を実現してゆく過程を援助することとし（才村 2005）、そのためにソフト・アプローチやハード・アプローチを方法として用い、あらゆるソーシャルワーク領域に共通する基礎的な専門性（ジェネリック・ソーシャルワーク）に加え、児童虐待ソーシャルワークに特化された専門性（スペシフィック・ソーシャルワーク）が求められるとしている（才村 2005）。

　さらに、家族の課題へ行政権力でもって強権的に介入する「自治体ソーシャルワーク」（才村 2003）や、ソーシャルワークにおける権威や権力の活用について、法に基づく権威をもって適切にクライエントに接近することはしばしば必要であり、有効であるとした見解（Biestek 2006）も登場した。

　一方、高齢者虐待においては、Butrym. Z（1976）のソーシャルワークの価値前提から、ソーシャルワーカーは、高齢者をかけがえのない人間として尊重し、人間の全体性、人生の継続性を視野に社会資源をつなぎ、高齢者や養護者の変化の可能性を信じ、高齢者が主体的に生きうる本人の力を信じ支援すると説明している（池田 2010）。そして、高齢者虐待におけるソーシャルワークは、通報→情報収集→調査→職務報告→協働活動→介入→防止という一連のプロセスにおいて、さまざまなスキルを用いるとした。特に、1990年代のイギリスでは、ソーシャルワーカーが対応した虐待ケースの相当数がアセスメントやケア計画、定期的な計画の見直しが実施されていなかったことから、ソーシャルワーカーの介入には、良好なアセスメント、ケア計画、モニタリング、そして評価に関する原則を確立する必要があるとした（Decalmer and Glendenning 1998）。また、高齢者虐待への介入の方法として大きな特徴である、行政や裁判所による権限行使は、ソーシャルワークでは「失策」だとし、「好まれない介入方法」（Decalmer and Glendenning 1998：126）と認識されてきた。

　そして、この市区町村や裁判所などによる行政権限の行使は、日本社会福祉士会（2010）が示した高齢者虐待対応ソーシャルワークモデルでは、リー

ガル・モデルに位置づけられている。以下にその内容を述べる。

　そのモデルは、高齢者虐待の対応を行う社会福祉士などの専門職に自らの役割の確認を促し、虐待対応ソーシャルワークの適切な展開に資することを目的に、「リーガル・モデル」「メディカル・モデル」「ソーシャルワーク・モデル」の三つのモデルを示した。

　「リーガル・モデル」とは、法的権限を有する市区町村や個人の代理などを実施する弁護士が、高齢者虐待防止法に規定されている立入調査や、やむを得ない事由による措置などの権限を行使し、養護者の脅し・暴力への対応、消費者被害への対応などを実施することを内容とした。

　「ソーシャルワーク・モデル」とは、地域包括支援センターの社会福祉士などの専門職が、高齢者本人や養護者へのエンパワメント、アドボカシー、コーディネーターとしてのマネジメント、支援者支援、サービスの利用促進、社会資源の開発、保護後の生活の再構築などを実施することを内容とした。

　「メディカル・モデル」とは、医療や看護、介護の立場にある者・機関が、被虐待者や養護者に対し、医療行為や医学的知識の提供、介護・看護方法の指導、臨床心理的支援などを実施することを内容とした。

　各モデルを比較すると、法的権限の有無や業務独占の有無によって実施内容が異なるという特徴がある。たとえば、法的権限を有する弁護士や市区町村が主な権限を行使することがリーガル・モデルに位置づけられ、法的権限をもたない地域包括支援センターの社会福祉士は、行政権限の行使に関与することは位置づけられていない（日本社会福祉士会 2010）。これらのモデルは、単に、虐待対応にかかわる機関の責任の所在と役割分担を例示したにすぎないともいえるだろう。しかし、強権的介入は、弁護士や行政が「リーガル」（司法）として実施するものと位置づけられ、社会福祉士は強権的介入のための協議にもかかわらず、強権的介入はソーシャルワークではないととらえている可能性がある。

　高齢者虐待対応においては、援助者が行政や裁判所による権限の行使を用いて対応することで、接近困難事例とよばれる対象者に対して、援助関係の

形成を始めることができ、新たに信頼関係を築きうる場合もあると筆者は考える。特に、現在における高齢者虐待へのソーシャルワーク支援では行政や裁判所による権限の行使は、無力ではなく有効な介入方法であると筆者は認識している。

ソーシャルワーク研究においては、実際に、行政や裁判所による強権的な介入によって虐待者と対立関係になった時点からのソーシャルワーク支援が事例研究されているものや、被虐待者の安全という共通課題に虐待者とソーシャルワーカーが取り組み、家族関係の再構築や援助につないだ事例を研究しているものもある（鈴木 2016、綿谷・奥西 2015）。

本研究では、人権侵害である高齢者虐待にソーシャルワーカーが取り組むことは必然であり、高齢者虐待の予防に向けて、高齢者や養護者と環境との間によりよい適応を実現してゆく過程を支援することが高齢者虐待におけるソーシャルワークであると考える。特に、高齢者虐待事象に対するソーシャルワーク支援においては、インテーク、アセスメント、支援計画策定・実行、モニタリング、そして評価などの実施に関する原則を重視することとする。

そして、本研究において、高齢者虐待におけるソーシャルワーク支援を定義するにあたり、1981年に全米ソーシャルワーカー協会が、ソーシャルワーク実践を定義した4点を参考にする。それらは、①発展的に問題を解決し、困難に対処できる能力を高めるよう人々（People）にかかわり、②資源やサービスを提供する社会制度（System）が効果的で人間的に機能するよう推進し、③資源やサービス受給の機会を提供するよう推進し、④現在の社会政策（Social policy）の改善と開発にかかわることである（北島 2010）。

3　本研究でのソーシャルワーク実践の定義

序章でも述べたように、本研究における高齢者虐待におけるソーシャルワーク実践とは、主に高齢者虐待に対応する地域包括支援センターに配置されている社会福祉士などのソーシャルワーカーが、担当地域において高齢者虐待の予防をめざし、インテーク、アセスメント、支援計画策定・実行、モニ

タリング、評価の実施など、一連の支援プロセスの原則をまもり、あらゆる援助技術とあらゆる資源を駆使することにより虐待の悪化を防止し、よりよい体制が整備されるよう社会政策の改善と開発にかかわる働きかけとする。

　実際に、高齢者虐待対応におけるソーシャルワークとして、虐待の悪化を防止するために、被虐待者を早期に発見する取組みなどが実践されている。

　たとえば、虐待の緊急性の判断のためにリスクアセスメントシートが活用されている（Decalmer and Glendenning 1998、高齢者虐待防止研究会 2006）。また、サービスの導入による介入の効果性や（Aguilera 1997、Decalmer and Glendenning 1998、津崎 2004、才村 2005）、虐待解消のため高齢者本人や養護者の行動認識の変容を図ること（服部 2009、佐藤 2009）、多職種連携（東京都健康長寿医療センター研究所 2014、菊池 2009、近藤 2013、濱野 2016）、ネットワークの活用（長谷川ら 2009、山口 2008）による早期発見や虐待の解消に向けた対応策などの研究が実施されている。

　以上のことから、高齢者虐待防止法や児童虐待防止法に基づいた行政や裁判所による権限の行使による被虐待者の保護と、虐待事象に対するソーシャルワーク実践が、被虐待者の生命、身体、財産の安全の確保を最優先として取り組まれているが、高齢者虐待への対応において、強権的介入もソーシャルワークとして実践されているのかどうかは疑問が残った。実際に高齢者虐待防止法に基づいて虐待対応された事例を分析することや、虐待対応プロセスも含めた全国的な調査の実施など、高齢者虐待防止法の下、ソーシャルワーク実践による虐待事象の悪化を防ぐための取組みを実証的に明らかにする研究が必要と考える。

　次章において、現在の虐待対応は、虐待事象発生後の事後対応中心であり、公的マニュアルに虐待対応上最も重要とされるのは高齢者虐待の予防と謳われ、現在示されている第一次、第二次、第三次予防の考え方の根拠が不明であることから、高齢者虐待の予防についての先行研究を概観し、高齢者虐待予防の概念枠組みの作成を試みる。

41

第 2 章

高齢者虐待の予防に関する
先行研究と概念枠組み
作成の試み

　本研究がめざす高齢者虐待予防に向け、高齢者虐
待の予防に関する先行研究として、高齢者の介護予
防、ソーシャルワーク、予防医学における三つの次
元からなる予防の概念を概観し、高齢者虐待予防の
概念枠組みの作成を試みる。

I　高齢者虐待の予防に関する先行研究

　厚生労働省（2006a・2018a）は、高齢者虐待の「予防」が最重要課題であるとし、「未然防止」と同義語のように用いている。具体的には、通報・相談窓口の周知や虐待とは何か等の普及啓発などを「予防」としている。

　しかし、高齢者虐待の予防は、窓口の周知や普及啓発等の第一次予防だけでなく、第二次予防・第三次予防も存在するという考え方が、高崎（2010）と認知症介護研究・研修仙台センター（2014）によって示された。高崎（2010）は、第一次予防が「高齢者虐待が起きない地域づくり」、第二次予防が「早期発見と対応」、第三次予防が「再発予防、重度化予防、分離後の支援」とした。

　また、認知症介護研究・研修仙台センター（2014）は、第一次予防を「未然防止」、第二次予防を「悪化防止」、第三次予防を「再発防止」とし、高齢者虐待防止や対応上の留意点を以下のようにまとめている。

　第一次予防における高齢者のおかれている状況は、「虐待のおそれのあるハイリスク」状態であるため、市区町村と地域包括支援センターで取り組むべき施策として認知症に関する正しい理解などの普及やリスクの周知、関係機関の連携強化などを位置づけていた。また、第二次予防における高齢者のおかれている状況は、「虐待事例が発生した（もしくは虐待が疑われる通報等を受理した）状況」であるため、市区町村と地域包括支援センターが速やかに初動を開始できる体制整備や養護者支援の強化、立入調査や分離保護を要する事例の見極めと実行などを位置づけた。第三次予防における高齢者のおかれている状況は、虐待の「初動対応後」であるため、市区町村と地域包括支援センターによる分離後の適切な養護者支援や終結の判断根拠・方法の整理の実施、死亡事例等重篤事例に関する事後検証、そして、第一次予防施策

表 2-1-1　高齢者虐待における予防のとらえ方

	文献名等	第一次予防	第二次予防	第三次予防
高齢者虐待	高齢者虐待予防 （高崎絹子 2010）	高齢者虐待が起き ない地域づくり	早期発見と対応	再発予防、重度化 予防、分離後の支 援
	高齢者虐待防止・対応上の留意点 （認知症介護研究・研修仙台センター 2014）	【未然防止】 知識・制度等の周知・普及、予兆察知の強化、多機関連携による支援等	【悪化防止】 リスク高いケースの早期介入、ネットワーク早期構築、見極めと実行等	【再発防止】 分離後フォロー、養護者対応、事後検証プロセス化、第一次予防施策との連動等

(筆者作成)

と連動することが重要であるとした（認知症介護研究・研修仙台センター 2014）。

　これらの高齢者虐待における予防のとらえ方を表 2-1-1 に整理した。

　また、末原（2008）は、地域包括支援センターなどのソーシャルワーカーは、発生予防、早期発見、早期介入、保護・支援、回復支援、再発予防などの一貫した支援の過程が重要であり、高齢者虐待の発生予防と再発予防を虐待の「予防」ととらえ、マクロ（公的／法・制度の領域）、メゾ（共同体／中範囲の領域）、ミクロ（個人的／個別の領域）の三つの領域で高齢者虐待の課題に取り組む必要があると述べた。以下にその詳細を述べる。

　高齢者虐待の予防におけるマクロ領域とは、権利擁護の啓発、男性介護者への日常的な支援活動のしくみづくり、さらに認知症の人たちへのケアシステムの構築等が課題であり、そのためには、虐待関係の法律・制度等の整備、事業の予算化や包括的にかかわる支援機関（独立機関）の創設が必要であるとしている。メゾ領域では、住民主体の見守りネットワークの構築やピアグループの形成、地域の実情に応じた啓発が課題であり、本人保護の後も虐待者にかかわれる包括的支援機関が必要であるとしている。ミクロ領域では、住民の意見が反映される町づくりや住民の人権意識改革、認知症ケアの方法

の確立が課題であるとしている。これらの課題を解決するために、発生予防から早期発見・早期介入、保護・支援、回復支援のソーシャルワークの実践過程において、高齢者虐待防止法の改正および関連法の整備が必要であると述べている（末原 2008）。

　以上のように、高齢者虐待の予防は最も重要であるとされながらも、各研究者や各機関における予防の定義には違いがみられる。特に、その予防概念の根拠が明確にされておらず、対象・目的・方針・対策の内容・対策の効果と評価する手法など示されていないことから、高齢者虐待予防の概念枠組みを形成することが喫緊の課題である、と筆者は認識した。そこでまず、高齢者の介護予防事業における予防概念について概観する。

Ⅱ　高齢者の介護予防事業における予防概念

　ここでは、厚生労働省老健局総務課（2015）「平成27年度 公的介護保険制度の現状と今後の役割」を参照して、介護保険制度にみる予防概念について概観する。そもそも介護保険は、認知症等による要介護者の増加、介護の長期化に対応するために2000年4月に施行された制度である。介護保険は単に介護を要する高齢者の身の回りの世話をするということを超えて、高齢者の自立と介護を要する者の尊厳を保持できることを目的とし、高齢者の介護を社会全体で支え合う制度である。したがって、介護予防については、必要不可欠なものである。

1　介護保険法改正にみる介護予防サービス事業における予防概念の役割

　介護保険制度が制定されたのち、度重なる改正が行われ、予防の概念の変遷がみられる。2005（平成17）年の介護保険法改正では、介護が必要な高齢者に、できる限り施設ではなく在宅で自立した日常生活を継続できるように介護予防のためのサービス事業を新設した。つまり、介護サービスの予防機能に特化して、独立して項目立てをしていることに特徴がある。特に介護予防の重視が謳われ、要支援者への給付が介護予防給付へと移行された。なお、介護予防サービスの取組みは、介護予防サービス計画と介護予防ケアマネジメントから成り立つ。しかし、前者は介護予防サービスや地域密着型介護予防サービスを提供すること、および介護予防・生活支援サービス事業や一般介護予防事業を展開することである。これは、介護が必要とならないように予防することと、認知症対応型介護予防のように介護が必要な状態になったとしても重度化を防ぐことを目的としているものである（厚生労働省老健局

2017a、社会保険研究所 2017)。

　この介護予防は介護保険制度の介護予防給付として実施されていたが、介護予防サービスの利用率や特定高齢者の介護予防事業への参加率が低い等の実態（総務省 2008）と、財源との問題で2015（平成27）年に地域支援事業へ移行された。また、介護予防給付は2017（平成29）年度末をもって一部終了となった。

　なお、現行の介護保険制度では、医療や介護と並び予防は、住まい、生活支援サービスが連携した要介護者等への包括的な支援（地域包括ケア）を推進するうえでの重要な働きをするものとして位置づけられている。

2　予防概念をめぐる生活習慣病予防と介護予防との関係

　介護予防マニュアル委員会は、「介護予防マニュアル」を2006（平成18）年3月に策定し、2012年の改訂版において、介護予防と生活習慣病予防との関係から予防概念について概説している（介護予防マニュアル改訂委員会 2012）。

　同マニュアルにおける「介護予防」とは、高齢者に対して、サービス受給者となることや要介護度が悪化することを予防するだけではなく、生活機能である活動・参加の低下を予防し、自立や社会参加により生き生きとした生活・人生を過ごせるように支援することをめざしたものである（介護予防マニュアル改訂委員会 2012）。

　実際には、生活習慣病予防（たとえば脳卒中や糖尿病などの予防）と介護予防は相互に関連する部分も存在する。したがって地域支援事業（介護予防事業）においては、両予防事業が密接な連携の下で行われる必要があると述べられている（介護予防マニュアル改訂委員会 2012）。

　そして、介護予防のための「生活機能評価」においては、生活習慣病予防および介護予防の「予防」の段階を次のように時系列に設定している。

　現行の特定健診等における「生活習慣病予防」の第一次予防は健康な状態を保つための健康づくり、第二次予防は疾病を有する状態にある対象者のた

めの疾病の早期発見・早期治療、さらに第三次予防は疾病の治療や重度化予防を目的として位置づけている（介護予防マニュアル改訂委員会 2012）。

　一方、「介護予防」の第一次予防は活動的な状態にある対象者ための生活機能維持・向上、第二次予防は虚弱な状態にある対象者のための生活機能の低下の早期発見・早期対応、第三次予防は要介護状態にある対象者のための要介護状態の改善・重度化予防を目的としている。そして、この取組みが一体的に行われ、ともに実現できるような事業となることが必要であると記されている（厚生労働省老健局 2017a、社会保険研究所 2017、地域包括支援センター運営マニュアル検討委員会編 2015、介護予防マニュアル改訂委員会 2012）。

　ちなみに、介護予防で援用された生活習慣病予防の概念は、健康増進法に基づく厚生労働省の基本的な方針に規定されており（厚生労働大臣 2012）、疾病予防との記載から医療分野における予防概念であると考えられる。

　次に、高齢者の分野を含むソーシャルワークにおいて、予防概念が取り入れられた経緯と役割を概観する。

Ⅲ　ソーシャルワークにおける予防概念

　ここでは、特にソーシャルワークにおける予防概念の変遷と理論枠組みについて検討し、虐待予防の概念枠組みの形成のための検討を行う。

1　予防概念導入の変遷

　ソーシャルワークにおける予防概念は、以下に示すように、公衆衛生の分野での取組みを導入したことから始まり、予防を第一次・第二次・第三次の段階に分け、その段階に応じたさまざまな介入やアプローチが開発され、システム論的視点の導入に至っている。

　そもそも、予防の考え方は、インダス文明、エジプト中期、古代ギリシャなどの時代に給水・下水処理設備の設置の目的にみることができる。特に、水系感染症の予防に有効であるとして、古代から感染症に対する予防の考え方が存在していたと考えられる。この予防の考え方が公衆衛生や予防医学において発展し、1848年にイギリスにおいて公衆衛生法の制定をみるに至っている（岸 2012）。さらに、予防の概念が精神衛生分野における地域精神保健の施策に取り入れられ、第一次予防、第二次予防、第三次予防として再規定された（Caplan 1970）。また、社会心理学・ポジティブ心理学・地域心理学・ソーシャルワーク等々においても、人間のストレングスを重要視し、健康を保持するための予防の考え方を取り入れることが大切であるとされた（Bloom and Gulotta 2008）。

　このように、予防の概念がソーシャルワークにおいて全面的に取り込まれるようになり、主要な機能として認められてきている一方で、まだ予防に関するソーシャルワークの役割が不確かであるとした意見もあった。それは、人間の行動が複雑であり、社会問題の原因が何であるのか、最善の解決策と

はどのようなものかに関する究極の答えを得ることが困難であることやその予防対策の評価が困難であるという理由から、ソーシャルワーカーの実践がもたらす結果を予想することができず、ましてやどのように証明できるかについては課題だったのである（Skidmore and Milton 1964）。

2　予防概念の視点とソーシャルワークのモデル・アプローチとの関係

　ソーシャルワークでは古くから予防が主要な機能として認められていた事実がある（Richmond 1917）。ソーシャルワーカーが社会的問題を予測できれば、支援対象者がその問題を回避できるようになることを示唆する研究発表や調査が出始め、対人援助の専門領域で「予防（prevention）」の概念が取り上げられるようになり、他機関に送致（reference）することが予防措置（preventive measures）として重要であったことの指摘がある（Skidmore and Milton 1964）。

　1977年にクラインとゴールドシュタインは、第一次予防（primary prevention）の概念を取り入れた。その後2000年代に入り、ソーシャルワークにおける第一次予防を可能にする五つの理論モデルが提唱された。それらは、①公衆衛生モデル（The public health model）、②ターゲット別介入モデル（The intervention target model）、③生物・心理・社会的モデル（bio-psycho-social perspective model）、④認知社会的システムモデル（cognitive and social systems perspective model）、⑤一般健康モデル（The wellness model）、別名ストレングスモデル（strengths model）である（Bloom and Gulotta 2008）。以下に、その概要を記す。

　①公衆衛生モデルでは、特定された原因だけにとどまることなく、環境そのものの影響を考え、問題発生以前に問題を予測して展開することの必要性を強調した。ソーシャルワーカーに対し、対象者のもつ問題を予測して取り組むことの必要性を主張した（Bloom and Gulotta 2008）。

　②ターゲット別介入モデルでは、医療モデルとは異なり、「予防」のために三つの介入モデルを選定した。第一の介入モデルは、一般市民や全人口を

51

ターゲットに予防対策を立てるモデルである。その介入対象の例として、妊娠期の母親に対する出生前のケアなどがあげられる。第二の介入モデルは、平均以上のリスクを抱えた小集団をターゲットとして、予防対策の成果を出すモデルである。その介入対象と方法の例として、低体重の乳幼児をもつ思春期の母親に対する在宅訪問や乳幼児のケア、トレーニングなどがある。第三の介入モデルは、ハイリスクを抱えた個々人を対象にして予防策を練るモデルである。例として、Bloom and Gulotta（2008）は、DSM-Ⅲ-R（高橋1988）の診断基準に該当しないレベルでの精神障害の発症を予防する対策について述べている。たとえば、統合失調症の発症者を家族にもつ思春期の子等に早期にカウンセリングを受けてもらい、彼らの行動をモニターし、必要に応じて非定型的な抗精神病薬を投与することが予防であるとした。ターゲット別介入モデルでは、ターゲットを市民や全人口、リスクを予測できる小集団、ハイリスクを抱えた個人のように、三つのシステムに焦点をあて、各段階に別個に予防策を立てている（Bloom and Gulotta 2008）。

③生物・心理・社会的モデルでは、精神病の本質を理解し、精神障害の発生を予防するというモデルである。このモデルにおいては、問題や課題に対してシステム論的な考え方を用いる。たとえば生物学的な問題や課題には、人の心理状態や、人が生活している社会環境が影響していると理解し、予防をめざす考え方である。精神障害の予防には、発生率を把握することが重要だとした（Bloom and Gulotta 2008）。

④認知社会的システムモデルでは、クライエント自身にとっては、問題ではなく、生きていくうえでの課題を達成することが取組みであり、実際に実行させ、あるいは言葉での説得などによりクライエント自身が知覚することを促し、予防対策を練る。この視点での予防効果は、個人的なものに集中すると考えられる（Bloom and Gulotta 2008）。

⑤一般健康モデル、別名ストレングスモデルでは、クライエント等の強みのアセスメントが重要であり、強みをみつけて強化することが、予防において効果的であるとするモデルとしており、予防効果が個人的なものとなる可

能性がある（Bloom and Gulotta 2008）。

　これらのモデルは、それぞれ予防に関しての独自の視点をもち、ソーシャルワークの考え方を方向づけ、ソーシャルワークにおける第一次予防の効果を説明することができるとした（Bloom and Gullotta 2008）。

　一方、岩間（2012）は「予防的アプローチは古くて新しいテーマ」であり、「重視されながらも十分に機能してこなかった」として現代における「ソーシャルワーク実践には『事後対応型福祉』からの脱却を図り、『事前対応型福祉』への転換を視野に入れた予防的アプローチの推進が求められる」と述べている。

　以上、ソーシャルワークにおける予防概念は、個人の認識やストレングスの強化など対象者への働きかけとともに、システム論的な考え方が取り入れられている。特に、第一次予防の未然防止に重きがおかれ、特定の事象が発生する前から予防的に支援を実施することが求められるようになったと考える。

　Ⅳでは、高齢者の介護予防を含むソーシャルワークに予防医学の予防概念が用いられていたことから、医療分野の予防医学・予防精神医学における予防の概念を概観する。

Ⅳ　予防医学・予防精神医学に
　　おける予防概念

　既述のように、予防に関する理論の展開をみると、第一次予防・第二次予防・第三次予防の３段階を規定した予防概念は、予防医学・予防精神医学で主に用いられたものであるといえよう。

　Ⅳでは、予防医学と予防精神医学における予防のとらえ方を概観し、人々の地域での安定した社会生活を重視している予防精神医学における予防の詳細を述べる。

1　予防医学と予防精神医学における予防の目的

　「予防医学」における第一次予防では「特異的予防（specific prevention）」のために予防接種、環境衛生の整備等の対策を練ること、また「健康増進（health promotion）」をめざして、食事や飲酒等の生活習慣の最適化を図り、健康教育・指導等のプログラムを展開することが重視される。そして、第二次予防では「早期発見と早期治療（early diagnosis and prompt treatment）」、第三次予防では「能力低下防止（disability limitation）とリハビリテーション（rehabilitation）」のための対策を展開することが必要とされる（表2-4-1参照）（Leavell 1958、第19期日本学術会議予防医学研究連絡委員会 2005）。

　「予防精神医学」では、第一次予防の目的を地域社会においてあらゆる型の精神異常の発生を減らすこととし、第二次予防では、それでもなお起こる精神疾病のうち多くのものの罹患期間を短縮すること、そして、第三次予防ではそれらの精神異常から生ずる障害を軽減するための計画を立て、実行するために利用される理論、専門的な知識の集成を図ることを目的とした（Caplan 1970）。

　既述のように、予防医学や予防精神医学における予防の目的を概観したが、

IV　予防医学・予防精神医学における予防概念

表2-4-1　各分野における予防のとらえ方

予防のとらえ方	第一次予防	第二次予防	第三次予防
予防医学 preventive medicine (Leavell 1958)	健康増進と 特異的予防	早期発見と 早期治療	能力低下防止、 リハビリテーション
予防精神医学 preventive psychiatry (Caplan 1964)	地域社会のあらゆる型の精神異常の発生を減らす	精神異常のうち多くのものの罹患期間を短縮する	精神異常から生ずる障害を軽減するための計画・実行に利用される理論、専門的な知識の集成

（筆者作成）

予防精神医学の予防の目的が人々の地域での安定した社会生活を重視している点に注目したい。序章と第1章で述べたように、現在の日本の高齢者を取り巻く環境は、地域包括ケアシステムの推進により地域を重視しており、高齢者虐待防止法で養護者による虐待対応の責任主体と規定されているのは市区町村である。このことから、予防精神医学における Caplan, G の予防概念の詳細を次項で述べる。

2　Caplan, G の提唱する第一次予防

(1)　第一次予防の対象と目的

Caplan（1970）は、第一次予防を地域社会全体の予防をめざした概念であるとし、特定の人が病気にかからぬよう予防するのではなく、すべての地域住民に対し、新たな精神障害の罹病率を一定期間引き下げるためとして予防策を作成した。よって、対象は住民全員であり、目的は新たな精神障害者の発生を回避することである。すなわち、このことは未然防止に当たる。

55

⑵　第一次予防の対策

Caplan（1970）は、精神障害に罹患しないために「三つの必需品供給の整備が必要である」と主張した。

一つは「物質的な供給」であり、食物や感覚刺激など身体的な成長や発育、身体的な危害からの保護である。

二つ目は「心理社会的必需品の供給」であり、家庭内の人物や学校・職場・年長者等との直接に対面して得られる愛や感動、共同の活動への参加欲求などを満たすことである。

三つ目は「社会文化的必需品の供給」であり、文化や社会構造の習慣や価値によって人格の発展や機能遂行に影響を及ぼし、急速に移り変わるその時代の条件や社会的な保護施設やその方針などが含まれている。

これら三つの必需品供給の整備を実現する手段として「社会的活動」と「対人的活動」の二つの関連したアプローチに基づく地域の計画策定が必要だとしている。なお、ここで用いる「社会的活動」とは、精神衛生の専門家が、人々がうまく危機を処理できるよう、援助機関の組織を改善し、健康・教育・福祉・宗教などの多くの分野の社会的施策、法律や規則などを変えられるよう、市民と共同して政府機関に影響を及ぼす働きかけを行うことが必要であると述べている（Caplan 1970）。

また、「対人的活動」とは、適切な場所に配置された精神科医に代わりソーシャルワーカーなどの対人援助の専門職が直接的・間接的に精神疾患の発生の事態を避ける活動であるとしている。活動の直接の焦点は個人に向むけられるが、地域全体をも視野に入れて行われる。たとえば、小児科などで養育についての面接を母親に行い、精神疾患の発症を避けるため事前に注意を喚起するなどである。また、適応障害などの兆候についての知識を小児科医あるいは地域でかかわる者に学んでもらい、通常の診察や対応と同時に判定を実施し、直接的・間接的に介入し発生を予防することである。これは、危機に対して健全な方策で臨む必要性があるためでもあり、精神科医に代わって、危機にある者の依頼に応ずることのできる専門の相談係員の養成が必要

であるとしている（Caplan 1970）。

⑶ 第一次予防の効果

第一次予防の効果は新しい精神疾患患者が減少することで評価できるとしている（Caplan 1970）。なお、評価するためには、精神疾患が新たに発症した患者を全国的に評価できる体制が必要であるとした。

3 Caplan, G の提唱する第二次予防

⑴ 第二次予防の対象と目的

Caplan（1970）のいう第二次予防の対象は、精神障害の兆候を示す者と精神障害発症者である。そして、第二次予防の目的は精神障害の兆候の早期発見と精神障害への効果的な治療であるとしている。すなわち、このことは悪化防止に当てはまるといえる。

⑵ 第二次予防の対策

早期発見の対策としては、計画的なスクリーニングを用いて早期に精神障害の兆候を示す者を見出し、精神障害を起こす要因について診断を行い、有効な治療を実施することである。スクリーニングの方法としては、教育機関や医療機関、福祉相談機関など関係機関での自己質問紙やソーシャルワーカーによる面接でのスクリーニングが実施される。その結果に基づき、生活上の危機によって混乱している人々の状況や精神障害の兆候などを把握する。生活上の危機の状況にある者への治療は第一次予防にも含まれていることを既述したが、精神障害の兆候を示す者と生活上の危機の状況にある者との見分けが不明確であり、検討の余地が残されている。

しかし、公的機関などがスクリーニング結果に基づき、この時期には該当者に特定の教育やカウンセリング、精神衛生相談の機会を提供し、対応するための計画が作成されるという特徴がある（Caplan 1970）。

⑶ 第二次予防の効果

第二次予防の対策を実施したことによる効果としては、新しい症例の発生率の低下と、既存症例の罹病期間が短縮し陳旧性（慢性的な）疾病の症例数

57

が少なくなることである。陳旧性とは、罹病初期に治療を施せず、慢性に経過して不治となり、罹病が固定化されることをいう（Caplan 1970）。

4 Caplan, G の提唱する第三次予防

(1) 第三次予防の対象と目的

Caplan（1970）は、第三次予防を、精神病の既往者を対象に社会復帰を促し、精神病の既往者を受け入れる地域全体が機能を向上するように支援することをめざすとしている。

(2) 第三次予防の対策

第三次予防の目的を達成するための対策としては、病院や地域施設などの関係機関との緊密な関係、地域を基盤に支援を展開している支援者並びに関係機関への精神衛生教育、支援者が精神科医に相談したいときに相談できるというような精神衛生相談員に対する支援体制が必要であるとしている（Caplan 1970）。

(3) 第三次予防の効果

第三次予防の効果としては、精神病の既往者ができるだけ早く最も高い能力のレベルで生産能力を発揮できるようになり、精神病の既往者が生活する地域の機能が向上し、地域で支援をしている精神科病院等のソーシャルワーカー、あるいは準専門的な人を後方支援することにより、精神病の既往者にかかわるスタッフの離職を防ぐことができると考えられている（Caplan 1970）。

5 Caplan, G における第一次予防・第二次予防・第三次予防の関連性

Caplan, G（1964）は、第二次予防が第一予防を含むのと同じように、第三次予防はほかの二つの予防を包含すると述べている（Caplan 1970）。二つの予防を包含するとは、第一次予防と第二次予防、第三次予防はそれぞれ独立しているのではなく、互いに影響する関係にあることを示している（表2-4-2参照）。

58

IV 予防医学・予防精神医学における予防概念

表 2-4-2　予防精神医学における Caplan, G が提唱した予防概念

予防概念	第一次予防	第二次予防	第三次予防
対象	住民全員	・精神障害発症のリスク要因保持者 ・精神障害発症者	・精神病既往者 ・地域
目的	精神疾患の発生回避	・精神障害の兆候の早期発見と介入 ・発症した精神障害者をすぐに治療できること	・精神病患者の社会復帰 ・地域社会の機能向上
対策	・教育、制度、政策、法 ・精神科医による相談・助言等の整備 ・危機への介入 ・必需品などの供給 ・対人的活動の展開	・スクリーニングによる早期発見 ・的確なインテーク面接による早期診断 ・障害を起こす因子の変化 ・効果的な治療 ・教育・相談の提供	・関係者との連携 ・関係者への教育 ・精神科医による相談・助言、広域調整体制の整備
効果	新しい精神疾患の発生率減少	・新しい症例の発生率低下 ・既存症例の罹病期間短縮 ・陳旧の症例数の減少	・精神病既往者が生活する全地域の機能向上 ・スタッフの離職防止
方針・計画	精神障害の第一次予防・第二次予防・第三次予防に関する政府の地域計画が、連邦政府・州・地方・地区の四つの水準で必要		
評価	・精神衛生の望ましい目標が何かを示す情報の収集 ・客観的な証拠、各種の精神障害の発生・罹病・分布、精神障害の原因と影響等の情報収集 ・調査研究が定期的に必要		
その他	・第二次予防が第一次予防を含む ・第三次予防は第一次予防と第二次予防を包含する		

（筆者作成）

第2章　高齢者虐待の予防に関する先行研究と概念枠組み作成の試み

　第一次・第二次・第三次予防の互いに影響する関係は、精神科医などが精神障害をもつ住民の地域での生活と、地域全体の精神障害をもつ住民の生活を支える機能の向上への支援と不可分の関係にある。このことは、それぞれの予防段階の目的や効果は独立した概念であるとともに、互いに影響することによる包括的な効果をもたらすものであり、予防効果には明確な区切りの境界線がないことを意味する（Caplan 1970）。たとえば、入院治療し（第二次予防）、退院して地域生活を送る中で（第三次予防）、病気が再発し悪化したとする。通常は入院治療に移行して治療を実施し（第二次予防）、また地域に退院する（第三次予防）ということが考えられる。精神科医などが地域の援助を促進させることで、精神障害者が地域で生活したまま入院して治療を受けることと同様の効果が得られ、入院せずに地域における生活を継続する可能性を Caplan, G（1964）が示したのである。つまり、地域に影響を与える第一次予防、第二次予防、第三次予防の境界線が、すべてにおいて明確ではない部分があるということである。

　この予防概念では、対象の規模を基本にして、第二次予防（精神疾患発症者・リスク要因保持者）の規模が一番小さく、次に第三次予防（精神病既往者・精神障害者が暮らす地域）、規模が一番大きいのが第一次予防（住民全員）となる。

6　Caplan, G による危機の視点

　Caplan, G（1964）のいう危機への取組みとは、人が問題解決の行為を要求する環境に直面したときに、なるべく手早く自分の問題を解決しようとすることである。危機の発生は、問題の困難さや重要さとすぐにそれを処理するために活用できるその人のもつあらゆる内外的資源との間に生じる不均衡が影響する。

　危機が発生するのは、人生の各段階でその人のもつ役割が移行することにより環境が大きく変化するときであり、たとえば、出産、思春期、更年期、入学、卒業、就職、転居、責任ある立場に昇進する、家族の一員の病気、死

60

などがある（Caplan 1970）。

　危機という概念は四つの時期により説明できるものであり、それぞれ特徴がある。最初の時期には、刺激等の衝撃を受け、緊張が高まり始め、生体（人間）がもつ習慣的問題解決反応が生じる。たとえば、転倒し痛みが発生し歩けない状況になったときには、当事者自身の緊張が高まるが、これまでの人生での取組みや解決策として用いてきた方法を思い出し、救急車あるいはタクシーを呼んで受診するという行為をとり治癒に向かいうるというものである。

　次に、第二の時期には、刺激が持続し緊張の高まりや混乱、無力状態をもたらすことがある。たとえば、すぐ治癒する骨折だと思って入院したが治癒するかどうかわからず、長期のリハビリが必要となり歩けずに家に帰れない状況が継続することで、さまざまな予定の変更などを余儀なくされ不安が高まり無力状態をも引き起こす状況になる。

　第三の時期には、第二の時期以上の緊張の高まりが内的刺激となり、内外の資源を動員するようになる。すなわち、助けを求めて自分の緊張に対する問題解決規制を使うようになる。抽象的な試行錯誤によって手段を講じ、問題が解決される場合もあれば、その手段が手に入ることも入らないこともある。積極的にあきらめることや放棄にもつながり、この資源を動員する努力や状況の再明確化をして、問題が解決されることになる。たとえば、骨折で歩けない状況でリハビリも実施したが車いすでの生活の可能性があり、退院後の生活が以前のものとはまったく変わってしまうかもしれない状況に対して、これまで用いてきた解決の方法では限界がある。そのため、他者であるソーシャルワーカーや医師、親族などの協力を得て解決策を練ることになる。その結果、家に帰るという目的は達成するが、以前の元の生活は手に入らないことへのあきらめなどが発生する。

　第四の時期には、問題が持続し、欲求の充足やあきらめなどをもってしても解決できない場合、緊張はさらに限界を超えて高まり、その負担は増大し破滅点まで達することになる。個人の重大な解体が起こり、激しい結果が生

ずるとしている。たとえば、自力歩行が難しいという状況に対して、病院を変える・民間療法を活用するなどを長期に試すが、その結果が望む結果と解離し受け入れられず自殺を図ることなどがあげられる。

危機に直面するときは、自分自身の内外的資源を動員し始めるときであるだけでなく、他人からの助けを求め始めるときでもある。その個人の近くにソーシャルワーカーが配置されていれば、危機に陥った住民と接触でき、住民のニーズと要望に即してかかわることが可能となる。これはソーシャルワーカーが介入するチャンスであり、注目すべき機会を提供してくれるとしている。そのための体制として、精神科医に代わって、危機にある者の依頼に応ずることのできる専門の相談係員を養成し、相談係員の予防活動に困難が生じた場合、精神科医が助言できる体制が必要であると述べている（Caplan 1970）。

よって、危機のもつ意義は、人の発達を一時的にでも遠望してみせてくれることであり、支援者にとっては危機にある者に介入するチャンスとなることであった（Caplan 1970）。

7　Caplan, G による地域計画と評価

Caplan, G（1964）は、精神障害に関する政府の地域計画は、連邦政府・州・地方（regional or country）・地区（local）の四つの水準で必要であるとしている。それぞれの水準で行政が資金を管理し、その分配を受けるということは、ある程度計画の内容などに制限がかかることが予測される。しかし、州以下の計画活動の余地を残すことを保証し、特に地方自治体による計画が重要であるとしている。その地区の特異性に対応した計画が重要であり、その地区の住民によって計画されるプログラムをもつ機会を与えられるべきであるとしている。

そして、地区計画の目標は、第一次、第二次および第三次予防への幅広い援助活動のすべてを統合し、組織的に実施する必要があるとしている（Caplan 1970）。

また、Caplan, G（1964）は、要求（ニーズ）の評価と資源の評価が、計画の核心であるとしている。評価するには、精神衛生の望ましい目標とは何かを示す情報と、客観的な証拠、各種の精神障害の発生・罹病・分布、精神障害の原因と影響等の情報収集のため、その国全体としての調査研究が定期的に必要であるとしている。国全体として把握された情報により、地域の予防的・治療的サービスの効果の根拠として、精神障害の発生・罹病の傾向を把握することができると考えている（Caplan 1970）。

8 Caplan, Gの予防概念の枠組みにみる特徴

ここでは、Caplan, Gの提唱する精神障害への予防対策を概観し各段階の枠組みの特徴を記し（表2-4-3参照）、予防精神医学から得た知見をまとめることとしたい。

(1) 第一次予防段階の特徴（未然防止）

① 住民全員を対象にした精神障害者の発生を回避するための対策、法律・人材配置などの新たな体制整備

② 物質的、心理社会的、社会文化的な必需品などの供給

③ 対応モデル・アプローチの展開

（ソーシャルアクション的なアプローチおよび個人・地域全体を対象にした対人的活動の展開）

④ 評価体制の整備

(2) 第二次予防段階の特徴（悪化防止）

① 精神障害の兆候の早期発見と精神障害への効果的な治療

② 計画的なスクリーニングの実施

③ 的確なインテーク面接実施

④ 教育カウンセリング、精神衛生相談の提供

⑤ 症状の発生率低下、罹病期間の短縮

(3) 第三次予防段階の特徴（再発防止）

① 精神病の既往者の社会復帰並びに地域全体が受け入れるような支援

第2章　高齢者虐待の予防に関する先行研究と概念枠組み作成の試み

表2-4-3　予防の各段階の特徴

予防段階	特　徴
第一次予防 （未然防止）	1　住民全員を対象にした精神障害者の発生を回避するための対策、法律・人材配置などの新たな体制整備 2　物質的、心理社会的、社会文化的な必需品などの供給 3　対応モデル・アプローチの展開： 　（ソーシャルアクション的なアプローチおよび個人・地域全体を対象にした対人的活動の展開） 4　評価体制の整備
第二次予防 （悪化防止）	1　精神障害の兆候の早期発見と精神障害への効果的な治療 2　計画的なスクリーニングの実施 3　的確なインテーク面接実施 4　教育カウンセリング、精神衛生相談の提供 5　症状の発生率低下、罹病期間の短縮
第三次予防 （再発防止）	1　精神病の既往者の社会復帰・地域全体が受け入れるような支援 2　地域における支援展開 3　支援者・関係機関への精神衛生教育 4　離職を防ぐためのスタッフへの後方支援体制

（筆者作成）

②　地域における支援展開

③　支援者・関係機関への精神衛生教育

④　離職を防ぐためのスタッフへの後方支援体制（燃え尽き症候群等）

　以上のように、Caplan, G（1964）が示す予防概念は、第一次予防の未然防止だけを指すのではなく、第二次予防の悪化防止、第三次予防の再発防止を体系化した概念であり、地域での社会生活を基盤としている。いうまでもなく、現在の高齢者虐待において、既述のとおり地域包括ケアを中心に行われており、虐待を受けている高齢者にとっても彼らが地域で安定した生活を送るための支援をすることが必須であり、その環境づくりが求められている。したがって、筆者は高齢者虐待予防にも Caplan, G（1964）の予防概念を取り入れることが可能ではないかと考える。

64

次に、日本の各虐待防止法とこれに基づき作成された公的マニュアルにおける予防という用語の扱われ方を Caplan, G（1964）の示す予防概念に照らしながら述べる。

V 日本の四つの虐待防止法に おける「予防」の扱われ方

　高齢者虐待防止法と配偶者等虐待防止法の条文では、「予防」ではなく「防止」という文言が使われている。一方、障害者虐待防止法と児童虐待防止法の条文では、「防止」も「予防」も使用されている。

　障害者虐待防止法において「予防」が用いられている条文は「目的（同法1条）」、「国及び地方公共団体の責務等（同法4条）」、「調査研究（同法42条）」である。

　第一に障害者虐待防止法の「目的（同法1条）」に、「障害者虐待の予防及び早期発見その他の障害者虐待の防止」と規定されている。第二に、「国及び地方公共団体の責務等（同法4条）」にも「障害者虐待の予防及び早期発見その他の障害者虐待の防止」という同じ文言が規定されている。第三に、調査研究（同法42条）」には、「障害者虐待の予防及び早期発見のための方策」のため調査研究を行うものと規定されている。

　児童虐待防止法において「予防」が用いられている条文は、「目的（同法1条）」と「国及び地方公共団体の責務等（同法4条1項・5項）」、「児童虐待の早期発見等（同法5条2項）」、「施設入所等の措置の解除（同法13条）」の5カ所である。児童虐待防止法の1条と、4条1項に、「児童虐待の予防及び早期発見その他の児童虐待の防止」が目的と責務として規定されている。また、同法4条5項に、「児童虐待の予防」および早期発見のための方策のため調査研究を行うものとすると規定されている。さらに、同法5条2項に、学校や児童福祉施設等児童の福祉に職務上関係ある者は、「児童虐待の予防」や児童虐待の防止並びに児童虐待を受けた児童の保護など、国および地方公共団体の施策に協力するよう努めなければならないと規定されている。そして、同法13条において、都道府県知事は児童虐待を受けた児童について施設

入所等の措置等がとられた場合、再び児童虐待が行われることを「予防」するためにとられる措置について見込まれる効果等を勘案しなければならないとしている。

以上のように、条文上「予防」と「防止」について明確な定義がなされているわけではないが、障害者虐待防止法と児童虐待防止法の「予防」と「防止」の文言の扱われ方をみると、以下のような特徴がみられる。

① 予防する行為が、児童虐待防止法と障害者虐待防止法の目的や責務に規定されている。

② 児童虐待防止法と障害者虐待防止法に共通する文言「虐待の予防及び早期発見その他の虐待の防止」から、虐待予防と早期発見が同レベルのものとして扱われ、虐待の未然防止というよりは、事象の発生を早期に発見して対応し、虐待事象の悪化を防止するという意味で用いられていると考える。

③ 「予防」は、虐待の事象を早期に発見する体制整備という意味で用いられ、「防止」は事象発生後に各個別法に基づいて対応することにより、それ以上の悪化を防止する意味で用いられていると考えられる。英語では「予防」も「防止」も「prevention」であり、区別されていないことから日本語の用いられ方による区別である可能性がある。

これらの特徴を Caplan, G（1964）の示す予防概念に照らすと、事象の悪化を防止する早期発見と治療を目的とした第二次予防に該当すると考える。

さらに、児童虐待防止法では、「都道府県知事は、児童虐待を受けた児童について施設入所等の措置が採られ、…（中略）…再び児童虐待が行われることを予防するために採られる措置について見込まれる効果その他厚生労働省令で定める事項を勘案しなければならない」（同法13条１項）としていることから、「再発防止」を事象が発生する前と同様に都道府県レベルのとる措置等で未然に功止する対策を実施するという意味で「予防」の言葉が用いられていると考える。

このことは Caplan, G（1964）の予防概念が示す社会復帰や地域社会の機

第2章　高齢者虐待の予防に関する先行研究と概念枠組み作成の試み

能向上を目的とする第三次予防というより、国や都道府県レベルでの体制整備による発生回避を目的とする第一次予防に該当すると思われる。

　よって、これらの制定された虐待防止法という法律そのものは第一次予防に該当する規定であるが、虐待防止法の内容は虐待事象の悪化防止を目的としていることから第二次予防に該当するといえよう。虐待防止法は第二次予防と第一次予防の両方を含有する規定であると筆者は考える。

　次に虐待防止法に基づいて虐待対応に影響するマニュアルが作成されているため、公的なマニュアル上での予防の規定を概観する。

68

Ⅵ　公的マニュアルに規定されている「予防」の段階

　児童虐待防止法、配偶者等虐待防止法、高齢者虐待防止法、障害者虐待防止法の公的なマニュアルでは、「予防」、「未然に防止」、「発生予防」、「発生防止」という文言が用いられている。

　高齢者虐待防止法に基づいた公的なマニュアルでは、虐待を「未然に防止」することが最も重要であるとし、具体策として「家庭内における権利意識の啓発」、「認知症等に対する正しい理解」、「介護知識の周知」、「養護者の負担軽減」、「孤立化している高齢者世帯への働きかけ」、「早期発見・早期対応の体制整備」などがあげられ、これらに対して市区町村による積極的な取組みが重要であるとしている（日本社会福祉士会 2013）。

　障害者虐待防止法に基づいた公的なマニュアルでは、虐待を「未然に防止」することが最も重要であるとし、未然に防ぐ方策として「権利擁護の啓発」や「理解の普及」、「ネットワークの構築」、「養護者の負担軽減」などをあげている（厚生労働省社会・援護局障害保健福祉部障害福祉課地域生活支援推進室 2015）。

　児童虐待防止法に基づいた公的なマニュアルでは、「予防」と「発生予防」の両方の文言が用いられている（厚生労働省雇用均等・児童家庭局総務課 2013）。虐待が起こってから養育環境の改善を図ることは容易ではないため、虐待を「予防」することが重要としている。具体策として、妊娠期や出産早期からの支援、他機関連携、虐待ハイリスク保持者に対し集中的な虐待の「発生予防」、養育方法の改善等による育児負担軽減の実施や、保護者の抱える問題を改善する支援、親子関係改善に向けた支援実施が児童相談所と市区町村の役割としている（厚生労働省雇用均等・児童家庭局総務課 2013）。

　また、厚生労働省による児童虐待防止のマニュアルでは、第一次予防、第

第2章　高齢者虐待の予防に関する先行研究と概念枠組み作成の試み

表 2-6-1　児童虐待防止における予防の捉え方

	文　献	第一次予防	第二次予防	第三次予防
児童虐待	妊娠期からの母子保健活動マニュアル（奈良県2013）	発生予防（子育て資源等の情報提供、子育てに関する啓発、地域での子育て支援）	早期発見、早期対応（虐待が疑われる家庭への支援）1.5次予防（虐待ハイリスク：集中的発生予防、早期発見、早期対応）	再発防止（分離保護が必要、死亡：親子再統合の見極め、兄弟への養育支援、親への支援）
	子ども虐待対応マニュアル（青森県2006）	第1段階（グレーゾーン）未然防止健全育成の確認、ハイリスク家庭の把握と援助	第2段階（イエローゾーン）軽度の虐待早期発見・早期対応多機関連携、親支援	第3段階（レッドゾーン）重度の虐待強制介入、保護、再発防止
	子どもの虐待防止ハンドブック（徳島県2005）	健全育成対策、ハイリスク家庭の把握・援助	虐待の早期発見・早期対応	虐待の治療、再発防止

（筆者作成）

二次予防、第三次予防という言葉は用いられていないが、表 2-6-1 にみるように、都道府県策定の（例として青森、徳島、奈良）公的な児童虐待防止マニュアルでは用いられている。しかし、第一次予防、第二次予防、第三次予防の定義が統一されていない。第一次予防にハイリスク家庭への支援を位置づけている場合と、第二次予防の中にハイリスク家庭への支援を「1.5次予防」（奈良県 2008）として位置づけるなど、自治体によって異なっている。

　配偶者虐待防止法に基づく公的なマニュアルでは「予防」という言葉は用いられていないが、被害「発生防止」のために警察の役割として必要な措置・援助を行うこととされている（内閣府男女共同参画局 2009）。

　このように、虐待防止の公的なマニュアルに使われている「予防」と「未然に防止」、「発生予防」が同義語で用いられ、虐待の発生を未然に防ぐこと

がめざされていた。そして、「防止」は虐待が発生した後の段階での取組み
を指し示すものであった。

　これらは Caplan, G（1964）の示す予防概念に照らすと、問題とする事象
の発生回避を目的とする第一次予防に該当し、第二次予防の方法が示されて
いると思われる。

　さらに、青森県（2006）の発行している子ども虐待対応マニュアルのよう
に、第一次予防、第二次予防、第三次予防として虐待が発生する前後の時系
列に沿って予防の段階を分け、その段階ごとに支援のあり方を示唆している
ものもある。

　次に、Caplan, G の予防概念を援用し、高齢者虐待における予防概念の枠
組みを考える。

Ⅶ 高齢者虐待予防への Caplan, G の予防概念の援用

　Caplan, G の予防概念は、地域での社会生活を基盤とし、第一次予防が未然防止、第二次予防が悪化防止、第三次予防が再発防止を目的とし、対策、方針・計画、評価などが示され、それぞれの予防が影響し合う関係にある体系化した概念であった。このことから、地域包括ケアが推進され、体系化された予防概念の明示がない高齢者虐待事象への予防概念に援用が可能と考え、高齢者虐待予防の概念枠組みの作成を試みたい。

1　高齢者虐待の事象に対する第一次予防

　Caplan, G の予防概念が示す第一次予防は、精神疾患の発生回避を目的に地域住民を対象としていたが、方針・計画は連邦政府、州、地方、地区の水準で必要としていた。このことから、本研究における高齢者虐待の予防概念では、表 2-7-1 に示すように、高齢者虐待の事象における第一次予防の対象を住民全員とし、虐待が発生する前に防止することを目的とする。

　高齢者虐待を未然に防止する対策としては、国として、高齢者虐待予防計画が必要である。そのうえで、法律や制度・政策、各省庁を超えた監視・監督機関の設置などの体制を整備し、住民、関係機関、自治体職員、介護に携わる者などに対する権利擁護の教育・研修・普及啓発を実施することである。

　個人が危機の状況にあるときに、危機の状況にある人の身近で適切な介入が得られるような体制を整えることも必要である。

　Caplan, G の予防概念が示す第一次予防の効果は、新しい精神疾患の発生率減少としているため、本研究においても同様とする。しかし、現状ではすべての虐待事例を国が把握できておらず、潜在的な虐待がまだ多く存在して

いる段階であるため、現状の高齢者虐待の通報・相談件数が減少することを虐待の予防効果として判断はできない。現状においては、高齢者虐待の相談通報件数をより正確に把握できるよう、現場からの報告体制を整える必要がある。

2　高齢者虐待の事象に対する第二次予防

Caplan, G の予防概念が示す第二次予防の対象は、精神障害発症のリスク要因保持者と精神障害発症者であったことから、本研究における第二次予防の対象も、虐待の兆候を示す者とすでに虐待の事象が発生している被虐待者である高齢者本人や虐待者である養護者とする。

また、Caplan, G の予防概念が示す第二次予防の目的は、精神障害の兆候の早期発見と介入、発症した精神障害者をすぐに治療できることであった。そのため、高齢者虐待の事象に対する第二次予防の目的は、虐待の兆候を早期に発見し、その兆候を示す者に対し虐待が発生しないように介入することとする。すでに、虐待の事象が発生している場合には、虐待事象の悪化、あるいは虐待事象が長期化しないように即対応することとする。

そして、Caplan, G の予防概念が示す第二次予防の対策は、計画的なスクリーニングの実施、的確なインテーク面接による早期診断、有効な治療などであったため、高齢者虐待の事象に対する第二次予防の対策は、高齢者自身、介護者自身などによるセルフチェックによるセルフ管理を実施すること、医療機関や介護保険関係事業所が、虐待の兆候を示す者を早期に発見するために、虐待の兆候をチェックし、早期介入につなげることとする。すでに虐待の事象が発生している場合には、速やかに行政の責任の下、虐待対応機関による対応を開始する。

高齢者虐待の事象に対する第二次予防の効果は、Caplan, G の予防概念が示す第二次予防の効果と同様に、新規の虐待発生事例数の減少、虐待対応期間の短縮、虐待の発生初期に対応されなかった事例数の減少により判断することとする。ただし、虐待発生事例数の減少については、第一次予防で述べ

たとおり現在は指標としない。虐待の発生初期に対応されなかった事例に関しては、市区町村や虐待対応機関により、死亡事例も含め、個々の虐待事例を振り返ることとする。このことは上記対策に追加する。

3　高齢者虐待の事象における第三次予防

　Caplan, G の予防概念が示す第三次予防の対象は、精神病既往者が暮らす地域で精神病患者の社会復帰と地域社会の機能向上を目的としていた。高齢者虐待の事象における第三次予防の対象は高齢者本人と虐待者が暮らす地域とし、高齢者本人とその家族が地域で安定した生活が送れるようにすることと、当事者らが生活する地域が虐待の再発を防ぎ、虐待の防止機能の向上をめざすこととする。

　Caplan, G の予防概念が示す第三次予防の対策は、関係者との連携、教育、精神科医による相談・助言等の体制整備とし、その効果は精神病既往者が生活できる地域となることと、離職を防いでいることであった。これらのことから、高齢者虐待の事象に対する第三次予防の対策として、ネットワークの構築など関係機関との連携体制の整備、地域住民、高齢者やその家族、介護者、関係者・関係機関、自治体職員等への教育・研修、虐待の再発防止のためにも、何かあったら誰もが相談できる虐待対応機関による相談・助言、広域調整実施体制の整備とする。

　第三次予防の効果は、Caplan, G の予防概念が示す第三次予防の効果と同様、虐待の再発率が減少すること、虐待の早期発見や孤立防止などの地域におけるネットワークなどによる虐待防止体制の向上、虐待対応に関係する機関職員の離職率の減少で判断することとする。

　以上により、高齢者虐待予防計画の策定と調査研究における高齢者虐待に関する予防概念の枠組みの作成を試みた。次に、現在の高齢者虐待事象への対応状況を、作成を試みた高齢者虐待に関する予防概念の枠組みに照らし合わせながら述べる（表2-7-1参照）。

VII　高齢者虐待予防への Caplan, G の予防概念の援用

表 2-7-1　高齢者虐待における予防概念の枠組み

予防概念	第一次予防 （未然防止）	第二次予防 （悪化防止）	第三次予防 （再発防止）
対象	住民全員	・虐待発生リスク要因保持者 ・被虐待者および養護者	・被虐待者および養護者 ・地域
目的	虐待の未然防止	・虐待の早期発見と介入 ・虐待の悪化防止 ・虐待事象の長期化防止	・被虐待者および養護者の安定した地域社会生活 ・再発防止 ・虐待予防地域機能向上
対策	・国、都道府県による虐待予防計画の策定 ・法や制度等の体制整備 ・監督機能機関の設置 ・教育、研修の実施 ・危機介入の体制整備 ・国、都道府県による調査研究実施（デスレビューを含む） ・都道府県単位による相談・助言、広域調整実施機関の設置	・スクリーニングによる早期発見（自己、関係機関等） ・虐待要因の変化 ・虐待発生初期への介入 ・虐待対応機関による調査研究（虐待対応事例の振返り） ・都道府県単位による相談・助言、広域調整機関の実施	・関係機関との連携 ・地域住民、介護者、関係者、市区町村等への教育 ・虐待対応機関による相談・助言、広域調整機関実施体制の整備 ・市区町村による虐待予防計画の策定 ・市区町村による調査研究
効果	新しい虐待事例の発生率の減少	・新しい虐待事例の減少 ・虐待対応期間の短縮 ・虐待発生初期に対応されなかった事例の減少	・地域における虐待再発率の減少 ・虐待対応関係機関職員の離職率の減少

＊第一次予防と第二次予防、第三次予防はそれぞれ独立しているのではなく、互いに影響し合う関係にある

（筆者作成）

4　高齢者虐待に関する予防対策の現状

　現在の高齢者虐待事象への対応状況を、作成を試みた高齢者虐待に関する予防概念の枠組みに照らし合わせてみると、高齢者虐待における予防の体制がある程度すでに存在しているものの、不明確な点が指摘される。

　たとえば、高齢者虐待の未然防止を目的とした第一次予防の「法や制度等の体制整備」「国、都道府県による調査研究実施」が、高齢者虐待防止法が施行された2006年以降、厚生労働省により毎年実施・報告されている。さらに、2018年3月においては、デスレビューとしての「検証」にあたる「高齢者虐待における重篤事案等にかかる個別事例についての調査研究」（認知症介護研究・研修仙台センター 2018）が実施された。

　しかし、デスレビューは毎年実施されることになっておらず、高齢者虐待防止法に「検証」が規定されていないままである。これについては、2016（平成28）年度の高齢者虐待防止学会でも取り上げられているように、同法の改正が望まれている。

　また、第一次予防に位置づけられている都道府県単位による相談・助言、広域調整機関の設置は、高齢者虐待防止法に位置づけがないが、東京都や名古屋市などは独自に設置している。このことについても、全国の都道府県に設置されるよう同法の改正が望まれている。

　さらに、第二次予防の虐待が発生した後の対応である「虐待要因への介入」や「虐待発生初期への介入」は、第一次予防で実施されている厚生労働省の調査により、相談通報から事実確認までの日数や行政による権限の行使の件数などが把握されている（厚生労働省 2017）。しかし、「虐待要因への介入」をどのように誰が実施したか、あるいは「虐待対応事例の振返り」が実施されているかどうか「都道府県に設置されている相談助言・広域調整機関」がどのように対応したかなどは不明である。

　以上のことから、特に第一次予防である高齢者虐待防止法に基づき、第二次予防である高齢者虐待の悪化を防止しているかどうかは、誰が・どのよう

に対応し、その対応は高齢者虐待防止法に基づいてなされたかどうか、虐待の悪化を防止したのか、かえって悪化させたのかなど、実際に虐待対応された事例を分析しなければみえてこない状況にある。これらのことを踏まえ、以降、質的研究における実証的な分析が必要であることと、全国的な調査を実施し、高齢者虐待の中でも養護者による虐待に焦点をあて、高齢者虐待防止法の下、ソーシャルワーク実践による虐待事象の悪化を防ぐための取組みを実証的に明らかにし、第一次、第二次、第三次を含めた高齢者虐待予防支援システムの構築への示唆を得たい。

第 3 章

高齢者虐待悪化防止の協働プロセスの様相
——ケース記録の質的分析をとおして——

　本章では、第二次予防である虐待の悪化防止に取り組む者の協働体制に焦点をあてる。高齢者虐待防止法施行後、ある地域においてすでに虐待事象が認められ対応された事例を、同法に基づいた公的マニュアルの枠組みを用いて分析する。そして、高齢者と養護者である当事者、関係者・関係機関、虐待対応機関である市区町村と地域包括支援センターが、虐待対応プロセスに沿って虐待の悪化を防止するために協働する様相についてを明らかにする。

I 高齢者虐待対応における協働の先行研究

Iでは、先行研究より、高齢者虐待対応における協働の主体と内容を明らかにしたい。

まず、高齢者虐待にかかわる人や機関とは、高齢者本人と養護者である「当事者」、親族や地域住民などのインフォーマルな社会資源と、民生委員やケアマネジャー、介護サービス事業所、警察、医療機関、保健所などの虐待対応機関以外のフォーマルな社会資源である「関係者・関係機関」、フォーマルな社会資源の中でも高齢者虐待防止法に責任主体と規定されている市区町村の虐待対応所管課と業務委託先の地域包括支援センターの「虐待対応機関」である。

公的マニュアルには、これらの人や機関が、高齢者や養護者とともに継続的なかかわりをもつことにより虐待の未然防止につなげるとし、さまざまな関係機関などと協働しながら援助を行うことの必要性を明らかにしている。

この内容を第2章で試みた高齢者虐待予防の概念枠組みに照らすと、第二次予防である虐待の悪化防止を目的として対応され、第一次予防である虐待の未然防止として、相互に関連し、協働により取組まれていることは、すでに予防支援システムの一部が存在していることを示している。

ちなみに、これらの人や機関の協働は、多職種連携・多職種協働としてよく用いられており、ここでは協働の主体や内容などを定義しておく。

WHO（2010）は、"Framework for action on interprofessional education and collaborative practice"（多職種連携教育と協働実践の活動に対するフレームワーク※筆者訳）を発表し、世界的に多職種連携を推進することを推奨した。WHO（2010）は、世界的な健康の危機（global health crisis）の軽減のため、Interprofessional Work（IPE 多職種連携教育）の重要性や、さまざまな

国・地域の公衆衛生における多職種連携の取組み例を紹介している。その際に、連携するのは、医療、保健、福祉関係者の専門職だけでなく、ボランティアや事務管理職員などインフォーマルなメンバー、さらに、患者、家族も当事者として加わると述べ、バックグラウンドが異なる二人以上の個人が、目的をともに理解することで、相補的に技術の交流が可能であり、一人では成し遂げられなかったことが実行できるとしている。そして、協働によって、合意（agreement）とコミュニケーションが図られるだけでなく、創造（creation）と相乗効果（synergy）を生み出すとしている。

なお、日本においては、さまざまな研究者やテキストによって、協働の定義がなされている。

副田・松本・長沼ほか（2014）は、高齢者虐待対応における機関間の協働とは、「目的や立場の異なる複数の独立した諸機関が、ネットワークを組み、必要に応じて特定の目標を共有し、その達成のために一緒に作業すること」（副田・松本・長沼ほか 2014：95）と定義し、機関間の協働としていることから、当事者に関しては言及していない。

菊池（2009）は、協働とは、「それぞれの専門職が互いに自分たちの役割と、役割の全体配置およびチーム構成員間の具体的な連携のあり方を理解」（菊池 2009：23）し課題を達成することとしている。多職種とは、業務を行う組織の一部分としてのワークチーム（work team）であると定義し、チーム構成員に利用者や家族は含まれないとした。なぜなら、「利用者や家族をチームの構成員とすることにより、利用者や家族の意思の尊重や利用者中心の考えが生ずるわけではなく、チーム構成員に入れずとも、利用者や家族の意思の尊重や利用者中心の考えは、専門職の基本的な理念である」（菊池 2009：17）とし、利用者や家族を協働のメンバーから外している。

福山（2009）は、協働を体制（system）ととらえ、「ソーシャルワーク実践現場で、施設・機関内および機関外で、部門・専門職・機関間で複数の専門職がチームを形成し、利用者本人や家族と共に、援助・支援という特定の目的に向かい、方針を計画する作業に参画し、それぞれの責任、役割、機能を

果たし、設定したそれぞれの目標を達成するためのチームとしてのアウトカムを生むプロセスである」（福山 2009：7）と定義し、協働するメンバーに利用者本人や家族も含むとしている。

　柏木・佐々木・荒田（2010）は、「ソーシャルワーカーの協働の相棒はクライエントであり、その拠点は施設、病院ではなく地域であり、ソーシャルワーカーは、地域の拠点としての場・場所（トポス）を築くことが求められる」（柏木・佐々木・荒田 2010：89）とし、クライエントも協働のメンバーとしている

　田中・生田（2012）は、協働を collaboration の訳語であり、共通の利害関心をもつ人が共通の目的のために積極的に協力することとしている。さらに、協働との比較として、「協同」と「共同」について説明している。すなわち「『協同』は、cooperation/association の訳語で、共通の利害関心をもたない人がその人の求めに応じ、協力することと定義する。また『共同』は、common/community の訳語で、共有や共通という意味でも使われ、もっとも広範な意味内容をもつとしている。なお、これら三つの言葉の概念規定は大雑把なものであり、しばしば互換的に用いられている」（田中・生田 2012：149-150）と説明し、協働するメンバーは、共通の利害関心をもつ人すべてとしている。

　日本 NPO センター（2016）は、「協働」を、異種・異質の組織が、共通の社会的な目的を果たすために、それぞれのリソース（資源や特性）を持ち寄り、対等の立場で協力してともに働くことと定義している。個人の立場で活動にかかわり、意見を反映させながら事業などをつくり上げていくものは「参加」としている。

　これまでのことから、多職種連携の主体は、特定の目的や目標に向かって複数の人や機関がそれぞれの役割を理解し、チームとなって取り組むことは共通しているが、当事者を含むものと含まないものの定義が存在するなど、特に、協働するチームのメンバーが異なることがわかった。

　以上の議論を踏まえ、高齢者虐待の事象に対しては、当事者、親族や近隣

住民などのインフォーマルな社会資源、フォーマルな社会資源である関係者・関係機関および虐待対応機関がかかわっていることから、広くとらえることとする。

　本研究において、高齢者虐待防止における協働の定義を、「高齢者の権利を擁護するプロセスの中で、当事者（高齢者本人と養護者）、関係者・関係機関、虐待対応機関がともにチームに参画し、対等の立場でそれぞれの役割を遂行し、ときに互いに役割を補完し合い、支援の終結である虐待の解消と高齢者の安定した生活の確保を達成するための方法」とする。

Ⅱ　本研究における質的調査の目的

　本研究における質的調査の目的は、当事者、関係者・関係機関、高齢者虐待対応機関が、虐待対応プロセスに沿って、第二次予防である虐待の悪化を防止するために協働する様相を、虐待が疑われる事例を対象にした取組みの分析により明らかにすることである。

　なお、高齢者虐待の悪化を防止する協働プロセスを明らかにするにあたり、現在、高齢者虐待の事象への対応が、高齢者虐待防止法と同法の下に公的機関が策定した公的マニュアルの影響を受けることを考慮せねばならない。高齢者虐待防止法と公的マニュアルには、虐待対応上遵守すべき項目がその内容に含まれている。大きく三つをあげるとすれば、第一に、高齢者虐待防止法に基づいて何をすべきか、第二に、国民や関係機関、責任主体などに課せられている役割が何で、責任主体が何の業務をどこに委託できるか、第三に、遵守すべき虐待対応のプロセスが明記されていることといえる。

　このことから、下記のようにリサーチクエスチョンを設定したい。

　第一に、高齢者虐待防止法に基づいた公的マニュアルの遵守・不遵守状況が、高齢者虐待の悪化に関連しているのか。

　第二に、当事者である被虐待者と養護者のどのような取組みが、高齢者虐待の悪化防止に関連しているのか。

　第三に、高齢者虐待対応機関、関係者・関係機関、当事者のどのような虐待対応プロセスが、高齢者虐待の悪化防止に関連しているのか。

　次に、分析方法を述べる。

Ⅲ　研究の方法

1　質的調査の分析方法

　本研究における質的調査では、地域包括支援センターの記録を、演繹的と帰納的な質的内容分析法を用いて分析する。

　質的内容分析法（Qualitative content analysis）とは、「質的なデータ（qualitative material）の意味を体系的（systematically）に記述するための方法である」（Schreier 2012※筆者訳）。会話や文書などの記述したデータを分析対象とし（Krippendorf 2006、Mayring 2000、Schreier 2012）、主観的な解釈については、データの意味が明らかでないときに解釈を加えるが、データを要約的に説明することを目的とし、系統的に再現可能となることをめざしている（Schreier 2012）。

　質的内容分析法には、概念主導の演繹的な方法（concept-driven way）と、データ主導（data-driven way）の帰納的な方法があり、データ主導の帰納的な方法であっても、理論的な背景やリサーチクエスチョンに由来して分析を行う。

　本研究において、質的内容分析法を用いた理由は、分析対象が記述されたデータであること、分析事例が高齢者虐待防止法の下に対応されており、すでに枠組みがある中で取り組まれた記録を分析する際に、演繹的な分析方法を中心とし、また帰納的な方法をも組み合わせて実施できることから、最適と判断した。

　また、高齢者虐待対応のプロセスの分析となることから、質的内容分析法以外に、GT 法の演繹的推論方法（三毛 2009、安田 2012）を用いることも可能であった。しかし、GT 法は帰納的な推論方法を用いる代表的な分析法であり、演繹的推論方法の手順が詳細に示されているわけではなかった。一般

に既存の理論的なモデルに由来するカテゴリーを使用する特徴をもつ分析法は、質的内容分析法であり（Flick 2011）、分析手順の詳細を Schreier（2012）が示していたため、Schreier（2012）の分析手順を本研究で用いることとした。

分析の手順としては、第一段階が「概念主導の方法（concept-driven way）」、第二段階が「データ主導の方法（data-driven way）」を用いる。

第一段階の「概念主導の方法」とは、既存の理論や先行研究などから、大きな枠組みであるメインカテゴリーを設定し、それに合致するデータから生成されたサブカテゴリーにより、トピックを明らかにする方法である。

第二段階の「データ主導の方法」とは、理論的な背景やリサーチクエスチョンに基づき、データの要約（summarize）や関連した概念の包含（subsumption）、データの比較（contrasting）、データをより詳細に説明するための言い換え（paraphrase）を用いる（Mayring 2000）。

質的内容分析法における信頼性の担保としては、分析を行う過程において、複数のコーダーの一致率を測ること、あるいは、質的調査の他に量的調査も実施するすることで、より一般化・普遍化を図ることができる（Schreier 2012、Mayring 2000）。また、専門家またはコーダーと、研究者の分析の比較によって概観妥当性を高めることができるとしている（Mayring 2000、Schreier 2012）。

なお、限界としては、手間がかかること、説明を加える場合や要約する場合において文脈の本当の深みにとどかない可能性があることや、分析法として標準化されていないことなどがあげられる（Flick 2011、乙幡 2014）。

2 調査対象

本調査における対象は、高齢者虐待が疑われた13事例の記録である。なお、この13事例は、１年前から継続して対応されてきた事例を含んでいる。

本調査の調査協力機関は、A 県 B 市の C 地域包括支援センター（主任介護支援専門員１名、社会福祉士２名、保健師１名、ほか事務職など２名）である。

B市は、人口約11万人、高齢化率約22%、要支援・要介護認定者数は高齢者人口の17%（平成Y年度現在）の自治体である。地域包括支援センターは3カ所あり、C地域包括支援センターは、他担当地区と比較して公営住宅や公団、分譲マンションが多く、一気に高齢化率が高くなった地区を担当している。

　平成Y年8月からであり、実際の高齢者虐待事例がマニュアルにのっとって対応され始めたのは、マニュアルを発行した平成Y年7月以降である。

　C地域包括支援センターにおける高齢者虐待にかかる記録は、①初回相談受付表、②利用者基本情報、③経過記録表、④基本チェックリスト、⑤介護予防サービス・支援計画表、⑥介護予防週間支援計画表、⑦サービス担当者会議の要点、⑧介護予防支援・サービス評価表、⑨高齢者虐待発見チェックリスト、⑩高齢者虐待受付票、⑪高齢者虐待疑いアセスメントシート、⑫高齢者虐待リスクアセスメントシート、⑬高齢者虐待事実確認票チェックシート、⑭高齢者虐待支援計画・モニタリング・評価表、⑮高齢者虐待対応コア会議記録、⑯高齢者虐待対応個別ケース会議記録、⑰高齢者虐待進行管理表、⑱情報収集や会議で得られた高齢者虐待の根拠やこれまでの経過が記載された関係機関からの記録、の18種類である。

　これらの記録から、高齢者本人の基本情報として、「年齢」、「性別」、「介護度」、「養護者との同別居」、「収入の有無」、「判断能力」、養護者の基本情報として「年齢」、「続柄」、「収入の有無」を表にまとめた。さらに、高齢者虐待に関する項目として、「虐待類型」、「発見者」、「通報者」、「通報理由」、「発見から通報の期間」、「発見から通報までの介入状況」、「地域包括支援センターでの情報共有の有無」、「地域包括支援センターから行政への報告の有無」、「コア会議開催の回数」、「虐待に関する支援計画策定の有無」、「虐待（疑い）への主な介入状況」、「モニタリング回数」、「個別ケース会議開催の回数」、「評価の有無」、「進行管理の有無」、「終結理由」、「通報から終結までの期間」、「検証（振返り会議開催など）の有無」を表にまとめた。

　調査期間は、高齢者虐待対応の体制整備の起点となっている平成X年7

月を含むことが最適と判断し、平成 Y 年 4 月から翌年 3 月までとした。平成 Y 年 4 月から翌年 3 月は、2008年から2012年のうちの 1 年間である。

　本研究において、被虐待者である高齢者本人や虐待者である養護者に対し、インタビューなどによる調査を実施しない理由は、養護者に虐待をしているという自覚が必ずしもないこと、また、虐待対応機関が虐待という言葉を使わずに最後まで支援していることもあり、本調査が高齢者虐待の調査であることを説明し、同意をとって実施すること自体がきわめて難しいからである。

　なお、調査対象となる記録は、「一定の知識と判断によって取捨選択し、……（中略）……ワーカーの解釈や価値観が反映している」（副田 2012：6-7）という指摘もある。この点に留意しつつ、虐待対応における調査の実施に困難が伴うことから、本研究では、機関として援助方針を明確にし、援助の質の向上を図る目的で使用される諸記録を根拠として、高齢者虐待が疑われる事象への対応について検討することとしたい。

3　分析手順

　Schreier（2012）が示した質的内容分析のプロセスは、8 段階ある。その 8 段階とは、①リサーチクエスチョンをデザインする、②データを選択する、③コーディングフレームを構築する、④データをコード化により分類する、⑤コーディングフレームを試行する、⑥コーディングフレームを評価し修正する、⑦メイン分析を行う、⑧発見を解釈し、プレゼンテーションを行う（Schreier 2012：6 ※筆者訳）である。

　本研究における質的調査では、このプロセスにしたがって、表3-3-5-1 にあるように分析を行った。

　Schreier（2012）は、コーディングフレームを構築し、分析する際、自分以外の他人が同じように分析でき、信頼性を高められるようコーダーを配置しており（Mayring 2000、Stemler 2001、Schreier 2012）、一致率を出している。一致率は、70％以上が有効としている（Mayring 2000）。

　本研究にて協力いただいたコーダーは、調査対象となった組織以外に勤務

の、虐待対応を経験している地域包括支援センターの社会福祉士1名に依頼した。さらに、データの分析には、博士号をもつ質的研究のスーパーバイザーに指導を受けた。

次に8段階の分析プロセスの詳細を述べる。

第一段階として、既述のとおり、リサーチクエスチョンを、三つ定めた。第一に、高齢者虐待防止法に基づいた公的マニュアルに規定されていることの遵守・不遵守状況が、高齢者虐待の悪化に関連しているのか。第二に、当事者である被虐待者と養護者の虐待事象への取組みが、高齢者虐待の悪化防止に関連しているのか。第三に、高齢者虐待対応機関、関係者・関係機関、当事者のどのような虐待対応プロセスが、高齢者虐待の悪化防止に関連しているのか、である〔表3-3-5-1〕。

第二段階として、データの選択を行った。まず、①18種類の記録から、高齢者本人の「年齢」、「性別」、「介護度」、「養護者と同居の有無」、「収入の有無」の5項目と、養護者の「年齢」、「高齢者本人との続柄」、「収入の有無」の3項目を、事例ごとに本人と養護者の基本情報に関する項目を表にまとめた。次に、②18種類の記録から、「虐待（疑い）の類型と認定の有無」、「発見日」、「発見者と本人との間柄」、「発見〜通報にかかった期間と介入状況」、「通報者と本人との関係」、「通報理由」、「通報〜虐待解消にかかった期間」、「虐待解消理由」、「行政権限行使の種類」、「関係した機関名と対応内容の要約」、「会議の種類と開催日」の11項目を事例ごとに高齢者虐待に関する項目として表にまとめた。そして、③18種類の記録から@発見前、⑥発見から通報、©通報から虐待の解消、@解消後の四つの期間に分け、事例ごとに要約した。さらに、④18種類の記録から、高齢者本人、養護者、その他親族、関係機関、虐待対応機関のそれぞれ動きを短文あるいはキーワードにて、事例ごとに時系列での概要図と虐待解消プロセス図を作成した。

第三段階として、コーディングフレームを構築した。

まず、①高齢者虐待防止法の遵守状況を確認するため、同法と公的マニュアルの分析で導き出された八つの防止体制を基礎に枠組みを作成した（フレ

第3章　高齢者虐待悪化防止の協働プロセスの様相——ケース記録の質的分析をとおして——

表3-3-5-1　Schreier（2012）の質的内容分析法に従った分析手順（その1）

Schreier（2012）	質的内容分析法による本研究の分析手順
1．リサーチクエスチョンをデザインする	①高齢者虐待防止法に基づいた公的マニュアルの遵守・不遵守状況が、高齢者虐待の悪化に関連しているのか。 ②当事者である被虐待者と養護者のどのような取組みが、高齢者虐待の悪化防止に関連しているのか。 ③高齢者虐待対応機関、関係者・関係機関、当事者のどのような虐待対応プロセスが、高齢者の悪化防止に関連しているのか。
2．データを選択する	①18種類の記録から、高齢者本人の「年齢」、「性別」、「介護度」、「養護者と同居の有無」、「収入の有無」の5項目、養護者の「年齢」、「高齢者本人との続柄」、「収入の有無」の3項目、事例ごとに本人と養護者の基本情報に関する項目を表に抽出。 ②18種類の記録から、「虐待（疑い）の類型と認定の有無」、「発見日」、「発見者と本人との間柄」、「発見〜通報にかかった期間と介入状況」、「通報者と本人との関係」、「通報理由」、「通報〜虐待解消にかかった期間」、「虐待解消理由」、「行政権限行使の種類」、「関係した機関名と対応内容要約」、「会議の種類と開催日」の11項目を事例ごとに高齢者虐待に関する項目として表に抽出。 ③18種類の記録から②発見前、⑤発見から通報、ⓒ通報から虐待の解消、ⓓ解消後の期間に分け、事例ごとに要約。 ④18種類の記録から、高齢者本人、養護者、その他親族、関係機関、虐待対応機関のそれぞれ動きを短文あるいはキーワードにて、事例ごとに時系列での概要図と虐待解消プロセス図を作成。
3．コーディングフレームを構築する	①高齢者虐待防止法の遵守状況を確認するため、同法と公的マニュアルの分析で導き出された八つの防止体制を基礎に枠組みを作成（フレームA）。 ②高齢者本人と養護者の虐待事象への取組みを明らかにするため、「行動・行為」「精神状況」「SOSの発信」「SOSの受信環境」「経済状況」「想いやこだわりなど」の6項目について、三つの期間（通報前、通報以後、虐待の解消後）に分け帰納的に分析（フレームB）。

表 3-3-5-1　Schreier（2012）の質的内容分析法に従った分析手順（その2）

Schreier（2012）	質的内容分析法による本研究の分析手順
3．コーディングフレームを構築する	③第三分析の横軸として、高齢者虐待対応のプロセスを規定（フレームC）。 ④第三分析の縦軸として、第一〜第三層を規定（フレームD）。第一層：虐待の事象に対する「当事者間」での取組み、第二層：近隣住民、親族、関係機関など「関係者・関係機関」のインフォーマル・フォーマルな社会資源での取組み、第三層：フォーマルな社会資源の中でも、市区町村の高齢者虐待防止法所管課と業務委託先である地域包括支援センターの「虐待対応機関」による対応。
4．データをコード化により分類する	13事例の高齢者虐待の相談・通報時点から終結に至るまでを表にし、虐待の悪化防止に貢献したと考えられる取組みごとに分類し、代表的な5事例を決定。
5．コーディングフレーム試行	13事例のうち代表事例以外の1事例を、コーディングフレームA、B、C、Dを用いて試行した。
6．コーディングフレームを評価し修正する	コーダー1名とともにコーディングフレームの評価を実施。
7．メイン分析を行う	①第一分析として、コーディングフレームAに基づき、各事例の(1)法・マニュアルの遵守状況、(2)不遵守状況を演繹的に分析。 ②第二分析として、コーディングフレームBに基づき、高齢者本人と養護者の言動を三つの期間（通報前・通報以後・虐待解消後）ごとに帰納的に分析。 ③第三分析として、コーディングフレームC・Dに基づき、時系列に虐待対応の流れに沿い、記録をMAXQDA10に取り込み、第一層「当事者間」、第二層「関係者・関係機関」、第三層「虐待対応機関」を図式化し、段階が動くとき何が起こっているかの記述を帰納的に分析。 ※すべてにおいて、コーダー1名の協力を得て、一致率を算出。
8．プレゼンテーション実施	考察として記載し、論文として発表。

（筆者作成）

ーム A）。

　次に、②高齢者本人と養護者の虐待事象への取組みを明らかにするため、「行動・行為」、「精神状況」、「SOS の発信」、「SOS の受信環境」、「経済状況」、「想いやこだわりなど」の 6 項目について、三つの期間（通報前、通報以後、虐待の解消後）に分け帰納的に分析し、各項目の特徴をまとめた（フレーム B）。

　そして、③高齢者虐待対応のプロセスを規定し（フレーム C）、これを第三分析の横軸にした。さらに、④虐待の事象に対する「当事者間」での取組みを第一段階、近隣住民や親族、関係機関など「関係者・関係機関」のインフォーマル・フォーマルな社会資源での取組みを第二段階、フォーマルな社会資源の中でも、市区町村の高齢者虐待防止法所管課とその業務委託先である地域包括支援センターの「虐待対応機関」による対応を第三段階とし（フレーム D）、これを第三分析の縦軸にした。

　第四段階として、データをコード化により分類した。13事例の高齢者虐待の相談・通報時点から終結に至るまでを表にし、虐待の悪化防止に貢献したと考えられる取組みごとに分類し、代表事例を決定した。

　第五段階として、コーディングフレームを試行した。

　第六段階として、コーダー 1 名とともにコーディングフレームを評価し修正した。

　修正したのは、コーディングフレーム C と D である。コーディングフレーム C では、個別事例対応で市区町村が不作為責任に問われるのは、市区町村が虐待の事象を知り得た相談・通報受付の時点から終結を判断するまでであるため、相談・通報受付時点が始点、市区町村が終結と判断した時点を終点とした。また、コーディングフレーム D では、高齢者虐待防止法に基づく措置は、老人福祉法に規定されていない老人保健施設や医療機関など機関は対象外となっており、面会制限がかけられるのは、特別養護老人ホームと養護受託者のみであるため、同法の下に権限が行使できない施設への保護などの場合は、第三段階ではなく、第二段階での虐待事象への取組みとする

こととした。

第七段階として、メイン分析を行った。まず、第一分析は、フレームA
を用い、高齢者虐待と公的マニュアルの遵守状況を演繹的に分析し、不遵守
状況を虐待の悪化させた要因としてまとめた。

第二分析は、フレームBを用い、高齢者本人と養護者である家族介護者
の虐待事象への取組みを帰納的に分析し、虐待の悪化を防止した取組みとし
てまとめた。

第三分析は、フレームCとDを用い、記録を質的データソフトウェアの
MAXQDA 10に取り込み、第一段階「当事者間」、第二段階「関係者、関係
機関など」、第三段階高齢者「虐待対応機関」に移行する動きを、虐待対応
プロセスに照らし合わせ、帰納的に分析し、虐待の悪化を防止した取組みと
してまとめた。

第八段階は、発見を解釈し、プレゼンテーションを行うことであり、分析
結果を考察し、論文として発表することである。

以下にフレームAからDの分析枠組みについて述べる。

⑴　第一分析　高齢者虐待防止法の遵守状況──コーディングフレーム
　　A──

実際に対応された虐待の事例が、高齢者虐待防止法を遵守して対応されて
いるかの判断を、コーディングフレームAとして、八つの枠組みを基本に
作成する。

高齢者虐待防止法は、【Ⅰ早期発見・通報体制】、【Ⅱ関係機関との協議体
制】、【Ⅲ本人保護支援体制】、【Ⅳ養護者支援体制】、【Ⅴ評価・検証体制】、
【Ⅵ都道府県や組織などの関与体制】、【Ⅶ普及啓発体制】、【Ⅷ体制整備】の
八つの内容を規定している。

これらの八つの枠組みをもとに、高齢者虐待防止法に基づいた公的マニュ
アルから、55項目の養護者による高齢者虐待対応項目を作成した。

その55項目とは、【Ⅰ早期発見・通報体制】が９項目（表3-3-5-2）、【Ⅱ関
係機関との協議体制】が５項目（表3-3-5-3）、【Ⅲ本人保護支援体制】（表

第3章　高齢者虐待悪化防止の協働プロセスの様相——ケース記録の質的分析をとおして——

表 3-3-5-2　コーディングフレーム A——I　早期発見・通報体制——

【I　早期発見・通報体制】　9項目

I	項目の根拠条文	項　目	No
早期発見・通報体制	関係者早期発見努力義務（5条1項・2項）	福祉関係者個々人が虐待の発見に努めている	1
		地域包括支援センターの三職種全員が虐待に関し知識を有している	2
	虐待を受けたと思われる者、生命身体に重大な危険が生じている者の通報義務・努力義務（7条1項・2項）国民の責務（4条）	福祉関係者が発見後、早期に市区町村あるいは地域包括支援センターに通報した	3
		管轄外の通報が速やかに担当区域の市区町村または地域包括支援センターに通報された、管轄外となったケースを速やかに担当区域の市区町村または地域包括支援センターに通報した	4
		家族親族を含めた市民が発見し、速やかに通報した	5
		近隣住民の通報や虐待対応などの協力があった	6
	委託型地域包括支援センターから市区町村への報告義務（17条1項）	市区町村あるいは地域包括支援センターが通報を受付けた	7
		委託型地域包括支援センターは市区町村に報告した	8
	第三者による財産上の不当取引被害の委託地域包括支援センターから市区町村への報告義務（27条）	第三者による虐待が疑われる通報を、市区町村あるいは地域包括支援センターが通報を受付けた	/
		委託地域包括支援センターは、市区町村に報告した	/
	通報者の保護（17条3項）	通報者が誰かわからないように対応した	9

注1）　斜線（／）が引いてある部分は、公的マニュアルに記載があるが、本研究では、第三者による虐待は取り扱わないことを示した。

注2）　各項目は、スペースの関係で一部簡略化してある。

表 3-3-5-3　コーディングフレーム A ——II　協議体制——

【II　協議体制】　5 項目

II	項目の根拠条文	項　　　目	No
協議体制	高齢者虐待対応協力者との協議義務（9 条 1 項）	地域包括支援センター内部で通報内容を共有している	1
		通報内容について、市区町村と地域包括支援センターが協議し、緊急性の判断と虐待の有無、今後の対応などについて合議を得ている（コアメンバー会議の開催）	2
		個別ケース会議を開催し、情報の共有を図り、今後について役割分担の明確化などを行っている	3
		通報を受付けたケースを、市区町村と地域包括支援センターで終結の理由を明確にし、合議を得て判断している	4
	委託型地域包括支援センターや関係機関の守秘義務と罰則（17 条 2 項、29 条）	関係者から情報が漏れたことはない	5

3-3-5-4) が 13 項目、【IV 養護者支援体制】（表 3-3-5-5）が 7 項目、【V 評価・検証体制】（表 3-3-5-6）が 5 項目、【VI 都道府県や組織などの関与体制】（表 3-3-5-7）が 3 項目、【VII 普及啓発体制】（表 3-3-5-8）が 6 項目、【VIII 体制整備】（表 3-3-5-9）が 7 項目である。

　次に、全 55 項目の遵守と不遵守状況について、各事例を分析する。

　次に、本研究で定義した協働では当事者もチームメンバーであることから、当事者を理解するための枠組みを明確にする。

表 3-3-5-4　コーディングフレーム A ——Ⅲ　本人保護支援体制——

【Ⅲ　本人保護支援体制】　13項目

Ⅲ	サブ項目の根拠条文	サブ項目	No
本人保護支援体制	高齢者の安全確認、事実確認義務（9条）個人情報保護法の例外規定（7条3項）	市区町村と地域包括支援センターが通報受付、48時間以内に高齢者の安全を市区町村・地域包括支援センター職員が目視、事実確認した	1
		事実確認のため関係機関から情報を速やかに収集できた	2
		事実確認のため、庁内情報を速やかに収集できた	3
	適切な行政権限の行使（ショートステイなど一時保護、特別養護老人ホームへのやむを得ない措置、養護老人ホームへの措置、養護受託者への委託、成年後見制度の首長申立て）（9条2項）	保護時、サービス導入時、本人の同意を得た	4
		本人の意思決定支援を行った	5
		市区町村は、やむを得ない事由による措置を速やかに実施した	6
		優先入所の依頼がスムーズに実施できた	7
		市区町村長による成年後見制度利用開始の審判の請求が速やかに実施できた	8
	立入調査、必要な調査、質問、身分証の携帯と提示（11条1項・2項）	立入調査を速やかに実施した。入室拒否に備え、立入調査へ切替えの準備できた。	9
	警察署長への援助要請（12条）	警察署長への援助依頼が速やかに要請できた	10
	面会制限（13条）	法により面会を速やかに制限できた	11
		面会制限の部分・全解除が検討された	12
		面会制限が解除できた	13
	第三者による消費者被害への準ずる対応（27条）	第三者による消費者被害の相談を受け、消費生活関係部署・機関につなげた	/
	財産上の不当取引被害への成年後見制度首長申立て（27条2項）	市区町村長による成年後見制度利用開始の審判の請求が速やかに実施できた	/

注）＊斜線（／）が引いてある部分は、公的マニュアルに記載があるが、本研究では、第三者による虐待は取り扱わないことを示した。

表 3-3-5-5　コーディングフレーム A ――Ⅳ　養護者支援体制――

【Ⅳ　養護者支援体制】　7 項目

Ⅳ	サブ項目の根拠条文	サブ項目	No
養護者支援体制	高齢者の安全確認、事実確認義務（9 条）	事実確認時、養護者についても理解を深めた	1
	適切な行政権限の行使（立入調査、一時保護、特養・養護への措置、養護受託者への委託、成年後見制度の首長申立て）（9 条 2 項、11 条 1 項・2 項）	権限行使時、養護者に対し、適切な説明と本人の安全、今後の生活、今後の支援などについて伝えた	2
	面会制限（13条）	面会制限の権限行使時、会いたい場合にどうしたらよいかなどの説明がなされた。	3
	養護者への相談指導助言（6 条）、養護者に対する負担軽減のための相談指導助言必要な措置（14条 1 項）	虐待対応中、養護者支援がスムーズに実施できた	4
		養護者支援チームにバトンタッチできた。	5
		養護者からの訴訟リスクを検討した	6
		養護者の自殺リスクを検討した	7

表 3-3-5-6　コーディングフレーム A ――Ⅴ　評価・検証の実施――

【Ⅴ　評価・検証の実施】　5 項目

Ⅴ	項目根拠条文	項目	No
評価・検証の実施	モニタリング・評価（公的マニュアル）調査研究の実施（26条）	虐待対応の支援計画を作成し、評価を行った	1
		本人・養護者に対し、定期的にモニタリングを実施した	2
		虐待ケースの進行状況を市区町村と地域包括支援センターで管理できている	3
		虐待対応終結後、振返り会議を行った	4
		厚生労働省調査に通報があった事例について報告している	5

表 3-3-5-7　コーディングフレーム A ──Ⅵ　都道府県や組織などの援助体制──

【Ⅵ　都道府県や組織などの関与体制】　3 項目

Ⅵ 都道府県などの関与体制など	サブ項目の根拠条文	サブ項目	No
	都道府県の援助（19条1項・2項）	地域包括支援センター、行政内部のスーパービジョン機能を活用した	1
		都道府県設置の相談・助言、広域調整機能を活用した	2
		民間の相談・助言、広域調整/スーパーバイズ機能を活用した	3

表 3-3-5-8　コーディングフレーム A ──Ⅶ普及啓発体制──

【Ⅶ　普及啓発体制】　6 項目

Ⅶ 普及啓発体制	サブ項目の根拠条文	サブ項目	No
	専門的な人材確保および資質向上のための研修（3条2項）通報義務、人権侵犯事件にかかる救済制度などの必要な広報啓発活動（3条3項）対応窓口周知（16条）	高齢者虐待防止のパンフレットを作成し、配布している	1
		市民対象の研修を実施している	2
		介護者対象の研修実施している	3
		行政職員対象の研修実施している	4
		関係者対象の研修実施している	5
		虐待にかかる全職員が定期的に研修を受講している	6

⑵　第二分析　高齢者虐待の事象に対する当事者の取組み──コーディングフレーム B──

　高齢者虐待の事象は、当事者もメンバーとした協働によって取り組まれる。よって、当事者を理解するにはどのような枠組みがあるかを検討する。

　高齢者虐待事象に関するアセスメント項目は、さまざまなマニュアルなどに示されているが、東京都福祉保健財団（2014）がそれらをとりまとめている。その中で、当事者に関する項目の中の属性以外の項目としては、①被虐

表 3-3-5-9　ニーディングフレーム A ──Ⅷ　その他体制整備──

【Ⅷ　体制整備】　7 項目

Ⅷ	サブ項目の根拠条文	サブ項目	No
その他体制整備	関係省庁相互間、関係機関、民間団体連携強化、支援など体制整備（3 条 1 項、16 条）人材の確保（15 条）調査研究の実施（26 条）個人情報取扱いルールの作成と運用（公的マニュアル）	厚生労働省・都道府県マニュアルを活用している	1
		市区町村マニュアルを作成している	2
		庁内情報の目的外利用と外部提供について、要綱を作成、個人情報保護審議会などに諮っている	3
		高齢者虐待防止ネットワークを構築・運営している	4
		国・都道府県・市区町村において調査研究を実施している	5
		国の調査結果を都道府県の福祉計画に反映させている	6
		国の調査結果を市区町村の福祉計画に反映させている	7

待者と虐待者の ADL などの身体状況、②判断能力や精神疾患などの精神状況、③経済状況、④利用している社会資源や居住環境などの社会的状況、⑤当事者の主訴や意思・意向、⑥危機回避能力、⑦当事者間の関係性などとなっている。

　これらの中で、虐待事象に対する当事者の取組みは、危機を回避するための行動や行為が該当する。虐待対応において、当事者の危機回避能力を把握することは極めて重要であるが、危機回避能力とは何かについて示されておらず、代表的なアセスメントシートには、端的に緊急性を把握できる項目がない。高齢者虐待のリスクアセスメントシートも示されているが、頭部の外傷の有無など、虐待事象の結果起きた事柄をチェックするものであり、当事者の虐待の事象に対する取組みを把握するものではない。

　よって、虐待事象に対する当事者の取組みを分析のため、高齢者本人と養護者の危機回避能力を中心に枠組みを作成したい。

上記に示した東京都福祉保健財団（2014）のアセスメント項目を参考に、高齢者本人の危機を回避するためその場から「逃げる」という行動を可能にするには、①歩くか走って逃げることができる身体状況、②逃げることを判断できる精神状況、③逃げた後に生活できる経済状況、④警察や近隣・親族などに逃げたいというSOSを言葉や筆談等で伝える能力があること、⑤発信されたSOSを受信し、逃げ込み先を提供してくれる近隣がいるなどの環境があることが必要と考える。さらに、①から⑤の状況が整っていたとしても、養護者が逃げたいという意思がなければ逃げることができないため、⑥信念やこだわり、大切にしている想いを項目として必要だと考える。

⑥の信念やこだわり、大切にしている想いは、たとえば、養護者である被虐待者の子などが虐待行為を繰り返すのは、自分がそのように育てたせいであると罪悪感をもっており、家の恥をさらすことは自分の価値観に反すると思っているならば、SOSは発信されず、虐待対応の緊急性は高くなると考えられる。

また、養護者が家事・介護をすべてこなし、医療機関の受診やサービス利用なども拒否せず完璧に近いケアを行っていたとしても、固形物を噛んで食べることが、親（被虐待者）が元気になる唯一の方法であると信じ、流動食しか食べられない高齢者本人に固形物を食べさせたとすれば、窒息して死亡するリスクが高くなる。これは、養護者のもつ信念やこだわりなどが緊急性を高くしていることになる。

被虐待者や虐待者を理解するためには、詳細なアセスメントが必須ではあるが、虐待事象に対しては、まずはその場で緊急性の高低を判断できる枠組みが必要であり、大切にしている想いやこだわりの源を把握することは重要であると思われたため、表3-3-5-10、表3-3-5-11に示すように、コーディングフレームBとして6項目を作成した。

次に、高齢者本人や養護者の虐待の事象への対処能力は、状況にあわせて変化すると考えられるため、虐待の「通報前」、通報時から虐待が解消するまでの「通報以後」、虐待「解消後」の三つの時期に分け、既述した6項目

表 3-3-5-10　高齢者本人の虐待事象に対する取組み
——コーディングフレームB （その1）——

項　　目	高齢者本人の取組み	（例）　回避行為から緊急性を把握した場合の例
行動・行為	ADL の状況、走って逃げる、かわす、抵抗できるなどの無意識的なことも含めての行動・行為	寝たきり、嚥下困難で自分で動いて回避することは困難
精神状況	判断能力の程度精神疾患の有無など	認知症重度で判断能力の低下あり
SOS の発信力	SOS を発信することができるかどうか	自ら SOS を発信しないが、尋ねれば痛みを訴えることができる
SOS の受信環境	SOS を受信してくれる人・場所の有無	介護サービス事業者が毎日のように来所している
経済状況	収入の有無、金銭管理、収入を得るための取組み	年金などの収入あり
想いやこだわりなど	大切にしている想い、気持ち、信念、価値観、こだわり、ケアの考え方など	息子が大事。息子が結婚できないのは、自分のせいだ罪悪感をもっていること過去に語っていた。

（筆者作成）

で分析することによって、高齢者本人と養護者の虐待事象への取組みが、どのように行われているかを明らかにできると考えた。

　以下にコーディングフレームBとしての6項目の詳細を記す。

　高齢者虐待事象に対する高齢者本人と養護者の「行動・行為」とは、高齢者本人の走ってその場から逃げるなどのADL状況、叩き返すなどの抵抗などができるかどうかなどの危機回避能力をいう。養護者の取組みにおいては、加えて介護状況を含めることとする。

　「精神状況」とは、高齢者本人の判断能力の程度や精神疾患の有無をいう。

101

第3章　高齢者虐待悪化防止の協働プロセスの様相——ケース記録の質的分析をとおして——

表3-3-5-11　養護者の虐待事象に対する取組み
——コーディングフレームB　（その2）——

項　　目	養護者の取組み	（例）　介護状況から緊急性を把握した場合の例
行動・行為	ADLの状況、介護状況、無意識的なことも含めた行動・行為	食事介助など家事全般を担い、介護している
精神状況	判断能力の程度精神疾患の有無など	発達障害の疑い
SOSの発信力	SOSを発信することができるかどうか	親が誤嚥し、救急車を呼ぶことを繰り返している
SOSの受信環境	SOSを受信してくれる人・場所の有無	介護サービスや往診を受けている
経済状況	収入の有無、金銭管理、収入を得るための取組み	無職で収入なし、親の通帳を管理
想いやこだわりなど	当事者が特に大切にしている想い、価値観、ケアに対する考え方など	固形物を食べ、嚙むことで親が元気になると信じている（親は嚥下困難あり）。

（筆者作成）

　判断能力が低下する理由としては、認知症やうつ病などの精神障害および行動の障害が考えられる。養護者の精神状況には、判断能力の程度との関連性も考慮する。

　「SOSの発信力」とは、高齢者本人や養護者が、他者にSOSを発信する能力があって、実際に気持ちを伝えること、相談や通報をしているかどうかをいう。

　「SOSの受信環境」とは、高齢者本人や養護者が他者とかかわりをもっているかどうかをいう。SOSを発信したとすれば受信してくれる人がいるかどうか、高齢者本人や養護者にとって信頼できる人物や機関があるかどうかをいう。

　「経済状況」とは、高齢者本人の年金や預貯金の有無、養護者の場合は仕

102

事などによる収入を得ているかどうかをいう。これには誰が金銭管理を行っているかも含む。

「想いやこだわりなど」とは、当事者が大切にしている想い・こだわり・価値観・信念・ケアに対する考え方などをいう。

以上に述べた当事者の虐待事象に対する取組みを、6項目と三つの期間に分けて13事例についてまとめ、各項目においての特徴を文章でまとめる。

⑶ **第三分析　高齢者虐待防止法に基づく虐待対応機関等の虐待対応プロセス**

　㈠　コーディングフレームC（横軸）──高齢者虐待防止法に基づく公的マニュアルから示される虐待対応の流れ──

コーディングフレームCは、高齢者虐待防止法に基づく公的マニュアルから示される虐待対応のプロセスである。

既述のとおり、高齢者虐待対応プロセスは各マニュアルによって異なっているため、公的マニュアルを参考に本研究における高齢者虐待対応プロセスを定める。

本研究で用いる高齢者虐待対応プロセスは、図3-3-5-1のように、①発見、②通報・届出、③通報受付（報告）、④事実確認（アセスメント）、⑤支援計画案作成、⑥協議実施（コア会議）、⑦支援計画の共有（個別ケース会議）、⑧支援計画の実行、⑨モニタリングの実施、⑩評価実施（進行管理・検証）などの評価・検証を実施し、市区町村による終結の判断を行うこととした。

虐待対応において、市区町村の不作為責任が問われることがあるため、ここで、個別の事例において不作為責任が問われる範囲を確認しておく。

市区町村の不作為責任が問われる範囲は、虐待対応機関が虐待の事象を知り得た時点、つまり、個々の事例において、相談通報者が虐待対応機関に虐待の相談・通報を行った時点から市区町村が終結を判断するまでである。

　㈡　コーディングフレームD（縦軸）──高齢者虐待の事象に取組む人や機関──

高齢者虐待防止法では、通報や虐待対応に協力するなどの役割を果たす人

第3章 高齢者虐待悪化防止の協働プロセスの様相——ケース記録の質的分析をとおして——

図 3-3-5-1 高齢者虐待防止法に基づく虐待対応プロセス

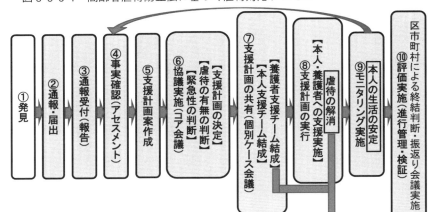

注1) アミ掛け部分は、虐待事例の対応の流れにおいて、市区町村の不作為責任が問われる範囲を示す。
注2) 養護者支援チームは、虐待対応中から結成され、虐待の解消と同時に適切な支援チームに引き継いで支援が実施できるように取組むものとされている。
注3) モニタリング実施時に、新たな事実が把握されたなら、アセスメントに戻って支援を実施する。

や機関が大きく二層に区分されている。

　第一層は、市区町村の高齢者虐待防止法所管課が責任主体であり、地域包括支援センター（同法9条1項）に、虐待の通報届出の受付や事実確認の業務が委託できることとなっている（同法17条1項）。

　第二層は、医療・保健・福祉関係機関、弁護士その他高齢者の福祉に職務上関係ある者（同法5条1項・2項）と、国民（同法4条、7条）に、生命または身体に重大な危険が生じている場合の通報義務、虐待を受けたと思われる場合の通報努力義務、虐待防止の施策協力努力義務が課せられている。特に、医療・保健・福祉関係機関、弁護士その他高齢者の福祉に職務上関係ある者には、高齢者虐待を発見しやすい立場にあることから早期発見努力義務が課せられている（同法5条1項）。

104

いいかえれば、フォーマルな社会資源の一部である市区町村の虐待防止法所管課と地域包括支援センター、そして他のフォーマルな社会資源とインフォーマルな社会資源に区分できる。この区分は、虐待対応の責任主体を明らかにするためのものでもある。

　本研究での取組みの社会資源は、上記の二つの区分に加え、高齢者本人と養護者の間でも虐待の事象に取り組んでいるため、「当事者間」の段階を加え、全部で３層とする。その３層とは、第一層を「当事者間」での取組み、第二層を市区町村の高齢者虐待防止法所管課と業務委託先の地域包括支援センター以外のフォーマルな社会資源と近隣住民や親族などインフォーマルな社会資源である「関係者・関係機関」の取組み、第三層を、高齢者虐待防止法の下で対応する高齢者虐待防止法所管課と地域包括支援センターである「虐待対応機関」の取組みとする。

　これら３層の高齢者虐待事象に対する取組み内容の詳細を以下に述べる。

　第一層の取組みは、高齢者本人が生活する家で、高齢者本人と高齢者を養護している人との間で起こる。最初に虐待の事象に取り組むこととなるのは、高齢者本人と養護者である。この取組みは、高齢者本人が死去するまで周囲に知られずに当事者間で取り組まれる場合や、権利侵害が継続したまま最期を迎える事象も想定される。逆に、第一層の当事者間での取組みで虐待が解消できることも想定できる。

　第二層は、当事者が住む地域にあるインフォーマルな社会資源（親族、近隣住民、自治会など）と、フォーマルな社会資源（民生委員、介護サービス事業者、警察、保健所など）の取組みである。たとえば、虐待の事象は、SOSの発信、あるいは周囲の人や機関が気づくという形で、虐待の事象を当事者以外が知ることになる。また、インフォーマルな社会資源とフォーマルな社会資源の取組みには、高齢者虐待防止法の下での対応ではない場合と、高齢者虐待防止法の下での対応の場合がある。

　第三層は、市区町村の高齢者虐待防止法所管課と業務委託先である地域包括支援センターによる取組みである。

105

なお、民生委員が市区町村や虐待対応機関などの虐待対応の中心的役割を担っている現状を鑑み、本研究では、フォーマルな社会資源として位置づけることとする。

第三分析は、虐待対応機関と関係者・関係機関などの虐待対応プロセスにおける虐待の悪化を防止した取組みを明らかにするため、虐待対応プロセスの時間軸に沿い、第一層「当事者間」、第二層「関係者・関係機関」、第三層高齢者「虐待対応機関」に移行する動きが何を示すのかを分析する。

たとえば、当事者（第一層）が、関係機関（第二層）へ相談し、関係機関（第二層）が、虐待対応機関（第三層）へ通報を行う動きは、第一層から第二層、第二層から第三層へ移行することとなる。これは、通報体制が整備されているゆえの展開であるといえよう。

そして、実際に虐待対応した事例の各段階の動きとその内容を分析することにより、当事者や関係者・関係機関、虐待対応機関の取組みとその意義がみえると考える。

以下に、第三分析の詳細な一例をあげる。

被虐待者である高齢者本人が、「息子から叩かれた」と医療機関を受診して主治医に相談したとすれば、当事者が関係機関へ相談しているため第一層から第二層（第一⇒第二）へ移行したと判断し、高齢者本人からSOSが発信され、医療機関がSOSを受信した取組みであると理解できる。その後、SOSを受信した医師が、市区町村の虐待対応機関へ虐待の通報をしたとすれば、第二層から第三層（第二⇒第三）へ移行したと判断できる。これは、高齢者虐待防止法に規定される通報義務を果たしているといえる流れである（第一⇒第二⇒第三）。

しかし、このSOSを受信した医師が、高齢者本人に対し「息子さんとよく話し合いなさい」と帰宅させたとすれば、第二層から第一層（第二⇒第一）へ移行したととらえることができる。これは、高齢者虐待防止法に規定される通報義務を果たしているとはいえない事象と解することができる。

106

4 倫理的配慮

　本研究における質的調査は、ルーテル学院大学研究倫理委員会および調査対象機関により承認を得た（承認番号10-68）。また、調査対象機関法人に記録を分析することの承認を得、分析後、公表する内容や表記について再度承認を得た。

　分析対象とする地域包括支援センターの記録には、個人情報が含まれることから、個人を識別する情報を取り除き、新たに符号または番号を伏して匿名化し、対応表は作成せず、連結不可能とした。データの保管も外部記憶装置に記録し、その媒体は鍵をかけて保管、第三者への委託はせず、ローデータは開示しないこととした。

　事例の加工については、公益社団法人日本社会福祉士会（2012）の事例を取り扱う際のガイドラインを参考に、次のとおり行った。年齢は10歳刻み表示、続柄は子か配偶者に統一、被虐待者と虐待者の年齢・続柄・同別居・介護度・性別の組合せを一部加工し、調査対象の基本属性と虐待に関する概要を示した各表の順番を連動させないよう加工し、事例の詳細な概要と代表事例以外の9事列の分析の詳細は非掲載とした。調査年度については、5年間のうちの1年間であることを明記した。期間を示すときはアルファベット一文字を年単位として示した。

　なお、高齢者虐待が疑われる事例の情報は、高齢者虐待防止法17条2項（秘匿厳守）、同法29条（処罰）に規定されているように、厳重な個人情報の保護が必要とされる。したがって、同法を遵守するために事例の詳細な内容は記載せず、分析結果を中心にまとめた。

　調査プロセスの一部非掲載とすることによる研究結果の信頼性の確保として、虐待発生前・虐待発生後・虐待解消後の期間ごとにまとめた事例の概要、事例概要を時系列に短文でまとめた図、第一・第二・第三分析のプロセスの記録や分析内容を説明が必要なときは示すことができるという対処が可能である。

Ⅳ　分析結果

1　高齢者虐待が疑われた13事例の概要

　平成 Y 年 4 月から翌年までの 1 年間に、C 地域包括支援センターにて高齢者虐待が疑われた13事例の概要を述べる。

　被虐待者は、表3-4-1-1 に示すように、13名であった。被虐待者の年齢は、60歳代～90歳代で、80歳代が 9 名、60歳代が 2 名、70歳代と90歳代が各 1 名であった。性別は、女性が11名、男性が 2 名であった。医師の診断による認知症や知的障害、うつ病などによる判断能力の低下がみられたのが10名で、他 3 名は判断能力があった。要介護度は自立～要支援Ⅱが 2 名、要介護Ⅰ・

表3-4-1-1　調査対象の基本属性

	高齢者本人				養護者	
	年齢	性別	介護度	同別居	年齢	続　　柄
1	70歳代	男性	自立	同居	40歳代	子
2	90歳代	女性	Ⅴ	同居	60歳代	子
3	80歳代	女性	Ⅱ	同居	60歳代	子
4	80歳代	女性	Ⅰ	同居	40歳代	子
5	80歳代	女性	Ⅲ	同居	50歳代	子夫婦
6	60歳代	女性	Ⅰ	同居	60歳代	配偶者
7	80歳代	女性	Ⅳ	同居	60歳代	子
8	60歳代	女性	Ⅰ	同居	40歳代	子夫婦、別の子
9	80歳代	女性	Ⅳ	別居	50歳代	子
10	80歳代	女性	支援Ⅱ	同居	50歳代	子夫婦
11	80歳代	女性	Ⅲ	別居	50歳代	子夫婦
12	80歳代	男性	Ⅰ	同居	50歳代	子
13	80歳代	女性	Ⅳ	同居	50歳代	子

（筆者作成）

Ⅱが５名、要介護Ⅲ〜Ⅴが６名であった。養護者と同居している被虐待者が11名、別居が２名であった。13名全員に、生活保護受給あるいは公的年金による収入があった。

　養護者は18名であった。年齢は、40歳代〜60歳代で、40歳代が３名、50歳代が11名、60歳代が４名であった。本人との続柄は配偶者が１名、子が13名、子の配偶者が４名であった。独身８名、既婚10名であった。虐待の要因に関連する情報として、経済状況は、無職が５名、有職が13名、借金ありが５名であった。精神的な状況としては、医師の診断による精神疾患をもつ者が３名、過去に自殺未遂を起こしている者が３名であった。ほか、幼少時に親などから叩かれたとの訴えがあった者が２名、被虐待者と別居歴がない、あるいは１年未満であった者が７名であった。

　主な虐待類型としては、表3-4-1-2、表3-4-1-3に示すように、身体的虐待が６事例、放棄放任が２事例、経済的虐待が２例、身体的虐待と経済的虐待が３事例であり、Ｂ市高齢者虐待対応所管課とＣ地域包括支援センターの協議によって虐待「あり」と判断されたのは、身体的虐待の７事例と、放棄放任の２事例であった。地域包括支援センターへの通報があってから一時的にでも本人の安全が図られるまでに要した期間は、２週間〜１年10カ月であった。一時的にでも虐待が解消した理由は、入院・入所・転居・死亡などによる分離が10事例、分離以外が２事例であった。１事例は、虐待の事象が未解消の状態であった。分離以外で虐待が解消した理由は、成年後見制度利用が１事例、親族会議による虐待者の行動変容が１事例であった。

　当該地域包括支援センターの高齢者虐待対応として、当該市作成の虐待対応マニュアルに記されている帳票を用いて支援計画が作成されていたのが６事例、帳票を用いず経過記録や会議録などに対応の方向性が記載されていたのが６事例、支援計画も方向性も記載がなく結果のみの記載であったものが１事例であった。モニタリングの実施に関しては、時期や回数など支援計画に基づいたモニタリングの実施が６事例、支援計画が作成されず時期や回数など定めていないモニタリングの実施が７事例であった。支援計画の有効期

第3章　高齢者虐待悪化防止の協働プロセスの様相——ケース記録の質的分析をとおして——

表 3-4-1-2　13事例の高齢者虐待に関する概要（発見から通報まで）

	No	虐待類型	判断力	SOSの発信	通報前の変化	通報前取組状況	通報した理由
①当事者間対応型	1	身体的	有	本人→親族→包括	暴力の再開	親族が近隣と協力	手術を要するほどにけがが深刻化
	2	身体的	有	本人→ケアマネ→行政	配偶者が入所・死去	デイサービス利用開始	本人が叩かれたと訴えた
	3	身体的・経済的	うつ傾向	本人→医療機関→包括	配偶者の入院、子が介護で退職し無職	看護師が養護者へデイなどの利用をすすめ継続	本人が訴え、養護者がデイサービス利用を拒否
	4	身体的	認知症	本人→近隣・行政	離婚、認知症の進行（見当識障害など）	本人入院要請、養護者と距離を室内外でとる	本人が叩かれたと訴えた
	5	身体的・経済的	認知症	養護者→親族→行政	離婚、認知症発症	ショートステイ利用開始	養護者が叩いたと自ら告白した
②親族近隣対応型	6	経済的	認知症	親族→医療機関→包括	借金（養護者）転倒し本人入院	養護者へ連絡・督促	入院費の滞納額が増え、督促効果なし
	7	身体的・経済的	認知症	本人→親族→ケアマネ→包括	認知症の進行（徘徊など）	ショートステイなど利用増	デイサービス利用や訪問約束のキャンセルが増えた
	8	身体的	認知症	本人→近隣→ケアマネ→包括	同居開始、認知症の進行（失禁など）	本人が近隣宅避難	デイサービス導入するも虐待解消せず
③関係機関底支え型	9	放棄放任	認知症	ケアマネ→行政	転職、退職、認知症発症	生保申請、デイ・ショートステイなど利用開始	養護者による受診拒否あり
	10	身体的	認知症	施設→行政	転職、退職、借金	特養入所支援	施設を退所させた
	11	経済的	知的障害	ケアマネ→包括	借金	養護者へ改善要求	地権を利用するも虐待解消せず
	12	身体的	認知症	通所介護→ケアマネ→包括	認知症発症、本人がサービス利用拒否	デイ利用開始	体重減少、痣を確認した
	13	放棄放任	認知症	民生委員→ケアマネ→包括	借金、養護者退職、認知症進行	受診をすすめる	デイサービス利用のキャンセル増、拒否あり

（筆者作成）

注1）　表 3-5-1-1「調査対象の基本属性」の順番とは連動しない
注2）　「判断力」は、高齢者本人の判断能力のことを指す
注3）　「地権」とは、地域福祉権利擁護事業の略で、現制度の日常生活自立支援事業を指す
注4）　「生保」とは、生活保護制度のことを指す
注5）　「ケアマネ」とは、ケアマネジャー（介護支援専門員）のことである
注6）　①②③は、高齢者虐待の通報から解消のプロセスに強く影響していた分類を示す。①は本人と養護者である当事者自身の対応、②は親族や近隣のインフォーマルな社会資源の活用、③はケアマネジャーなどのフォーマルな社会資源の活用である。

IV 分析結果

表 3-4-1-3 　13事例の高齢者虐待に関する概要（通報後から終結後まで）

	No	内部共有	報告	コア会議	虐待認定	支援計画	主な介入	モニタリング	個別会議	評価	進行管理	解消理由	通報～保護一時解消	検証
①当事者間対応型	1	有	有	2	有	2	入院・やむ措置	2	3	無	無	入院・入所・転居	1カ月	無
	2	無	無	0	無	無	親族会議	2	0	無	無	養護者の行動変容	5カ月	無
	3	有	有	1	無	2	デイ利用再開	2	0	無	無	未解消	継続中	無
	4	有	有	1	無	2	親族が後見申立	2	2	無	無	後見開始	6カ月	無
	5	有	有	2	有	2	やむ措置・面会制限	2	1	無	無	入所	1カ月	無
②親族近隣対応型	6	有	有	2	有	1	親族契約入院・入所	1	7	有	有	入院・入所	7カ月	無
	7	有	有	2	有	1	親族契約入所	1	2	有	有	入所・養護者死亡	6カ月	無
	8	有	有	1	有	1	親族契約入所	1	1	無	無	入所	6カ月	無
③関係機関底支え型	9	有	有	2	有	2	やむ措置・面会制限	2	5	無	無	入所	1年10カ月	無
	10	有	有	2	有	1	サービス増	1	2	無	無	ショートステイ	2週間	無
	11	有	有	2	無	2	デイ、ヘルパー継続	2	1	無	無	転居	6カ月	無
	12	有	有	1	有	1	親族契約入所	1	2	無	無	入所	4カ月	無
	13	有	有	1	有	2	養護者契約入院	1	1	有	無	入院後本人死亡	2年	無

（筆者作成）

注1）　「コア会議」（コアメンバー会議）・「個別会議」（個別ケース会議）は会議の開催回数を記載した
注2）　「モニタリング」は、支援計画に基づいたモニタリングを「1」とし、それ以外を「2」とした
注3）　「支援計画」は帳票作成を「1」、を会議記録に方向性などを記載したもの「2」とした
注4）　「やむ措置」とは、老人福祉法規定のやむを得ない事由による措置のことである
注5）　表3-4-1-1 調査対象の基本属性、表3-5-1-2 13事例の高齢者虐待に関する概要（発見から通報まで）の順番とは連動しない

間最終日に虐待が解消したかどうかの評価と今後の対応について記載されていたのが6事例、実施していなかったのが7事例であった。会議にて虐待対応のプロセスの振返り会議を実施したのは1事例のみであった。

　13事例の各項目を表にまとめたところ、高齢者虐待の通報が虐待対応機関

111

第3章　高齢者虐待悪化防止の協働プロセスの様相——ケース記録の質的分析をとおして—— ❧

に届くまでの経緯に特徴があり、その特徴は三つに分類が可能であった。分類された三つの類型を以下に述べる。

　第一に、当事者の行動力が虐待の解消や虐待の悪化を防止することに影響していると考えられたのが5事例あった。たとえば、当事者が、地域包括支援センターや警察・近隣住民・親族などの人・機関に対し、SOSの発信を複数回にわたって発信し続けることで虐待対応機関へつながり、保護や入院が可能となったものや、養護者と同居している部屋の中で養護者の様子に合わせ、静かにしたり室内で距離をとったり、外出していたりしていたことがあげられる。

　これを「当事者間対応型」とよぶこととする。

　第二に、インフォーマルな社会資源の活用が虐待の解消や虐待の悪化を防止することに影響していると考えられたのが3事例あった。たとえば、親族と近隣住民などのインフォーマルな社会資源が、医療機関などのフォーマルな社会資源も含めて独自のネットワークをつくり、高齢者本人の安否や養護者の状態を確認し、発信されたSOSの緊急性を見極め、逃げ込み先を提供し、介護保険の申請につなげ、サービスの利用を可能にするなどがあげられる。これを、「親族・近隣など対応型」とよぶこととする。

　第三に、フォーマルな社会資源の活用が虐待の解消や、虐待の悪化を防止することに影響していると考えられたのが5事例あった。たとえば、ケアマネジャーや医療機関などの関係者・関係機関が、虐待が疑われる状況に気づき、養護者に対し介護の方法や対応など行動の変容を促し、サービスをさらに導入することで虐待の解消を試みたり、食品や衣料品など無料の物品を提供し状況の悪化を防いだり、地域包括支援センターが機能不全に陥ったときに、地域包括支援センターの機能を補い、再編成された組織に再度通報するなどがあげられる。これを、「関係機関底支え型」とよぶこととする。

　これらのことから、高齢者虐待の通報が虐待対応機関に届くまでの経緯に特徴があった3類型ごとに、第一・第二・第三分析の結果を、代表的な5事例にて示すこととした。そして、全13事例を分析した第一・第二・第三分析

112

の結果のまとめを述べる。

第一に、「当事者間対応型」による虐待の悪化防止として、高齢者本人の取組みを1事例（表3-4-1-2の事例1）、養護者の取組み1事例（表3-4-1-2の事例5）の計2事例を示す。

第二に、「親族・近隣など対応型」による虐待の悪化防止として、インフォーマルな社会資源である親族の取組み例を1事例（表3-4-1-2の事例6）、近隣住民の取組み例を1事例（表3-4-1-2の事例8）の計2事例を示す。

第三に、「関係機関底支え型」による虐待の悪化防止として、フォーマルな社会資源の活用である居宅介護支援事業所のケアマネジャーの取組み例を1事例（表3-4-1-2の事例10）示す。

また、第一分析と第三分析にあたっては、筆者とコーダー1名による13事例の平均一致率を求めた。第一分析の一致率は、98.15％、第三分析の一致率は77.78％であった。Mayring（2000）が基準とする一致率70％以上であり、コーディング結果は有効と判断できる。

第二分析は、記述された記録を帰納的に分析したため、数値で一致率を出す分析内容ではなかった。

2 第一分析の結果——高齢者虐待防止法に基づいたマニュアルの遵守状況——

本調査における第一分析は、高齢者虐待防止法に基づいた公的マニュアルの遵守・不遵守状況が、高齢者虐待の悪化に関連しているかを探るため、13事例を分析した。

13事例の第一分析の結果を代表的な5事例で述べた後、全13事例の虐待を悪化させたと考えられた要因を述べる。代表的な5事例とは、「当事者間対応型」として、①高齢者本人の取組み（表3-4-1-2の事例1）と②養護者の取組み（表3-4-1-2の事例5）の2事例、「親族・近隣など対応型」として③近隣住民の取組み（表3-4-1-2の事例6）と④親族による取組み（表3-4-1-2の事例8）の2事例、「関係機関底支え型」として⑤ケアマネジャーを中心

113

とした協働による取組み（表 3-4-1-2 の事例10）の１事例である。

代表的な５事例の分析の結果は、簡単に概要を述べた後、コーディングフレーム A の八つの枠組みを用いて高齢者虐待防止法に基づいた公的マニュアルの遵守状況を述べる。

⑴　当事者間対応型【主に高齢者本人】による虐待の悪化防止

表 3-4-1-2 の当事者間対応型のうち、事例１の高齢者本人の取組みを中心とし、高齢者虐待防止法に基づいた公的マニュアルの遵守・不遵守状況をみる。

　⒜　事例の概要

高齢者本人である親が養護者である子から身体的虐待を受け、重篤なけがを負い、高齢者本人と親族が通報したことにより高齢者虐待防止法に基づく対応が開始された。通報後、医療機関に入院し、行政権限による施設への保護を実施したことで虐待が解消した。保護後、親族支援による転居により高齢者本人の生活が安定し、養護者は友人や関係機関などの支援により就労し自立した生活に向かうことができた事例である。

協働した主な人や機関は、当事者、他の子である親族、近隣住民、医療機関、保健所、ショートステイなどの介護サービス事業者、虐待対応所管課、地域包括支援センターなどである。

　⒝　当事者間対応型【主に高齢者本人】の高齢者虐待防止法に基づく公的マニュアルの遵守・不遵守状況

当事者間対応型【主に高齢者本人】による高齢者虐待防止法に基づく公的マニュアルの遵守・不遵守状況として主に六つ述べる。

第一に、早期発見・通報体制における高齢者虐待防止法に基づく公的マニュアルの遵守状況をみると、特に高齢者本人が関係機関への相談や医療機関への受診を行い、親族が通報したことにより虐待の悪化が防ぐことができたといえる。しかし、表 3-4-2-1（その１からその３）のように、親族からの通報以前に、高齢者本人や親族が医療機関や保健所、警察などへ相談しているが、これらの関係機関から虐待対応所管課や地域包括支援センターへの通報

がなかった。迅報が早期に実施されることで、通報時に高齢者本人が負っていた入院するほどの重篤なけがを防ぐことができた可能性があったと考えられる。

　第二に、高齢者本人が転居後数カ月経過してから後、転居先の地域包括支援センターへの通報を行った。この時点において養護者は高齢者本人が行方不明となっていると解しており、行方を捜していた。転居先への通報や引継ぎの遅れがあったため、養護者が行方を突き止め、虐待の事象が再発する可能性があった。これは、虐待対応所管課と地域包括支援センターの終結の協議を実施することにより防ぐことができた可能性があったと考えられる。

　第三に、高齢者本人を保護・支援する体制には、虐待対応所管課が権限を行使できる体制の下で虐待対応を実施し虐待が解消されていた。しかし、現在高齢者虐待防止法では、特別養護老人ホームに措置したときのみ面会制限をかけられることとなっているため、市区町村が、保護先となるすべての関係機関で同法に基づいた面会制限の権限を行使できるわけではない。医療機関による施設管理権や養護受託（老人福祉法11条1項3号）による面会制限もかけていなかった。養護者が高齢者本人の入院に同意はしていたが、養護者による連れ去りの可能性がまったくない状況ではなかった。

　第四に、養護者支援については、虐待対応中に、虐待対応所管課や地域包括支援センターがまったく養護者と面接せずに、高齢者本人と親族中心に対応していた。分離後、養護者が自殺する可能性もあったが、虐待対応所管課が、保健所へ養護者への対応を依頼し、保健師の訪問などによる適切な業務遂行により、結果的に自殺を防ぐことができた。虐待対応中から養護者への支援者として保健所に虐待対応中から協力を依頼することで、高齢者本人への虐待の悪化を防止できた可能性があったと考えられる。

　第五に、評価・検証の実施をみると、支援計画が作成されず、支援計画に基づいたモニタリングや評価・進行管理・振返り会議も実施されていなかった。モニタリングや評価・進行管理・振返り会議を実施することでよりよい支援が実施できた可能性がある。

115

第3章　高齢者虐待悪化防止の協働プロセスの様相——ケース記録の質的分析をとおして——

表 3-4-2-1　高齢者虐待防止法と公的マニュアルの遵守状況
【当事者間対応型】その1【高齢者本人】（事例1）

		項　　目		遵守状況【高齢者本人】
I 早期発見・通報体制	1	福祉関係者個々人が虐待の発見に努めている	×	警察、医療機関、保健所からの発見・相談はなし
	2	地域包括支援センターの三職種全員が虐待に関し知識を有している	×	職員全員が研修受講せず
	3	福祉関係者が発見後、早期に市区町村あるいは地域包括支援センターに通報している	×	警察、医療機関、保健所からの通報はなし
	4	管轄外の通報が速やかに担当区域の市区町村または地域包括支援センターに通報された、管轄外となったケースを速やかに担当区域の市区町村または地域包括支援センターに通報した	△	通報者の居住地包括から、高齢者本人の居住地包括へ通報あり。転居時は転居先包括へ数カ月経過した後、引継ぎを実施
	5	家族親族を含めた市民が発見し、速やかに通報している	○	高齢者本人と親族が通報実施
	6	近隣住民の通報や虐待対応上などの協力があった	△	近隣住民からの通報はなかったが、安否確認などの協力あり
	7	市区町村あるいは地域包括支援センターが通報を受付けた	○	地区担当包括が受付実施
	8	委託型地域包括支援センターは市区町村に報告した	△	対応途中で報告実施
	9	通報者が誰かわからないように対応した	○	通報者情報漏れなし
II 協議体制	1	地域包括支援センター内部で通報内容を共有している	△	虐待対応途中で共有実施
	2	通報内容について、市区町村と地域包括支援センターが協議し、緊急性の判断と虐待の有無、今後の対応などについて合議を得ている（コア会議の開催）	○	2回実施
	3	個別ケース会議を開催し、情報の共有を図り、今後について役割分担の明確化などを行っている	△	3回実施（警察、医療機関の参加得られず）
	4	通報を受付けたケースを、市区町村と地域包括支援センターで終結の理由など明確にし、合議を得て判断している	×	転居と同時に暗黙のうちに終結。協議せず。
	5	関係者から情報が漏れたことはない	○	情報漏えいなし

注1）「遵守」の項目の「○」は遵守、「△」は一部遵守で一部不遵守の状況、「×」は不遵守であ
ることを示す。

IV　分析結果

表 3-4-2-1　高齢者虐待防止法と公的マニュアルの遵守状況
【当事者間対応型】その 2 【高齢者本人】（事例 1）

		項　目		遵守状況【高齢者本人】
Ⅲ 本人保護支援体制	1	市区町村と地域包括支援センターが通報受付48時間以内に高齢者の安全を市区町村・地域包括支援センター職員が目視、事実確認した	○	48時間以内に高齢者本人と面接し、事実確認実施
	2	事実確認のため関係機関から情報を速やかに収集できた	○	親族や医療機関などから情報収集を実施
	3	事実確認のため、庁内情報を速やかに収集できた	○	庁内情報収集を実施
	4	保護時、サービス導入時、本人の同意を得た	○	サービス利用を提案し本人の同意を得た
	5	本人の意思決定支援を行った	○	養護者の自殺の心配など高齢者本人が不安に思うことへの対応を実施
	6	市区町村は、やむを得ない事由による措置を速やかに実施した	△	医療機関は措置先となっていない。措置ショートステイの権限行使
	7	優先入所の依頼がスムーズに実施できた	○	必要ないが体制あり
	8	市区町村長による成年後見制度利用開始の審判の請求が速やかに実施できた	○	必要ないが体制あり
	9	立入調査を速やかに実施した。入室拒否に備え、立入調査へ切替の準備できた	○	必要ないが体制あり
	10	警察署長への援助依頼が速やかに要請できた	○	必要ないが体制あり
	11	法により面会を速やかに制限できた	×	入院期間は面会制限かけられず、施設管理権や養護受託による面会制限もかけず。退院後の行先を伝えないことで、連れ去りの危険を防いだ。
	12	面会制限の部分・全解除が検討されている	×	
	13	面会制限が解除できた	×	
Ⅳ 養護者支援体制	1	事実確認時、養護者についても理解を深めた	△	養護者に関する情報収集は実施したが、養護者への面接・支援を実施せず
	2	権限行使時、養護者に対し、適切な説明と本人の安全、今後の生活、今後の支援などについて伝えた	×	虐待対応機関が養護者とかかわらず親族が養護者に対応
	3	面会制限の権限行使時、会いたい場合にどうしたらよいかなどの説明がなされた	×	虐待対応機関が養護者とかかわらず親族が養護者に対応
	4	虐待対応中、養護者支援がスムーズに実施できた	×	虐待対応機関が養護者とかかわらず親族が養護者に対応
	5	養護者支援チームにバトンタッチできた	○	保護と同時に保健所へ対応依頼
	6	養護者からの訴訟リスクを検討した	○	検討しなしと判断
	7	養護者の自殺リスクを検討した	○	検討しありと判断

注 1 ）　「遵守」の項目の「○」は遵守、「△」は一部遵守で一部不遵守の状況、「×」は不遵守であることを示す。

117

表 3-4-2-1　高齢者虐待防止法とマニュアルの遵守状況

【当事者間対応型】その 3　【高齢者本人】（事例 1）

		項　目		遵守状況【高齢者本人】
Ⅴ 評価・検証の実施	1	本人・養護者に対し、定期的にモニタリングを実施した	△	支援計画に基づかず実施
	2	虐待対応の支援計画を作成し、評価を行った	×	支援計画未作成、評価未実施
	3	虐待ケースの進行状況を市区町村と地域包括支援センターで管理できている	×	未実施
	4	虐待対応終結後、振返り会議を行った	×	未実施
	5	厚生労働省調査に通報があった事例について報告している	○	市が調査に回答
Ⅵ 都道府県などの援助体制	1	地域包括支援センター、行政内部のスーパービジョン機能を活用した	○	所属長に報告、連絡、相談を実施
	2	都道府県設置の相談・助言、広域調整機能を活用した	○	必要なかったが、相談できる体制あり
	3	民間の相談・助言、広域調整/スーパーバイズ機能を活用した	○	必要なかったが、相談できる体制あり
Ⅶ 普及啓発体制	1	高齢者虐待防止のパンフレットを作成し、配布している	○	パンフレット作成し配布
	2	市民対象の研修を実施している	×	未実施
	3	介護者対象の研修実施している	×	未実施
	4	行政職員対象の研修実施している	×	未実施
	5	関係者対象の研修実施している	×	未実施
	6	虐待にかかる全職員が定期的に研修を受講している	×	未実施
Ⅷ その他体制整備	1	厚生労働省・都道府県マニュアルを活用している	△	対応途中からマニュアルに沿って対応
	2	市区町村マニュアルを作成している	△	対応途中に作成
	3	庁内情報の目的外利用と外部提供について、要綱を作成、個人情報保護審議会などに諮っている	×	未整備
	4	高齢者虐待防止ネットワークを構築・運営している	×	未整備
	5	国・都道府県・市区町村において調査研究を実施している	×	未実施
	6	国の調査結果を都道府県の福祉計画に反映させている		
	7	国の調査結果を市区町村の福祉計画に反映させている	×	未実施

注1）　「遵守」の項目の「○」は遵守、「△」は一部遵守で一部不遵守の状況、「×」は不遵守であることを示す。
注2）　Ⅷその他体制整備 No6 の項目は都道府県を対象としていることから対象外の項目とした。

118

第六に、体制整備をみると、当該市の高齢者虐待対応マニュアルが作成されていない時期を含んではいるが、高齢者虐待防止法は施行されている時期であった。したがって、ネットワークの構築が整備されていれば、関係機関などからの早期通報につながり、虐待の悪化を防止できた可能性がある。

(2) 当事者間対応型【主に養護者】による虐待の悪化防止

　表3-4-1-2の当事者間対応型のうち、事例5の養護者の取組みを中心とし、高齢者虐待防止法に基づいた公的マニュアルの遵守・不遵守状況をみる。

(A) 事例の概要

　高齢者本人である親が養護者である子から身体的虐待を受けていた事例であるが、養護者である子が、他の子に高齢者本人から何度も繰返し同じことを聞かれるなどの行為に対し叩いてしまったというSOSを発信し、他の子が通報したことから高齢者虐待防止法に基づく対応が開始された。虐待対応所管課が虐待の事実があると判断したことと、立退きを迫られていることを根拠に優先的に施設へ入所できる制度を利用し、デイサービスやショートステイの利用で施設に慣れたところで、親族契約により施設へ入所し虐待が解消した。しかし、施設に入所後、金銭管理をしていた親族から経済的搾取を受けた事態となり、高齢者本人の生活の安定が図られた状況ではなかった事例である。

　協働した主な人や機関は、当事者、他の子である親族、近隣住民、医療機関、警察、施設やケアマネジャーなどの介護サービス事業者、虐待対応所管課、地域包括支援センターなどである。

(B) 当事者間対応型【主に養護者】の高齢者虐待防止法と公的マニュアルの遵守・不遵守状況

　当事者間対応型【主に養護者】による高齢者虐待防止法と公的マニュアルの遵守・不遵守状況として表3-4-2-2（その1からその3）に示す分析結果から、主に4点を述べる。

　第一に、虐待者が自らSOSを発信し、サービス導入などの虐待対応に協力的であったことが虐待を解消したといえよう。

119

第 3 章　高齢者虐待悪化防止の協働プロセスの様相——ケース記録の質的分析をとおして——

表 3-4-2-2　高齢者虐待防止法と公的マニュアルの遵守状況
【当事者間対応型】その 1 【養護者】（事例 5 ）

		項　目		遵守状況【養護者】
I 早期発見・通報体制	1	福祉関係者個々人が虐待の発見に努めている	×	医療機関と警察からの発見・相談なし
	2	地域包括支援センターの三職種全員が虐待に関し知識を有している	○	研修受講済、あるいはマニュアル周知
	3	福祉関係者が発見後、早期に市区町村あるいは地域包括支援センターに通報している	×	医療機関と警察からの通報なし
	4	管轄外の通報が速やかに担当区域の市区町村または地域包括支援センターに通報された、管轄外となったケースを速やかに担当区域の市区町村または地域包括支援センターに通報した	○	直接地区担当包括に相談あり
	5	家族親族を含めた市民が発見し、速やかに通報している	○	親族が通報実施
	6	近隣住民の通報や虐待対応上などの協力があった	○	親族が虐待の事象を把握し、相談、通報、見守りを実施
	7	市区町村あるいは地域包括支援センターが通報を受付けた	○	地区担当包括が受付
	8	委託型地域包括支援センターは市区町村に報告した	○	包括から市高齢へ報告
	9	通報者が誰かわからないように対応した	○	通報者情報漏れなし
II 協議体制	1	地域包括支援センター内部で通報内容を共有している	○	初回相談票の閲覧による共有
	2	通報内容について、市区町村と地域包括支援センターが協議し、緊急性の判断と虐待の有無、今後の対応などについて合議を得ている（コア会議の開催）	○	2 回実施
	3	個別ケース会議を開催し、情報の共有を図り、今後について役割分担の明確化などを行っている	△	1 回実施（警察、医療機関の参加得られず）
	4	通報を受付けたケースを、市区町村と地域包括支援センターで終結の理由など明確にし、合議を得て判断している	×	終結について、協議実施せず
	5	関係者から情報が漏れたことはない	○	情報漏えいなし

注 1 ）「遵守」の項目の「○」は遵守、「△」は一部遵守で一部不遵守の状況、「×」は不遵守であることを示す。

120

IV　分析結果

表 3-4-2-2　高齢者虐待防止法と公的マニュアルの遵守状況
【当事者間対応型】その 2 【養護者】（事例 5）

		項　目		遵守状況【養護者】
Ⅲ 本人保護支援体制	1	市区町村と地域包括支援センターが通報受付48時間以内に高齢者の安全を市区町村・地域包括支援センター職員が目視、事実確認した	○	48時間以内に高齢者本人と面接し、事実確認実施
	2	事実確認のため関係機関から情報を速やかに収集できた	○	パート先、親族、行政から情報収集実施
	3	事実確認のため、庁内情報を速やかに収集できた	○	庁内情報収集を実施
	4	保護時、サービス導入時、本人の同意を得た	○	サービス利用を提案し本人の同意を得た
	5	本人の意思決定支援を行った	○	仕事を大切にしていることに理解を示し、似た環境を整備
	6	市区町村は、やむを得ない事由による措置を速やかに実施した	○	措置の必要ないが、実施体制あり
	7	優先入所の依頼がスムーズに実施できた	○	優先入所を市より依頼
	8	市区町村長による成年後見制度利用開始の審判の請求が速やかに実施できた	○	必要ないが、実施体制あり
	9	立入調査を速やかに実施した。入室拒否に備え、立入調査へ切替の準備できた	○	必要ないが、実施体制あり
	10	警察署長への援助依頼が速やかに要請できた	○	必要ないが、実施体制あり
	11	法により面会を速やかに制限できた	○	必要ないが、実施体制あり
	12	面会制限の部分・全解除が検討されている	○	必要ないが、実施体制あり
	13	面会制限が解除できた	○	必要ないが、実施体制あり
Ⅳ 養護者支援体制	1	事実確認時、養護者についても理解を深めた	○	虐待対応中から面接し、アセスメント実施
	2	権限行使時、養護者に対し、適切な説明と本人の安全、今後の生活、今後の支援などについて伝えた	○	今後の転居先を親族とともに調整した
	3	面会制限の権限行使時、会いたい場合にどうしたらよいかなどの説明がなされた	○	養護者が本人に会いたくないという意向確認し面会制限必要なしと判断。実施体制あり
	4	虐待対応中、養護者支援がスムーズに実施できた	○	親族や知人が支えた
	5	養護者支援チームにバトンタッチできた	○	親族と知人、職場と連携を図った
	6	養護者からの訴訟リスクを検討した	○	検討しリスクなしと判断
	7	養護者の自殺リスクを検討した	○	検討しリスクなしと判断

注1）「遵守」の項目の「○」は遵守、「△」は一部遵守で一部不遵守の状況、「×」は不遵守であることを示す。

121

第3章　高齢者虐待悪化防止の協働プロセスの様相——ケース記録の質的分析をとおして——

表 3-4-2-2　高齢者虐待防止法とマニュアルの遵守状況
【当事者間対応型】その3【養護者】（事例5）

		項　目		遵守状況【養護者】
V 評価・検証の実施	1	本人・養護者に対し、定期的にモニタリングを実施した	○	モニタリング実施
	2	虐待対応の支援計画を作成し、評価を行った	○	支援計画を作成し、評価実施
	3	虐待ケースの進行状況を市区町村と地域包括支援センターで管理できている	○	進行管理実施
	4	虐待対応終結後、振返り会議を行った	×	振返り会議を未実施
	5	厚生労働省調査に通報があった事例について報告している	○	市が調査に回答
VI 都道府県などの援助体制	1	地域包括支援センター、行政内部のスーパービジョン機能を活用した	○	センター長へ報告、管理職の決裁をとった
	2	都道府県設置の相談・助言、広域調整機能を活用した	○	必要なかったが、相談できる体制あり
	3	民間の相談・助言、広域調整/スーパーバイズ機能を活用した	○	必要なかったが、相談できる体制あり
VII 普及啓発体制	1	高齢者虐待防止のパンフレットを作成し、配布している	○	パンフレット作成し配布
	2	市民対象の研修を実施している	×	未実施
	3	介護者対象の研修実施している	×	未実施
	4	行政職員対象の研修実施している	×	未実施
	5	関係者対象の研修実施している	×	未実施
	6	虐待にかかる全職員が定期的に研修を受講している	×	未実施
VIII その他体制整備	1	厚生労働省・都道府県マニュアルを活用している	○	活用
	2	市区町村マニュアルを作成している	○	作成済
	3	庁内情報の目的外利用と外部提供について、要綱を作成、個人情報保護審議会などに諮っている	×	未整備
	4	高齢者虐待防止ネットワークを構築・運営している	×	未整備
	5	国・都道府県・市区町村において調査研究を実施している	×	未実施
	6	国の調査結果を都道府県の福祉計画に反映させている		
	7	国の調査結果を市区町村の福祉計画に反映させている	×	未実施

注1）「遵守」の項目の「○」は遵守、「△」は一部遵守で一部不遵守の状況、「×」は不遵守であ
　　ることを示す。
注2）　VIIIその他体制整備No6の項目は都道府県を対象としていることから対象外の項目とした。

122

第二に、高齢者本人が、在宅サービスの利用で施設に慣れるよう調整し、高齢者本人の安定した生活を確保するために、虐待対応機関と親族、関係者・関係機関などが協働したといえよう。

第三に、虐待の事象を発見していた医療機関や警察などからの相談・通報が虐待対応所管課や地域包括支援センターになかったことは前事例でもみられていたが、高齢者本人が働く福祉の職場からの相談や通報もなかった事例があった。既述のとおり、後期高齢者になっても労働を期待されている今後の日本にとって、高齢者本人が働く職場において、虐待のおそれがある状況が把握された場合の通報が重要となると考える。しかし、現状においては、雇用関係においての通報義務について規定していない。今後の課題といえる。早期に雇用主などからの通報により、虐待の悪化が防止できた可能性があったといえよう。

第四に、高齢者本人が保護され虐待の解消がみられた後、金銭管理をしていた他親族から、新たに経済的虐待を受ける状況が発生した。このことは、虐待の解消後、高齢者本人の生活が安定したかどうか確認するモニタリングや評価の実施、終結のための判断根拠を確認するためのアセスメントにおいて気づくことができた可能性があったといえよう。

(3) 親族・近隣など対応型【主に近隣住民】による虐待の悪化防止のための協働

表3-4-1-2の親族・近隣など対応型のうち、事例6の近隣住民の取組みを中心とし、高齢者虐待防止法に基づいた公的マニュアルの遵守・不遵守状況をみる。

(A) 事例の概要

高齢者本人である親が養護者である子から身体的虐待を受け、高齢者本人が近隣住民宅に避難できる環境があり、近隣住民が介護保険事業者に相談し、介護保険事業者が虐待対応機関へ通報したことで高齢者虐待防止法に基づく対応が開始され、高齢者本人が警察に逃げ込んだ後、分離により虐待が解消した。分離後、友人の頻回な訪問により高齢者本人は施設での生活に慣れ、

養護者も行政の支援を受けながら親族と交流を再開し、自立した生活を送ることができるようになった事例である。

協働した主な人や機関は、当事者、親族、近隣住民、医療機関、警察、生活保護課、施設やケアマネジャーなどの介護サービス事業者、虐待対応所管課、地域包括支援センターなどである。

　⒝　親族・近隣など対応型【主に近隣住民】の高齢者虐待防止法と公的マニュアルの遵守・不遵守状況

親族・近隣など対応型【主に近隣住民】による高齢者虐待防止法と公的マニュアルの遵守・不遵守状況として表3-4-2-3（その1からその3）に示す分析結果から、主に三つ述べる。

第一に、逃げ込み先や食事の提供、親族への連絡、安否確認、サービスが受給できるような関係機関へのつなぎなどの行動や行為と、市区町村マニュアルの策定による体制の整備と遵守した対応が、虐待事象の悪化を防止していた。

第二に、公的マニュアルでは、養護者支援について虐待対応中から養護者支援チームを結成し対応することを規定している。しかし、代表事例においては、養護者支援を担当していた職員の退職により、信頼関係を築き日記に想いをぶつけることで虐待の事象に取り組んでいた養護者との関係が突然切れる事態となり、その後、支援を拒否する期間を経て、他部署での支援が開始された。職員の異動や退職による虐待対応の影響についての対応策により虐待の悪化を防止できる可能性があったといえよう。

第三に、高齢者虐待防止法と公的マニュアルに基づき、地域の実情に合わせて作成されている市区町村の独自のマニュアルが作成される前と後において、虐待対応プロセスの記録の量や整理の仕方が異なっていた。市区町村の独自のマニュアルが作成された後のほうが、虐待の根拠が明確に記録に示され、支援計画やモニタリングの実施、評価などの実施がわかる記録となっていた。また、虐待対応において、市区町村と地域包括支援センターの協議の場や構成メンバー、帳票が規定され、その場その場の判断ではなく、組織的

表 3-4-2-3　高齢者虐待防止法と公的マニュアルの遵守状況
【親族・近隣など対応型】その１【近隣住民】（事例６）

		項　目		遵守状況【近隣住民】
Ⅰ 早期発見・通報体制	1	福祉関係者個々人が虐待の発見に努めている	△	医療機関、生活保護課からの発見・相談なし、ケアマネジャーはあり
	2	地域包括支援センターの三職種全員が虐待に関し知識を有している	○	研修受講済、あるいはマニュアル周知
	3	福祉関係者が発見後、早期に市区町村あるいは地域包括支援センターに通報している	△	ケアマネジャーから包括へ通報あり、生活保護課などからは通報なし
	4	管轄外の通報が速やかに担当区域の市区町村または地域包括支援センターに通報された、管轄外となったケースを速やかに担当区域の市区町村または地域包括支援センターに通報した	○	直接地区担当包括に相談あり
	5	家族親族を含めた市民が発見し、速やかに通報している	○	近隣が親族に状況を伝え、保護に協力あり
	6	近隣住民の通報や虐待対応上などの協力があった	○	逃込み先を提供、ケアマネジャーへ連絡
	7	市区町村あるいは地域包括支援センターが通報を受付けた	○	地区担当包括が受付
	8	委託型地域包括支援センターは市区町村に報告した	○	包括から市高齢へ報告
	9	通報者が誰かわからないように対応した	○	通報者情報漏れなし
Ⅱ 協議体制	1	地域包括支援センター内部で通報内容を共有している	○	初回相談票の閲覧による共有
	2	通報内容について、市区町村と地域包括支援センターが協議し、緊急性の判断と虐待の有無、今後の対応などについて合議を得ている（コア会議の開催）	○	２回実施
	3	個別ケース会議を開催し、情報の共有を図り、今後について役割分担の明確化などを行っている	△	２回実施（警察、医療機関の参加得られず）
	4	通報を受付けたケースを、市区町村と地域包括支援センターで終結の理由など明確にし、合議を得て判断している	○	被虐待者が施設入所し、終結を合議で判断した
	5	関係者から情報が漏れたことはない	○	情報漏えいなし

注１）「遵守」の項目の「○」は遵守、「△」は一部遵守で一部不遵守の状況、「×」は不遵守であることを示す。

第 3 章　高齢者虐待悪化防止の協働プロセスの様相——ケース記録の質的分析をとおして——

表 3-4-2-3　高齢者虐待防止法と公的マニュアルの遵守状況
【親族・近隣など対応型】その 2 【近隣住民】（事例 6 ）

		項　　目		遵守状況【近隣住民】
Ⅲ 本人保護支援体制	1	市区町村と地域包括支援センターが通報受付48時間以内に高齢者の安全を市区町村・地域包括支援センター職員が目視、事実確認した	○	48時間以内に高齢者本人と面接し、事実確認実施
	2	事実確認のため関係機関から情報を速やかに収集できた	○	ケアマネジャー、デイサービス、行政など情報収集実施
	3	事実確認のため、庁内情報を速やかに収集できた	○	行政から情報収集実施
	4	保護時、サービス導入時、本人の同意を得た	○	本人へ提案し情報提供実施
	5	本人の意思決定支援を行った	○	本人から養護者と別居したいという意向あり
	6	市区町村は、やむを得ない事由による措置を速やかに実施した	○	必要ないが、実施体制あり
	7	優先入所の依頼がスムーズに実施できた	○	優先入所を市より依頼
	8	市区町村長による成年後見制度利用開始の審判の請求が速やかに実施できた。	○	必要ないが、実施体制あり
	9	立入調査を速やかに実施した。入室拒否に備え、立入調査へ切替の準備できた	○	必要ないが、実施体制あり
	10	警察署長への援助依頼が速やかに要請できた	○	必要ないが、実施体制あり
	11	法により面会を速やかに制限できた	○	必要ないが、実施体制あり
	12	面会制限の部分・全解除が検討されている	○	必要ないが、実施体制あり
	13	面会制限が解除できた	○	必要ないが、実施体制あり
Ⅳ 養護者支援体制	1	事実確認時、養護者についても理解を深めた	○	虐待対応中から面接し、アセスメント実施
	2	権限行使時、養護者に対し、適切な説明と本人の安全、今後の生活、今後の支援などについて伝えた	○	生活保護課が中心に確認
	3	面会制限の権限行使時、会いたい場合にどうしたらよいかなどの説明がなされた	○	養護者が本人に会いたくないという意向確認し面会制限必要なしと判断。体制あり
	4	虐待対応中、養護者支援がスムーズに実施できた	×	養護者支援を担当していた包括職員退職による信頼関係継続困難となった
	5	養護者支援チームにバトンタッチできた	○	生活保護課が対応引継
	6	養護者からの訴訟リスクを検討した	○	検討しリスクなしと判断
	7	養護者の自殺リスクを検討した	○	検討しリスクなしと判断

注 1 ）　「遵守」の項目の「○」は遵守、「△」は一部遵守で一部不遵守の状況、「×」は不遵守であることを示す。

IV 分析結果

表 3-4-2-3　高齢者虐待防止法とマニュアルの遵守状況
【親族・近隣など対応型】その 3 【近隣住民】（事例 6）

		項　　目		遵守状況【近隣住民】
Ⅴ 評価・検証の実施	1	本人・養護者に対し、定期的にモニタリングを実施した	○	モニタリング実施
	2	虐待対応の支援計画を作成し、評価を行った	○	支援計画を作成し、評価実施
	3	虐待ケースの進行状況を市区町村と地域包括支援センターで管理できている	○	進行管理実施
	4	虐待対応終結後、振返り会議を行った	×	未実施
	5	厚生労働省調査に通報があった事例について報告している	○	市が調査に回答
Ⅵ 都道府県などの援助体制	1	地域包括支援センター、行政内部のスーパービジョン機能を活用した	○	センター長へ報告、管理職の決裁をとった
	2	都道府県設置の相談・助言、広域調整機能を活用した	○	必要なかったが、相談できる体制あり
	3	民間の相談・助言、広域調整/スーパーバイズ機能を活用した	○	必要なかったが、相談できる体制あり
Ⅶ 普及啓発体制	1	高齢者虐待防止のパンフレットを作成し、配布している	○	パンフレット作成し配布
	2	市民対象の研修を実施している	×	未実施
	3	介護者対象の研修実施している	×	未実施
	4	行政職員対象の研修実施している	×	未実施
	5	関係者対象の研修実施している	×	未実施
	6	虐待にかかる全職員が定期的に研修を受講している	×	未実施
Ⅷ その他体制整備	1	厚生労働省・都道府県マニュアルを活用している	○	活用
	2	市区町村マニュアルを作成している	△	対応途中に完成。その前後で記録の量と整理の仕方に差あり
	3	庁内情報の目的外利用と外部提供について、要綱を作成、個人情報保護審議会などに諮っている	×	未整備
	4	高齢者虐待防止ネットワークを構築・運営している	×	未整備
	5	国・都道府県・市区町村において調査研究を実施している	×	未実施
	6	国の調査結果を都道府県の福祉計画に反映させている		
	7	国の調査結果を市区町村の福祉計画に反映させている	×	未実施

注 1 ）「遵守」の項目の「○」は遵守、「△」は一部遵守で一部不遵守の状況、「×」は不遵守であることを示す。
注 2 ）　Ⅷその他体制整備 No 6 の項目は都道府県を対象としていることから対象外の項目とした。

127

に支援計画に沿って対応されている様子がわかる記録となっていた。

市区町村独自のマニュアルの策定とマニュアルに沿った対応は、組織的な対応を促進し、虐待対応の向上につながる可能性があったといえよう。

⑷ **親族・近隣など対応型【主に親族】による虐待の悪化防止のための協働**

表3-4-1-2の親族・近隣など対応型のうち、事例8の親族の取組みを中心とし、高齢者虐待防止法に基づいた公的マニュアルの遵守・不遵守状況をみる。

(A) 事例の概要

高齢者本人の通帳を管理していた子が、高齢者本人である親の医療費を支払わず滞納していたことから、経済的虐待を受けていた。また、養護者である子が、住民票を本人の同意なしに異動させていた。このことに気づいた親族が相談・通報したことで高齢者虐待防止法に基づく対応が開始された。親族が成年後見制度の申立てができるよう虐待対応機関などにより支援し、成年後見人がついたことで虐待が解消した。成年後見人の身上監護と財産管理により高齢者本人の生活が安定した事例である。

協働した主な人や機関は、当事者、親族、医療機関、生活保護課、民間の相談・助言機関、都道府県の相談・助言機関、虐待対応所管課、地域包括支援センター、成年後見人などである。

(B) 親族・近隣など対応型【主に親族】の高齢者虐待防止法と公的マニュアルの遵守・不遵守状況

親族・近隣など対応型【主に親族】による高齢者虐待防止法と公的マニュアルの遵守・不遵守状況として表3-4-2-4（その1からその3）に示す分析結果から、主に三つ述べる。

第一に、通報した親族は、親族の居住地で虐待の通報をしたが、親族の居住地から本人の居住地（生活保護受給歴あり）への通報や引継ぎが実施されていなかった。医療機関は居住地とみなされず、高齢者本人の現住所地は、住んだことがなく住所地とは認められない場所や、高齢者本人の居住地と、

128

表 3-4-2-4　高齢者虐待防止法と公的マニュアルの遵守状況

【親族・近隣など対応型】その１【親族】（事例８）

<table>
<tr><th colspan="3">項　目</th><th colspan="2">遵守状況【親族】</th></tr>
<tr><td rowspan="9">Ⅰ
早期発見・通報体制</td><td>1</td><td>福祉関係者個々人が虐待の発見に努めている</td><td>△</td><td>親族の居住地の行政からの相談・相談なし、医療機関からは発見・相談あり</td></tr>
<tr><td>2</td><td>地域包括支援センターの三職種全員が虐待に関し知識を有している</td><td>○</td><td>研修受講済、あるいはマニュアル周知</td></tr>
<tr><td>3</td><td>福祉関係者が発見後、早期に市区町村あるいは地域包括支援センターに通報している</td><td>○</td><td>医療機関から通報あり</td></tr>
<tr><td>4</td><td>管轄外の通報が速やかに担当区域の市区町村または地域包括支援センターに通報された、管轄外となったケースを速やかに担当区域の市区町村または地域包括支援センターに通報した</td><td>×</td><td>親族の居住地から高齢者本人の居住地に虐待の通報なし</td></tr>
<tr><td>5</td><td>家族親族を含めた市民が発見し、速やかに通報している</td><td>○</td><td>親族がキーパーソンとなり、後見申立実施</td></tr>
<tr><td>6</td><td>近隣住民の通報や虐待対応上などの協力があった</td><td>×</td><td>近隣の協力なし</td></tr>
<tr><td>7</td><td>市区町村あるいは地域包括支援センターが通報を受付けた</td><td>○</td><td>地区担当包括が受付</td></tr>
<tr><td>8</td><td>委託型地域包括支援センターは市区町村に報告した</td><td>○</td><td>包括から市高齢へ報告</td></tr>
<tr><td>9</td><td>通報者が誰かわからないように対応した</td><td>○</td><td>通報者情報漏れなし</td></tr>
<tr><td rowspan="5">Ⅱ
協議体制</td><td>1</td><td>地域包括支援センター内部で通報内容を共有している</td><td>○</td><td>初回相談票の閲覧による共有</td></tr>
<tr><td>2</td><td>通報内容について、市区町村と地域包括支援センターが協議し、緊急性の判断と虐待の有無、今後の対応などについて合議を得ている（コア会議の開催）</td><td>○</td><td>1回実施</td></tr>
<tr><td>3</td><td>個別ケース会議を開催し、情報の共有を図り、今後について役割分担の明確化などを行っている</td><td>○</td><td>2回実施</td></tr>
<tr><td>4</td><td>通報を受付けたケースを、市区町村と地域包括支援センターで終結の理由など明確にし、合議を得て判断している</td><td>○</td><td>被虐待者が施設入所し、終結を合議で判断した</td></tr>
<tr><td>5</td><td>関係者から情報が漏れたことはない</td><td>○</td><td>情報漏えいなし</td></tr>
</table>

注１）「遵守」の項目の「○」は遵守、「△」は一部遵守で一部不遵守の状況、「×」は不遵守であることを示す。

第3章　高齢者虐待悪化防止の協働プロセスの様相——ケース記録の質的分析をとおして——

表 3-4-2-4　高齢者虐待防止法と公的マニュアルの遵守状況
【親族・近隣など対応型】その 2 【親族】（事例 8 ）

		項　　目		遵守状況 【親族】
Ⅲ 本人保護支援体制	1	市区町村と地域包括支援センターが通報受付48時間以内に高齢者の安全を市区町村・地域包括支援センター職員が目視、事実確認した	○	48時間以内に高齢者本人と面接し、事実確認実施
	2	事実確認のため関係機関から情報を速やかに収集できた	○	医療機関や親族から情報収集を実施
	3	事実確認のため、庁内情報を速やかに収集できた	○	行政から情報収集実施
	4	保護時、サービス導入時、本人の同意を得た	○	本人に退院後の支援について説明実施
	5	本人の意思決定支援を行った	○	住民票が異動していることを伝え、現状の説明実施
	6	市区町村は、やむを得ない事由による措置を速やかに実施した	○	必要ないが、実施体制あり
	7	優先入所の依頼がスムーズに実施できた	○	優先入所を市より依頼
	8	市区町村長による成年後見制度利用開始の審判の請求が速やかに実施できた	○	必要ないが、実施体制あり。親族申立てを実施した。
	9	立入調査を速やかに実施した。入室拒否に備え、立入調査へ切替の準備できた	○	必要ないが、実施体制あり
	10	警察署長への援助依頼が速やかに要請できた	○	必要ないが、実施体制あり
	11	法により面会を速やかに制限できた	○	必要ないが、実施体制あり
	12	面会制限の部分・全解除が検討されている	○	必要ないが、実施体制あり
	13	面会制限が解除できた	○	必要ないが、実施体制あり
Ⅳ 養護者支援体制	1	事実確認時、養護者についても理解を深めた	○	養護者面接し、通帳と印鑑を病院へ預けた
	2	権限行使時、養護者に対し、適切な説明と本人の安全、今後の生活、今後の支援などについて伝えた	×	連絡がとれなくなったが、本人死亡時に安否確認
	3	面会制限の権限行使時、会いたい場合にどうしたらよいかなどの説明がなされた	×	連絡がとれなくなったが、本人死亡時に安否確認
	4	虐待対応中、養護者支援がスムーズに実施できた	×	連絡がとれなくなったが、本人死亡時に安否確認
	5	養護者支援チームにバトンタッチできた	×	連絡がとれなくなったが、本人死亡時に安否確認
	6	養護者からの訴訟リスクを検討した	×	連絡がとれなくなったが、本人死亡時に安否確認
	7	養護者の自殺リスクを検討した	×	連絡がとれなくなったが、本人死亡時に安否確認

注 1 ）　「遵守」の項目の「○」は遵守、「△」は一部遵守で一部不遵守の状況、「×」は不遵守であることを示す。

表 3-4-2-4　高齢者虐待防止法とマニュアルの遵守状況
【親族・近隣など対応型】その 3 【親族】（事例 8 ）

		項　目		遵守状況【親族】
V 評価・検証の実施	1	本人・養護者に対し、定期的にモニタリングを実施した	△	支援計画に基づかず実施した
	2	虐待対応の支援計画を作成し、評価を行った	×	支援計画が未作成
	3	虐待ケースの進行状況を市区町村と地域包括支援センターで管理できている	×	未実施
	4	虐待対応終結後、振返り会議を行った	×	未実施
	5	厚生労働者調査に通報があった事例について報告している	×	未実施
VI 都道府県などの援助体制など	1	地域包括支援センター、行政内部のスーパービジョン機能を活用した	○	センター長へ報告、管理職の決裁をとった
	2	都道府県設置の相談・助言、広域調整機能を活用した	○	必要なかったが、相談できる体制あり
	3	民間の相談・助言、広域調整/スーパーバイズ機能を活用した	○	相談した
VII 普及啓発体制	1	高齢者虐待防止のパンフレットを作成し、配布している	○	パンフレット作成し配布
	2	市民対象の研修を実施している	×	未実施
	3	介護者対象の研修実施している	×	未実施
	4	行政職員対象の研修実施している	×	未実施
	5	関係者対象の研修実施している	×	未実施
	6	虐待にかかる全職員が定期的に研修を受講している	×	未実施
VIII その他体制整備	1	厚生労働省・都道府県マニュアルを活用している	×	活用せず
	2	市区町村マニュアルを作成している	×	未作成
	3	庁内情報の目的外利用と外部提供について、要綱を作成、個人情報保護審議会などに諮っている	×	未整備
	4	高齢者虐待防止ネットワークを構築・運営している	×	未整備
	5	国・都道府県・市区町村において調査研究を実施している	×	未実施
	6	国の調査結果を都道府県の福祉計画に反映させている		
	7	国の調査結果を市区町村の福祉計画に反映させている	×	未実施

注 1 ）　「遵守」の項目の「○」は遵守、「△」は一部遵守で一部不遵守の状況、「×」は不遵守であ
　　　　ることを示す。

注 2 ）　VIII その他体制整備 No 6 の項目は都道府県を対象としていることから対象外の項目とした。

131

住所地、通報受付地が異なるなど、虐待対応の責任主体はどこの市区町村かについて、わかりにくくなっており、虐待の事象を悪化させている可能性があったといえよう。

第二に、成年後見制度の申立てについても、第一に示すのと同様で、本人の住所地の管轄の家庭裁判所に申立てることが基本となっているが、本人は住所地と異なるところに居住、申立人は家庭裁判所から遠距離に居住し、本人を連れての面接や手続上で困るなど支障を来している。

第一と第二に示すように、法律上、制度上の整理や指針などを定めることなどによって、より対応しやすくなる可能性がある。また、これらのことについて専門家のアドバイスを受ける体制があることで、対応しやすくなっており、高齢者虐待防止法には、障害者虐待防止法のように都道府県の相談・助言、広域調整機関の設置が義務づけられていないが、義務づけることでより対応しやすくなる可能性があったといえよう。

第三に、養護者支援において、養護者と連絡がとれず安否が不明で住所が遠方あるいは、住所不明、住所不定などの場合の確認などにおいて、権利を行使する際のリスクへの事前対応策が重要であり、警察や養護者の居住する自治体などとの連携により高齢者本人の命と生活を守るのと同時に、養護者の命や生活を守ることができる可能性があったといえよう。

⑸　関係機関底支え型による虐待の悪化防止のための協働

関係機関底支え型として、表3-4-1-2の事例10に示す関係機関の取組みを中心とし、高齢者虐待防止法に基づいた公的マニュアルの遵守・不遵守状況をみる。

⒜　事例の概要

高齢者本人である親が養護者である子から放棄・放任（ネグレクト）による床ずれなどが重症化し、ケアマネジャーが通報したことで高齢者虐待防止法に基づく対応が開始された。虐待対応機関は分離の方向性を決定するが、その後、地域包括支援センターの組織体制の変化や職員の退職・異動などで機能が低下した。地域包括支援センターの組織再編成までの間、ケアマネジ

ャーなどの関係機関が虐待対応を実施し、再度通報したことで行政権限による施設への分離により虐待が解消した。養護者は、虐待対応中から養護者支援チームとしてかかわっていた関係機関からの支援を受け、自立した生活に向かうことができた事例である。

協働した主な人や機関は、当事者、医療機関、警察、保健所、生活保護課、施設やケアマネジャー、訪問看護事業所、訪問介護事業所などの介護サービス事業者、虐待対応所管課、地域包括支援センター、都道府県の相談・助言・広域調整機関などである。

(B) 関係機関底支え型の高齢者虐待防止法と公的マニュアルの遵守・不遵守状況

関係機関底支え型による高齢者虐待防止法と公的マニュアルの遵守・不遵守状況として表 3-4-2-5（その 1 からその 3）に示す分析結果から、主に二つ述べる。

第一に、虐待対応所管課や地域包括支援センターの組織体制の変化や職員の退職・異動に伴う影響で、一時的に権利擁護業務を機関として担う機能が低下した期間があり、そのときに事例への虐待対応を担っていたのがケアマネジャーや訪問看護事業所などの介護保険事業者であった。本来あってはならない事態ではあるが、その機関のもつ内情の影響を受けることは避けられない。よって、虐待事象へ対応できる機関同士がその機能を一時的に補い合うことは、虐待対応や支援の継続性や質を担保する可能性がある。

第二に、市区町村マニュアル作成前の時期であり虐待対応プロセスの周知が図られていなかった結果、虐待対応において虐待対応所管課と生活保護課で対応を協議し決定するなど、虐待対応業務の一部を委託している地域包括支援センターを除いての協議となっていた。これは、庁内の関係部署と調整を図ることはもとより、高齢者虐待防止法と公的マニュアルに基づいた市区町村の虐待対応マニュアルにおいて、各関係部署との役割分担や虐待対応プロセスを定めておくことでより対応しやすくなる可能性がある。

以上が代表事例の 5 事例における第一次分析の結果である。次の 3 では第

133

第3章　高齢者虐待悪化防止の協働プロセスの様相——ケース記録の質的分析をとおして——

表 3-4-2-5　高齢者虐待防止法と公的マニュアルの遵守状況
【関係機関底支え型】その1（事例10）

		項　　目		遵守状況【関係機関底支え型】
Ⅰ 早期発見・通報体制	1	福祉関係者個々人が虐待の発見に努めている	△	前住所地行政、生活保護から発見・相談なし、ケアマネジャーからはあり
	2	地域包括支援センターの三職種全員が虐待に関し知識を有している	○	研修受講済、あるいはマニュアル周知
	3	福祉関係者が発見後、早期に市区町村あるいは地域包括支援センターに通報している	△	ケアマネジャーから包括へ通報あり
	4	管轄外の通報が速やかに担当区域の市区町村または地域包括支援センターに通報された、管轄外となったケースを速やかに担当区域の市区町村または地域包括支援センターに通報した	×	前住所地行政から引継ぎなく、転入時に手続をせず介護認定有効期間が過ぎたため、高齢者本人に必要なサービスが受けられなくなった
	5	家族親族を含めた市民が発見し、速やかに通報している	×	親族からの協力なし
	6	近隣住民の通報や虐待対応上などの協力があった	○	保護時に近隣住民である大家の協力を得られた
	7	市区町村あるいは地域包括支援センターが通報を受付けた	○	地区担当包括が受付
	8	委託型地域包括支援センターは市区町村に報告した	○	包括から市高齢へ報告
	9	通報者が誰かわからないように対応した	○	通報者情報漏れなし
Ⅱ 協議体制	1	地域包括支援センター内部で通報内容を共有している	○	初回相談票の閲覧による共有
	2	通報内容について、市区町村と地域包括支援センターが協議し、緊急性の判断と虐待の有無、今後の対応などについて合議を得ている（コア会議の開催）	×	生活保護課と虐待対応所管課の協議となり、包括とのコア会議は実施されなかった
	3	個別ケース会議を開催し、情報の共有を図り、今後について役割分担の明確化などを行っている	○	5回実施
	4	通報を受付けたケースを、市区町村と地域包括支援センターで終結の理由など明確にし、合議を得て判断している	×	終結できる状態にあるが、生活保護のため首長申立てができず、やむを得ない事由による措置をかけ続けている
	5	関係者から情報が漏れたことはない	○	情報漏えいなし

注1）「遵守」の項目の「○」は遵守、「△」は一部遵守で一部不遵守の状況、「×」は不遵守であることを示す。

表 3-4-2-5　高齢者虐待防止法と公的マニュアルの遵守状況

【関係機関底支え型】その 2 （事例10）

		項　目	遵守状況【関係機関底支え型】
Ⅲ 本人保護支援体制	1	市区町村と地域包括支援センターが通報受付48時間以内に高齢者の安全を市区町村・地域包括支援センター職員が目視、事実確認した	○	48時間以内に高齢者本人と面接し、事実確認実施
	2	事実確認のため関係機関から情報を速やかに収集できた	○	生活保護課、医療機関への情報収集を実施
	3	事実確認のため、庁内情報を速やかに収集できた	○	行政から情報収集実施
	4	保護時、サービス導入時、本人の同意を得た	○	高齢者本人へ説明を行い拒否がないことを確認
	5	本人の意思決定支援を行った	○	高齢者本人が心配する子の支援について説明実施
	6	市区町村は、やむを得ない事由による措置を速やかに実施した	○	やむを得ない事由による措置実施
	7	優先入所の依頼がスムーズに実施できた	○	必要ないが、実施体制あり
	8	市区町村長による成年後見制度利用開始の審判の請求が速やかに実施できた	×	生活保護受給のため首長申立てができず
	9	立入調査を速やかに実施した。入室拒否に備え、立入調査へ切替の準備できた。	○	立入調査を実施した
	10	警察署長への援助依頼が速やかに要請できた	△	援助要請をしたが、口頭だったため、1回目は来ず、2回目に援助あり
	11	法により面会を速やかに制限できた	○	面会制限を実施
	12	面会制限の部分・全解除が検討されている	○	部分的に解除し面会実施
	13	面会制限が解除できた	×	解除が可能であるが、首長申立てができず
Ⅳ 養護者支援体制	1	事実確認時、養護者についても理解を深めた	○	生活保護課などから情報を収集し、特定の子と面接し状況の把握実施
	2	権限行使時、養護者に対し、適切な説明と本人の安全、今後の生活、今後の支援などについて伝えた	○	分離の際、特定の子の今後の生活支援などについて相談
	3	面会制限の権限行使時、会いたい場合にどうしたらよいかなどの説明がなされた	○	会いたいときにどうするかなどの説明を実施し、部分解除し本人との面会実施
	4	虐待対応中、養護者支援がスムーズに実施できた	△	保健所が介入したのは保護後であり、虐待対応中はチームメンバーとして入っておらず連携できず
	5	養護者支援チームにバトンタッチできた	○	生活保護課と保健所が中心となり支援実施
	6	養護者からの訴訟リスクを検討した	○	検討しリスクありと判断
	7	養護者の自殺リスクを検討した	○	検討しリスクなしと判断

注1）「遵守」の項目の「○」は遵守、「△」は一部遵守で一部不遵守の状況、「×」は不遵守であることを示す。

135

第3章　高齢者虐待悪化防止の協働プロセスの様相——ケース記録の質的分析をとおして——

表 3-4-2-5　高齢者虐待防止法とマニュアルの遵守状況
【関係機関底支え型】その 3　（事例10）

		項　　目		遵守状況【関係機関底支え型】
V 評価・検証の実施	1	本人・養護者に対し、定期的にモニタリングを実施した	△	包括の体制の影響でケアマネジャーがモニタリング実施していた時期あり
	2	虐待対応の支援計画を作成し、評価を行った	△	支援計画を作成し、評価実施していたが、包括の組織再編成時に記録がない時期あり
	3	虐待ケースの進行状況を市区町村と地域包括支援センターで管理できている	△	対応途中から進行管理実施
	4	虐待対応終結後、振返り会議を行った	×	未実施
	5	厚生労働省調査に通報があった事例について報告している	○	市が調査に回答
VI 都道府県などの援助体制	1	地域包括支援センター、行政内部のスーパービジョン機能を活用した	○	センター長へ報告していた。訴訟リスクあったが、センター長から法人へ報告せず
	2	都道府県設置の相談・助言、広域調整機能を活用した	○	相談した
	3	民間の相談・助言、広域調整/スーパーバイズ機能を活用した	○	必要なかったが、相談できる体制あり
VII 普及啓発体制	1	高齢者虐待防止のパンフレットを作成し、配布している	○	パンフレット作成し配布
	2	市民対象の研修を実施している	×	未実施
	3	介護者対象の研修実施している	×	未実施
	4	行政職員対象の研修実施している	×	未実施
	5	関係者対象の研修実施している	×	未実施
	6	虐待にかかる全職員が定期的に研修を受講している	×	未実施
VIII その他体制整備	1	厚生労働省・都道府県マニュアルを活用している	○	活用
	2	市区町村マニュアルを作成している	×	未作成
	3	庁内情報の目的外利用と外部提供について、要綱を作成、個人情報保護審議会などに諮っている	×	未整備
	4	高齢者虐待防止ネットワークを構築・運営している	×	未整備
	5	国・都道府県・市区町村において調査研究を実施している	×	未実施
	6	国の調査結果を都道府県の福祉計画に反映させている		
	7	国の調査結果を市区町村の福祉計画に反映させている	×	未実施

注1）　「遵守」の項目の「○」は遵守、「△」は一部遵守で一部不遵守の状況、「×」は不遵守であることを示す。

注2）　VIIIその他体制整備 No6 の項目は都道府県を対象としていることから対象外の項目とした。

136

二分析の結果を述べる。

3 第二分析の結果──当事者の取組みにおける虐待の悪化を防止した取組み──

本項では、当事者である被虐待者と養護者のどのような取組みが、高齢者虐待の悪化防止に関連しているかを探るため、代表の5事例において、当事者間である高齢者本人と養護者による虐待の悪化を防止した取組みを、6項目の枠組みを用い、通報前・通報以後・虐待の解消後に分けて述べる。

(1) 当事者間対応型【主に高齢者本人】による虐待の悪化を防止した取組み（事例1）

(A) 高齢者本人による虐待の悪化を防止した取組み

高齢者本人の「行動・行為」としては、通報前・通報以後・解消後のいずれも ADL は自立している。通報前は、養護者の暴力に対し、逃げる・かわすなどの対処をする力があったが、通報以後は、逃げる・かわすなどの対処力は低下し、手術が必要なほどのけがを負った。なお、入院後（解消後）は手術にて体力的に回復している。

「精神状況」としては、通報前・通報以後・解消後も認知症状はなく、判断能力に問題はなかった。

「SOS の発信力」としては、通報前も複数回にわたって他の子たちに自分の状況を伝え、通報以後は関係機関である警察・保健所・行政・地域包括支援センターなど、養護者の自殺の可能性についても伝え、入院・入所・転居後（解消後）は、他の子たちに不安な状況を伝えている。

「SOS の受信環境」としては、通報前は、他の子どもたちが、養護者が自殺未遂を図った後体力が回復したあたりから、高齢者本人への暴力が再開したことを把握しており、医療機関、近隣住民・知人などとネットワークを組んで緊急性を見極めていた。高齢者本人は、自分自身の身の安全のためだけでなく養護者が支援を受けられるよう、諦めずに何度も SOS を発信し続け、その発信を独自のネットワークが受信している。通報以後も親族、近隣住民、

関係機関、虐待対応機関などとかかわりが増え、入院・入所・転居時（解消後）も、身の安全を自ら確保し、子が自殺する可能性を周囲に伝えることができている。転居後も、他の子との関係を継続し、支援を受けながら生活できている。

「経済状況」としては、通報前・通報以後・解消後とも十分な収入がある。

「想いやこだわりなど」としては、通報前は、自分が家を出たら子が自殺すると確信し、家を離れることができなかったが、重篤なけがを追ったことで通報し、自分の生命を守るとともに、通報後、子の支援を専門機関に任せることができた。

　　(B)　養護者による虐待の悪化を防止した取組み

養護者の「行動・行為」としては、通報前に、手術が必要な病気となり、入院していた時期もあったが、退院後、回復した。通報以後、分離による虐待解消後のいずれも仕事ができる体力はあった。

「精神状況」としては、通報前に、手術が必要なほどの病気となり、配偶者と別れたことで自殺未遂を図った。自殺未遂の後から高齢者本人への暴力が始まった。高齢者本人との分離による虐待解消後、保健所の介入を受け入れ、自殺企図はみられなくなった。

「SOS の発信力」としては、通報前に、病気をして配偶者と別れてからは、交流のあった友人とも連絡をとることはなかった。通報以後も唯一自分の気持ちをぶつけていたのは、高齢者本人に対してであった。高齢者本人との分離による虐待解消後、友人と交流を再開し、保健師にも自分の気持ちを伝えている。

「SOS の受信環境」としては、通報前は友人や配偶者との交流があったが、手術後、友人とも交流を断ち、通報以後も高齢者本人以外かかわりが確認されていない。解消後、養護者が知らぬまに高齢者本人が退院したため、高齢者本人が行方不明と認識し、数年間連絡をとっていなかった友人に自分から連絡をとった。保健所から高齢者本人の無事と養護者を心配している意向が伝わると、就職活動を始め面接などに出かけるようになった。

138

「経済状況」としては、通報前も通報以後のいずれも、無職・無収入で親の年金収入で生活し、通帳管理も行ってきた。高齢者本人との分離による虐待解消後、光熱費などは高齢者本人の通帳から自動引落しを継続し、手元に現金もあったが、年金を管理できなくなったため、友人の助けを借りながら仕事を探し、短期間だが就職し、収入が得られるようになった。

「想いやこだわりなど」としては、通報前・通報以後のいずれも、暴力を通して高齢者本人とコミュニケーションを図っていた。虐待の解消後、一人での生活が開始してからは自分のことを考え、仕事を探すなど自殺ではなく自立に向けて生活を始めている。

(2) **当事者間対応型【主に養護者】による虐待の悪化を防止した取組み（事例5）**

(A) **高齢者本人による虐待の悪化を防止した取組み**

高齢者本人の「行動・行為」としては、通報前、通報以後のいずれも、逃げることのできる身体機能があった。分離による解消後は、痣はなくなり、ADLも維持されていた。

「精神状況」としては、通報前から認知症による判断能力の低下があり、通報以後も分離による解消後も保佐相当の判断能力の低下があると把握されていた。

「SOSの発信力」としては、通報前も通報以後も、警察・近隣・デイサービス・ケアマネジャー・養護者以外の子などに対して、SOSを自分から発信できている。分離による解消後も、養護者以外や施設職員へ気持ちを伝えられている。

「SOSの受信環境」としては、通報前から近隣知人との交流が宗教などを通じてあり、通報以後は近隣知人に加えて、デイサービス・ケアマネジャーの関係機関、分離による解消後は施設職員との交流を図っている。

「経済状況」としては、通報前・通報以後・分離による解消後いずれも、生活保護を受給し、最低限の収入はあった。

「想いやこだわりなど」としては、通報前・通報以後・分離による解消後

139

のいずれも、施設での仕事を大切にし、環境の変化にも適応していた。

　(B)　養護者による虐待の悪化を防止した取組み

　養護者の「行動・行為」としては、仕事ができる身体能力を、通報前も通報以後も解消後いずれも有していた。

　「精神状況」としては、通報前に自殺未遂を図ってから4年が経過し、自殺の可能性は低かったが、高齢者本人の認知症による周辺症状が精神的に影響し始め、通報に至った。通報後には高齢者本人の認知症状への対応に対し、心が休まらなくなり、親族へSOSを発信し続けている。解消後には高齢者本人と離れたことにより精神的に安定した。

　「SOSの発信力」としては、通報前の記録に養護者の記載がないため不明であるが、高齢者本人を叩いたことで限界を感じ、自ら通報し、その後も他兄弟へSOSを発信し続けている。分離による解消後は、自分の気持ちを親族や関係者へ伝えている。

　「SOSの受信環境」としては、通報前・通報以後・分離による解消後、いずれも仕事関係者との交流があり、特に通報以後と解消後は親しく付き合っている人物の支えがあった。

　「経済状況」としては、通報前・通報以後・解消後のいずれも仕事を継続し収入を得ていた。

　「想いやこだわりなど」としては、記録上判断できる情報はなかったため不明とした。

　当事者間対応型【主に養護者】における、養護者の虐待事象を悪化防止する要因は、SOSの発信を継続したこと、通報以後と解消後に親しく付き合っている人物の支えがあったこと、通報前・通報以後・解消後のいずれも収入があったことである。

⑶　親族・近隣など対応型【主に近隣】による虐待の悪化を防止した取組み（事例6）

　(A)　高齢者本人による虐待の悪化を防止した取組み

　高齢者本人の「行動・行為」としては、通報前には痣はなかったが、子か

140

らの暴力について相談し近隣に逃げ込んでいた。通報以後も、警察へ駆け込むことや、近隣へ逃げていた。分離による解消後は、痣はなくなり ADL も維持されていた。

「精神状況」としては、通報前から認知症による判断能力の低下があり、通報以後も分離後も保佐相当の判断能力の低下があると把握されていた。

「SOS の発信力」としては、通報前も通報以後も警察・近隣・デイサービス・ケアマネジャー・養護者以外の子などに対し、SOS を自分から発信でき、分離による解消後も、養護者以外の子や施設職員へ気持ちを伝えられている。

「SOS の受信環境」としては、通報前も通報以後も近隣知人との交流が宗教などを通じてあり、逃込み先として食事や宿泊の提供、養護者以外の子や介護サービス、警察への相談を実施していた。特に通報以後は、近隣住民に加えて、デイサービス・ケアマネジャーの関係機関・警察が SOS をキャッチしていた。分離による解消後も近隣住民が訪ねてきて交流を図り、施設職員との関係も良好であった。

「経済力」としては、通報前・通報以後・分離による解消後も生活保護を受給し、最低限の収入はあった。

「こだわりや想いなど」としては、発見前から通報時も分離後も、ある宗教の熱心な信者であり、近隣の宗教関係者とのつながりを大事にしていた。

親族・近隣など対応型【主に近隣】における、高齢者本人の虐待事象を悪化防止する要因は、逃げる・SOS の継続的な発信・発信した SOS が受信され、さらに虐待対応機関などへつながるまで SOS の発信が継続されること、逃込み先として食事や宿泊の提供を受ける環境があること、収入があること、信念があることであった。

　(B)　養護者による虐待の悪化を防止した取組み

養護者の「行動・行為」としては、通報前に病気となり、子どもに迷惑をかけまいと親と同居するため、住み慣れた地域を離れて親のところに転がり込んだ。認知症の症状のある親を病身ながら家事全般を担い、失禁のケアも

141

するようになり、ストレス発散のためアルコールを飲んだり、外出して距離をとっていたりした。通報以後は、地域包括支援センターの訪問を受け入れ叩きたくなったら日記に書き、包括へ連絡を入れていたりした。解消後は、生活保護課などからの支援を受け入れ自分の生活を考えるようになった。

「精神状況」としては、通報前に病気となり入院するが判断能力は維持された。通報以後は、飲酒などの課題を抱えていた。分離による解消後は落ち着き、自分のペースで生活できるようになっている。

「SOSの発信力」としては、通報前は、飲みに行ってはいたが、特に誰かに相談することはなかった。通報以後、地域包括支援センターの養護者支援によって、せっかくつくった食事を「かたい」と高齢者本人に言われて殴りたくなった気持ちなどを吐露するようになり、日記に書いても殴りたくなったら地域包括支援センターに連絡するなどの対応がみられたが、信頼関係のあった職員の退職と同時にその行為もみられなくなった。分離による解消後、生活保護課のケースワーカーに、子どもの近くへ行きたいなどの想いを伝えている。

「SOSの受信環境」としては、養護者自身の子どものそばを離れ、転居のうえ、親しかった人たちとの交流を断っていたが、分離による解消後、子どもとの関係を再開した。

「経済力」としては、通報前は仕事があり、通報以後、分離による解消後も生活保護を受給し、最低限の収入はあった。

「こだわりや想いなど」としては、通報前は不明だが、子どもに迷惑をかけたくないと遠く離れた地域に転居し、自分の想いと折り合いをつけようとした。分離による解消後、養護者の子どもへの想いを伝え、納得のうえで現在の土地で暮らすことを決意していた。

このように、親族・近隣など対応型【主に近隣】における、養護者の虐待事象を悪化防止する要因は、ストレス発散のためアルコールを飲む、外出して距離をとる、叩きたくなったら日記に書き地域包括支援センターへ連絡する、分離後に養護者の子どもと交流を再開する、自分の想いと折り合いをつ

けることであった。

　また、近隣住民の虐待事象を悪化防止する要因は、逃込み先として食事や宿泊の提供、警察や介護サービス事業所へのつなぎ、親族への連絡、情報の提供、安否確認、本人の居所が変わっても本人の下へ訪問することであった。

⑷　親族・近隣など対応型【主に親族】による虐待の悪化を防止した取組み（事例8）

⒜　高齢者本人による虐待の悪化を防止した取組み

　高齢者本人の「行動・行為」としては、前々住所地の在宅時に骨折で入院し、廃用性症候群となり、要介護4となり重度化していたため、取組み行動・行為はみられなかった。

　「精神状況」としては、入院前より認知症状があり、入院後、後見相当と診断を受け、その状態は改善しなかった。

　「SOSの発信力」としては、高齢者本人からのSOSは難しかったが、入院後、親族から声をかけられれば嫌なことは嫌だと伝えられていた。

　「SOSの受信環境」としては、親族が幼少時から親しくしており、その後も親族とのかかわりが継続していた。通報以後、解消後のいずれも同じ親族がキーパーソンとしてかかわっていた。

　「経済状況」としては、年金や預貯金があったが、子どもなどの借金の返済に充てられていた。通報前から入院費が滞納となるが、成年後見制度利用による虐待の解消後、債務整理がなされ、高齢や本人に必要な経費を支払うことができた。

　「想いやこだわりなど」としては、どの時点においても不明であった。

　親族・近隣など対応型【主に親族】における高齢者本人の虐待事象を悪化防止する要因は、判断能力の低下があっても痛みや嫌な思いなどが伝えられること、通報前に親しくしていた関係が親族とあったこと、収入があることであった。

⒝　養護者による虐待の悪化を防止した取組み

　養護者の「行動・行為」としては、通報前に相続の手続を行い、借金の金

143

額が減少するような取組みはみられたが、通報以後、親の年金を借金返済に充てていた。医療機関や地域包括支援センターからの再三の要請に応え、通帳と印鑑を本人に返却した。解消後は記録がなく不明であった。

「精神状況」としては、把握できる記載がなく不明であった。

「SOSの発信力」としては、養護者から金銭面についてなど、誰かに発信することは通報前・通報以後においてみられなかった。解消後は不明である。

「SOSの受信環境」としては、通報前、成年後見制度の申立てを拒否した。通報以後、一時的に連絡がとれるが、また連絡がとれなくなり、虐待解消後、高齢者本人が危篤となってから仕事についていることがわかった。

「経済状況」としては、通報前・通報以後のいずれも高齢者本人の通帳を管理し、仕事をしていたが、負債の支払い等を優先して入院費を滞納した。解消後は不明である。

「想いやこだわりなど」としては、いずれの時期においても把握できる記載がなく不明である。

親族・近隣など対応型【主に親族】における養護者の虐待事象を悪化防止する要因は、通報後、地域包括支援センターなどからの通帳や印鑑の返却に応じたことである。

⑸　**関係機関底支え型による虐待の悪化を防止した取組み（事例10）**

　㈠　**高齢者本人による虐待の悪化を防止した取組み**

高齢者本人の「行動・行為」としては、通報前から病気にて要介護5であり、通報時と分離による解消後のいずれも寝たきりの状態であったが、床ずれの痛みがあったため、身体を少しずらし患部にあたらないようにする行為がみられた。

「精神状況」としては、通報前から認知症の診断を受け、通報以後、分離による保護後のいずれも後見相当の判断能力であった。

「SOSの発信力」としては、高齢者本人自らSOSを発することはなかったが、誰かに聞かれれば痛みなどを伝えていた。

「経済状況」としては、年金や預貯金があったが、借金返済に充てられて

いた。通報前から特定の子どもに通帳を管理され、生活保護を受給していた。分離による解消後、本人の年金を施設が管理したことにより安全が確保された。

「SOSの受信環境」としては、通報前は生活保護のケースワーカーが定期的に面会にきていたが、何も聞かれなければSOSは発信しなかった。通報以後と分離による解消後のいずれも、痛みなどを関係者・関係機関が高齢者本人に聞くようにしていた。

「大切な想いやだわりなど」としては、高齢者本人は、苦楽をともにしてきた養護者との生活を望み、筆談で「私はこの子の母親」と書き、養護者の保護者としての意識が強く、分離による解消後も、養護者の保護者であることを施設職員などに伝えている。

関係機関底支え型における高齢者本人の虐待事象を悪化防止する要因は、判断能力の低下があり、寝たきりの状態であっても痛みから逃れるため患部にあたらないように腰を浮かすなどの行動と、母親としての役割を遂行する強い意思が生きる力となっていること、収入があったことである。

(B) 養護者の虐待事象への取組み

養護者の「行動・行為」としては、通報前・通報以後のいずれも、食事の世話などの介護を自分なりに実施していた。分離による解消後は、親を探す行動をとっている。

「精神状況」としては、通報前は働ける状態であったが、通報以後にアルコールの課題が把握され、分離による解消後、アルコールの課題について医師の診察を受けたが治療を拒否した。

「SOSの発信力」としては、生活保護課のケースワーカーや、金銭面で相談に乗っていたと思われる人物に気持ちを伝え、本人の状態が悪化すれば救急車を呼べていた。通報以後も分離による解消後のいずれも金銭面で相談に乗っていた人物に相談し、公的な相談機関にも相談していた。

「SOSの受信環境」としては、通報前・通報以後のいずれも、生活保護課のケースワーカーや、金銭面で相談に乗っていたと思われる人物とかかわっ

145

ていた。分離による解消後はボランティア活動のメンバーと交流を開始した。

「経済状況」としては、通報前・通報以後・解消後のいずれも生活保護を受給しているが、借金があり分離による解消後に返済が完了した。

「想いやこだわりなど」としては、親のいうことは絶対であったため、親の判断能力が低下した後も親から判断を仰ぎ、それに従おうとしていた。養護者が高齢者本人と離れた後、しばらくしてから自分のことは自分の意思で決めていると発言した。

関係機関底支え型における高齢者本人の虐待事象を悪化防止する要因は、収入があったこと、相談できる信頼する人物と通報前から交流し続けていたこと、解消後に自分のことは自分で決める環境ができたことである。

次に、第三分析として虐待対応プロセスの分析結果を述べる。

4 第三分析の結果——虐待対応機関、関係者・関係機関、当事者の虐待対応プロセス——

本項では、高齢者虐待対応機関、関係者・関係機関、当事者などの虐待対応プロセスがどのように高齢者虐待の悪化防止に関連しているかを探るため、全13事例において、虐待対応機関や関係者・関係機関などの虐待対応プロセスにみる虐待の悪化を防止した取組みを述べる。

記録されている記述が、コーディングフレームCである高齢者虐待対応のプロセスに照らし、コーディングフレームD第一層である当事者間、第二層である親族や医療機関などの関係者・関係機関、第三層である高齢者虐待防止法所管課と地域包括支援センターの虐待対応機関のどの層で取り組まれ、取り組まれている層の移行時に何が起こっているかを分析した。

その結果、124の層の移行がみられ、四つのパターンに分けられることが明らかとなった。以下に、高齢者虐待を防止した関係者・関係機関の四つのパターンの取組みについて述べる。

(1) 関係者・関係機関中心のネットワークによる虐待事象への取組み

第三分析の結果、124の層の移行のうち、36の層の移行に、関係者・関係

機関中心のネットワークによるものと考えられる虐待事象への取組みがみられた。たとえば、本人が親族へ異変を連絡する、あるいは電気が消えたままの異変に気づいた近隣が親族へ連絡し、親族の依頼で本人が受診し無事であることを医療機関に確認し、本人は在宅に戻った記述を、コーディングフレームDの層で分析すると、第一（当事者）⇒第二（関係者）⇒第一（当事者）となる。これは、第二層である関係者・関係機関中心のネットワークでの虐待事象への取組みを示すパターンと考える（事例1、事例2、事例3、事例4、事例8）。

⑵ SOSの連鎖による通報への取組み

第三分析の結果、124の層の移行のうち19の層の移行に、当事者を含む誰かが虐待の事象に気づき、市町村や地域包括支援センターへの通報に至るSOSの連鎖を示す取組みがみられた。たとえば、高齢者本人が親族にけがをしたと電話で助けを求める行為は、第一（当事者）⇒第二（関係者）となり、連絡を受けた親族が地域包括支援センターに通報をし、虐待の通報として地域包括支援センターが受け付けたことは第二（関係者）⇒第三（虐待対応機関）となる。これは、当事者を含む誰かが虐待の事象に気づき、市町村や地域包括支援センターへの通報に至るSOSの連鎖を示すパターン：第一（当事者）⇒第二（関係者）⇒第三（虐待対応機関）である（事例1、事例2、事例3、事例5）。

⑶ 虐待事象の終結に養護者支援チームへのバトンタッチにより向かう取組み

第三分析の結果、124の層の移行のうちの四つの層に、虐待事象の終結に向かう取組みがみられた。たとえば、分離による保護などで虐待が解消された後、通常は虐待対応機関が、高齢者本人が安全であることを養護者に伝え、養護者の今後の生活について相談するが、この役割を関係機関である自殺対策基本法の所管である保健所が担った。このことは、状況に応じて関係機関が業務の範囲内外で柔軟に対応を実施したといえる。これは、第三（虐待対応機関）⇒第二（関係者）となり、終結のパターンにあたる（事例1、事例10、

第3章　高齢者虐待悪化防止の協働プロセスの様相──ケース記録の質的分析をとおして──

事例13）。

　また、職員の退職で、養護者との信頼関係を引き継げなかったが、そのままにせず、他部署に引き継いだことは、第三（虐待対応機関）⇒第二（関係者）となり、養護者支援のバトンタッチをし終結に向かうパターンであった（事例8）。

⑷　虐待対応機関によるモニタリング・評価の実施による虐待事象の悪化を防止する取組み

　第三分析の結果、124の層の移行のうちの65の層の移行に、虐待対応機関によるモニタリング・評価の実施による虐待事象の悪化を防止する取組みがみられた。

　たとえば、虐待対応機関である市区町村の虐待防止法所管課と地域包括支援センターの協議による対応を実施し、支援計画を作成し関係機関の役割を明確にしていたが、計画に位置づけられた役割を担うことができず、保護の機会を逃したもの：第三（虐待対応機関）⇒第二（関係者）である。

　しかし、地域包括支援センターのコーディネーターのモニタリング・評価の実施により、高齢者本人を安全に保護できるよう支援計画を見直し、保護することができたもの：第二（関係者）⇒第三（虐待対応機関）である。これは、虐待対応機関がもつコーディネーター機能の支援計画に基づいたモニタリング・評価の実施による軌道修正が行われたもの：第三（虐待対応機関）⇒第二（関係者）⇒第三（虐待対応機関）である（事例6、事例7、事例8、事例10、事例12、事例13）。

　このプロセスは、高齢者虐待防止法と公的マニュアルの遵守による虐待事象の悪化を防止した取組みである。特に、公的マニュアルに規定されるプロセスのうちの虐待対応機関によるモニタリング・評価の実施によると考える。

5　13事例にみる高齢者虐待の悪化防止のための協働──第一・第二・第三分析のまとめ──

　高齢者虐待の事象に対する取組みは、虐待対応の経過とともに変化があり、

148

虐待を悪化させたと考えられる事象がみられても、当事者、関係者・関係機関、虐待対応機関の協働で虐待の悪化が防止されている様相が明らかとなった。

以下に、全13事例の分析の結果から、高齢者虐待の事象を悪化させたと考えられる要因と、通報前・通報以後・虐待の解消後のプロセスごとに、高齢者虐待の事象の悪化を防止したと考えられる当事者間、親族・関係機関、虐待対応機関の協働の様相をまとめる。

⑴ **高齢者虐待の事象を悪化させたと考えられる要因**

全13事例の分析の結果、虐待を長期化、悪化させたと考えられる要因を虐待対応プロセスに沿って時系列にまとめた。以下にその詳細を述べる。

(A) 発見・通報の実施

発見・通報の実施にみる、虐待事象を長期化・悪化させた事項として、以下の6点を述べる。

第一に、高齢者虐待防止法5条および7条に関係機関の早期発見の努力義務と通報義務が課せられているが、関係機関が早期に虐待の可能性がある不適切な状況を把握していても、虐待対応所管課や地域包括支援センターへの相談・通報がなされていない事例がみられた（事例1、事例4、事例13）。関係機関の例としては、警察、保健所、医療機関、生活保護課などであった。

第二に、介護保険事業である訪問介護や通所介護などのサービス事業所が、虐待の事象を発見しても直接通報するのではなく、ケアマネジャーを経由して通報することでタイムラグが発生しており、ケアマネジャーを中心とする介護保険制度による連絡システムのマイナスの影響があると考えられた（事例12）。

第三に、高齢者虐待防止法4条および7条に、国民にも早期発見と通報の努力義務が課せられているが、地域住民などから高齢者虐待対応所管課や地域包括支援センターへ相談・通報がなされていない事例があった（事例4、事例8）。理由としては、巻き込まれたくないという気持ち、長期間近隣住民も怒鳴り声などにさらされたことによる感覚麻痺などが考えられた。また、

149

高齢者本人や養護者の勤務先で、虐待の兆候が把握された例もあったが、通報につながっていなかった。

第四に、高齢者虐待防止法に定められた虐待対応所管課と地域包括支援センターに対し、転入・転出時の通報や引継ぎがなかった（事例1、事例13）。

第五に、高齢者虐待防止法17条に義務づけされている、地域包括支援センターから虐待対応所管課への報告が実施されておらず、責任主体である市区町村が、虐待事例を把握できていない事例があった（事例2）。

第六に、虐待対応職員の異動・退職・体制の変化により、支援が中断されるなどの事例があった（事例8）。

　(B)　協議決定の実施

市区町村と地域包括支援センターの協議による決定において、虐待状況を長期化・悪化させた事項として以下の3点を述べる。

第一は、虐待に関する判断基準が不明瞭であるため、痣を複数回確認し、重大なけがとならないと虐待の事実が「あり」と判断できず、虐待が悪化してからの保護となっていることである（事例4）。

第二は、終結の定義に「虐待の解消」が入っているため、終結と判断する根拠として、虐待が解消したことが明白な入院や施設入所、死亡が中心となっていることである。このことは、施設などへの分離以外による「虐待の解消」の判断を難しくしている。すなわち、24時間体制で誰かがみていない限り、100％虐待が解消したとは証明できないからである（事例9）。

第三は、緊急性や虐待の有無、今後の方針などを決定する虐待対応所管課と地域包括支援センターのコアメンバー会議に、決定権者である管理職（課長職以上）の参加が困難なことである。工夫として、後に追認する体制をとっている場合もあるが、重要なことがその場で決定できなかったことによる対応の遅れや、会議で方針決定したことが覆ることがあり、会議の意味があらためて問われることになる（事例6）。

　(C)　高齢者本人保護・支援の体制

高齢者本人の保護・支援の体制上、虐待状況を長期化・悪化させた事項と

して、11項目が明らかになった。

　第一は、高齢者虐待防止法では、特別養護老人ホーム・養護老人ホーム以外の機関は措置先とならず、養護受託もあるが、該当機関の意向によるため、制度上一般的な方法として実施されていない。医療機関への保護はとても有効であるが、通常は、契約者や身元引受人が必要となり、養護者である家族介護者に依頼するか、養護者以外の親族を探さねばならず、市区町村の責任による虐待対応が困難となっている（事例1、事例13）。

　第二は、高齢者本人は高齢者虐待防止法で、養護者は精神保健及び精神障害者福祉に関する法律（以下、「精神保健福祉法」という）に基づいて対応されているような場合、高齢者本人の生命・身体・財産の安全と自己決定権、高齢者本人の生命の安全と養護者の生命の安全など、権利の衝突が起こっていることである。たとえば、高齢者本人が家に居たいと望んでも、受傷状況が深刻であれば家を離れる選択をせざるを得ない状況となる。あるいは、高齢者本人を保護することは、養護者の自殺を引き起こす場合があるため、精神保健福祉の関係者から分離の方針にストップがかかることなどである（事例4、事例13）。

　第三は、保護先の施設の情報が関係者から漏えいし、養護者からの連れ帰り防止のため、高齢者本人の措置先を変更せざるを得なくなったことである（事例4）。

　第四は、警察への援助要請手続の仕方によって、指定の日時に警察からの援助を受けられなかったことがあった。たとえば、口頭での依頼と文書による依頼の違いであり、特に前者においては、援助を受けられなかった（事例4）。

　第五は、成年後見制度利用支援事業に、申立費用の支弁はあるが、成年後見人等への報償費の支弁が義務づけられていない、あるいは、生活保護受給者や低所得者への利用が困難となっており、やむを得ない事由による措置の期間が長期化している場合があった（事例10）。

　第六は、実際には、やむを得ない事由による措置先の施設確保が難しいこ

とである（事例 4 、事例 6 、事例 8 、事例10、事例11、事例12）。

　第七は、関係者の身の安全を保証する体制がなく、支援を中断せざるを得ない事例があった（事例 4 ）。

　第八は、日常生活自立支援事業と成年後見制度の利用の選択基準が周知されていないことで、最初から成年後見制度を利用していれば起こらなかったと思われる経済的虐待が起きていることである。たとえば、日常生活自立支援事業は本人との契約により成り立っているため、養護者が本人を誘導して金銭をおろさせることが可能である。しかし、成年後見制度は成年後見人等が取消権や同意権をもっているため、上記のようなことは起こらず、高齢者本人の権利を護ることができる（事例11）。

　第九は、家族・親族契約での保護の場合、不適切な状況後のやむを得ない措置への切替えがスムーズにできていないことである（事例12）。

　第十は、居宅介護支援事業所が報酬なくプランを作成するなど、関係機関が報酬なくボランティアで実施することが必要な事態が発生し、継続的に受けられる支援となっていないことである（事例 4 ）。

　第十一は、虐待対応中の高齢者本人や養護者の死が虐待に関連するものかどうか明白でなく、他の事例における予防的対応に活かすことができないことである（事例 7 ）。

　⑴　養護者支援の実施

　養護者支援の実施において、虐待状況を長期化・悪化させた事項として、以下 3 点があげられる。

　第一は、養護者と被虐待者を分離する権限を行使する場合、養護者の自殺リスクと訴訟リスクが伴うことである。養護者に対し、被虐待者の安全が図られていることの説明や、今後の養護者自身の生活への対応、虐待者や被虐待者が互いに会いたいときにどうするかなど、十分な説明や対応がなされていない場合には、市区町村が養護者への説明責任を果たしているとはいいがたい状況となる（事例 1 、事例 7 、事例10）。

　第二は、養護者支援を担当していた職員の退職により、支援が滞る結果と

なったこと、あるいは、特定の職員と信頼関係を築いていたため、職員の異動先で養護者への支援を継続する事例がみられたことである（事例8）。

第三は、養護者支援を担当する部署が組織内で位置づけられていないため、虐待が解消され、被虐待者の生活が安定し、モニタリングが必要なくなっても、虐待対応所管課や地域包括支援センターのかかわりが継続している事例があったことである（事例10、事例13）。

　(E)　評価・検証の実施

評価・検証において、虐待状況を長期化・悪化させた事項として、以下3点をあげる。

第一は、支援計画が作成されておらず、モニタリングや適宜の評価も実施されていない事例があったことである（事例1、事例2、事例3、事例5、事例9、事例11）。

第二は、事例の振返り会議を実施し、今後の対応に活かしている事例が1事例のみであったことである（事例5）。

第三は、当該市区町村で発生している全虐待事例の進行状況を把握し管理することは、その市区町村の責任であるが、全虐待事例を把握し、進行管理会議を開始したのは、市区町村マニュアルが作成された後、虐待事例が複数発生してからであった（事例6、事例7）。

　(F)　報告体制

高齢者虐待対応は組織としての対応が求められることから、組織内での報告・連絡・相談が重要となる。報告がなされていないことにより、訴訟リスクや自殺リスクのある事例を管理者などが把握せず、その後の対応に支障がでる可能性がある（事例4、事例13）。

また、地域包括支援センターから虐待対応所管課へ報告がなされていない事例がみられた（事例2）。責任主体である市区町村は、虐待の全体像を把握する責任がある。

　(G)　普及啓発の実施

調査対象であった地域包括支援センターと虐待対応所管課では、高齢者虐

待防止のパンフレットを配布はしているが、市民への啓発や介護者対象の研修を十分に実施していなかった。しかし、現在、行政職員対象の研修は、市区町村マニュアル作成後に年1回実施され、関係者対象の研修は定期的ではないが、実施されている。虐待にかかる全職員の研修は、任意であるが、市区町村マニュアルが作成されてから受講するようになっていた。

  (H)　市区町村マニュアルの作成

　厚生労働省・都道府県マニュアルの活用や、市区町村独自のマニュアル作成は本調査期間中に策定された。当該市区町村の虐待対応プロセスが示され、協議できる場を確保し、支援計画を策定して事例の進行管理が実施されたうえで記録として保存されるようになったのは、市区町村独自のマニュアルが作成された後であった。

　市区町村マニュアルが策定される以前は、記録されている内容に一貫性がなく、地域包括支援センターの組織体制が変化した時期は、実際は他の機関によって支援は実施されていたが、約1年間にわたり、地域包括支援センターの虐待の記録がなかった事例があった（事例10）。

　次に、分析の結果、高齢者虐待の悪化を防止したと考えられる取組みを述べる。

(2)　**高齢者虐待の事象の悪化を防止したと考えらえる取組み**

  (A)　当事者間の取組み

　高齢者本人と養護者間の高齢者虐待の事象に対する取組みは、通報前から虐待が解消されるまで継続していた。

　その取組みとは、高齢者本人が養護者からの暴力などから逃げる・かわす、室内で距離をとる、養護者の機嫌が悪いときには静かにしている、自分で医療機関を受診する、外出時間を長くとる、床ずれの痛みを緩和するため腰を少しずらす、何度もSOSを発信するなどであった（事例1、事例13）。高齢者本人の判断能力の低下の有無や寝たきり状態か自立の状態かは関係なく、いずれの状態においても本人に取り組む行動・行為が見受けられた。

　この行動・行為を行っている高齢者本人は、養護者に生き続けてほしい、

154

自立した生活を送ってほしいと願い、養護者がこうなったのは自分のせいであると罪悪感をもちながら、恐怖や不安・痛み・孤独と付き合っていた（事例 4、事例 9 ）。

養護者の取組みとしては、気持ちを日記にぶつける、高齢者本人が間違わないように紙に書いて貼る、外に出る、飲酒する、もう限界であることを何度も伝えるなどであった（事例 4、事例 8、事例 9、事例10、事例13）。これらの行動・行為も精神疾患の有無や疾病の有無に関係なく取り組まれていた。そして、養護者は、高齢者本人の回復を願い、自分の子どもに迷惑がかからないようにと今の生活に折り合いをつけ、孤独や不安、自分の将来をみせつける高齢者の姿などと付き合っていた（事例 8、事例 9、事例10）。

これらの取組みが変化したのが、虐待の解消後であった。

高齢者本人は、自分が大切にしていることを周囲にも大切にしてもらうことで新たな環境に折り合いをつけ、養護者の心配をしながら養護者が自立した生活に向けて取組めるように、自分の手から放し他者に任せるなどして、痛みや恐怖から解放されていた（事例 1、事例 4、事例 8、事例12）。

養護者は、激変する生活に戸惑いながらも、過去に信頼していた人物との関係を再開し、あらゆる関係機関へ SOS を発信し、他者のかかわりを受け入れるなどして新たな環境に取り組んでいた。経済的にも生活保護の申請や仕事を探してパートの職に就くなど、自立した生活へと取り組んでいる様子もみられた（事例 1、事例 4、事例 8、事例10）。しかし、社会資源へのつながりが確認されなかった事例では、養護者が死亡するという事態が起こっていた（事例 5 ）。

(B)　親族・近隣住民、関係機関の取組み

親族による虐待事象への取組みは、友人・知人、近隣住民、医療機関などの独自のネットワークを活用し、けがの状況や家族内の変化（養護者の自殺未遂、離婚、借金、入院、強制退去、高齢者の認知症の進行など）を把握し、安否の確認や制度利用の説得、滞在して介護をするなどの取組みをし、最終的には通報につなげていた（事例 1、事例 5、事例 6、事例 7 ）。

155

特に、虐待の通報以後、虐待の解消後は、親族としてサービスの利用など
への同意や契約、医療同意、身元保証人、身元引受人、連帯保証人、成年後
見制度の申立人、キーパーソンなどの重要な役割を担っていた。

　近隣住民による虐待事象への取組みは、通報前から通報以後までは、当事
者から受け取った SOS を受診し、宿泊先や食事の提供、親族への連絡、情
報提供、事実確認への協力、警察や地域包括支援センターへの通報などを実
施していた。虐待事象のある世帯の近隣に住んでいることから、日常的に見
聞きすることとなっており、高齢者が殺されているのではないかと心配し、
恐怖や不安を感じながら取り組んでいた。虐待の解消後は、高齢者本人に面
会に行く、養護者の生活を心配するなど、近隣住民としての生活が続く限り、
取組みも終わらない様相を示した（事例1、事例4、事例8）。

　関係機関による虐待の事象に対する取組みは、虐待の通報前から事象を把
握しており、新たなサービスの導入やサービス量を増やすことの調整、経済
的支援制度へのつなぎ、高齢者本人・養護者の行動を変容する働きかけ、養
護者の気持ちを聴くなどの支援、通報の実施を通常業務として実施していた
（事例9、事例10、事例11、事例13）。

　通報後は、虐待対応においての役割を遂行することに加え、業務の範囲外
と思われる無料の衣類や食品の提供、無報酬での計画作成、虐待の告知、ゴ
ミの片づけ、住民票を関係機関におく、保護された高齢者の状況を伝えるな
ど柔軟な対応を実施していた（事例6、事例9、事例13）。

　　⒞　市区町村の虐待対応所管課と地域包括支援センターの取組み

　高齢者虐待防止法の下に対応機関として規定されている市区町村と業務委
託先である地域包括支援センターの取組みとしては、高齢者虐待防止法に基
づいた市区町村独自のマニュアルを作成し、その遵守が虐待の悪化を防止し
ていた。

　保護先となった施設などからは、マニュアル作成後のほうが、被虐待者を
受け入れやすくなったとの記載があった。これは、虐待の悪化防止に、一定
の効果があったといえる。

156

特に、マニュアルに規定されている虐待対応プロセスの中で、地域包括支援センターのコーディネーター機能であるモニタリングの実施が、マニュアルの遵守から外れたとしても軌道修正を行い、虐待の悪化防止に効果的であった。具体的には、新たな虐待の発見や関係機関の役割遂行状況のモニタリング・評価から支援計画の変更、権限行使の適切な時期の見極め、情報漏えいによる措置先変更対応、都道府県相談助言・広域調整機関の活用による軌道修正（庁内他部署から行政権限の決定権を本来の部署に戻す）、高齢者虐待防止法の規定外である保護先（医療機関や老人保健施設）からやむを得ない事由による措置への切替えなど実施していた（事例1、事例2、事例3、事例4、事例6、事例10．事例11、事例12、事例13）。

そして、養護者支援に関しては、虐待の解消がなされたと同時に養護者支援チームにバトンタッチすることで、終結を迎えていた（事例1、事例10、事例13）。虐待対応中から養護者支援チームを結成し、虐待の解消と同時に他法（生活保護法、自殺対策基本法、精神保健福祉法など）・制度による対応が開始されることで、養護者は「養護者」ではなく、「本人」として支援が開始されていた。

以上のように、高齢者虐待の悪化防止の取組みは、当事者間、近隣住民、親族、関係機関、市区町村と地域包括支援センターによる高齢者虐待防止法に基づいた取組みが、虐待の事象に対して通報前から重層的に取組むことで虐待の悪化を防止し、虐待が解消した後も高齢者本人と養護者への支援は継続されていく協働の様相が明らかとなった。

次に、これらの調査結果を踏まえて考察をする。

6　考　察

⑴　当事者の協働がもたらす高齢者虐待の悪化防止

本研究における質的調査では、当事者は、自身の生命・生活を守る危機回避行動などのストレングスをもち、大切な想いや価値観、信念などを現し、高齢者虐待の事象にチームメンバーとして協働する専門家であった。

157

（A）　当事者のもつストレングス

　高齢者虐待の事象には予兆がある。高齢者本人や養護者に、加齢に伴う身体的機能の低下や定年、家族構成の変化などの社会的変化、疾病、経済的問題などが顕在化し、いつしか虐待と扱われる事象に至ることを、今回の質的調査から明らかになった。

　地域包括支援センターの記録には、高齢者本人が通報前から、自分の危険を察知し、さまざまな回避行動をとっていた事例があった。虐待の回避行動には、室内で養護者がいる場所から遠い場所に位置どりをする、養護者の機嫌の悪いときには外に出る、室内で静かにしているなどがあり、身の安全を確保しようとしていた様子が地域包括支援センターの記録に記載されていた。これらの行動は、危機的状況におかれた防衛的反応（Aguilera 1997）とストレングス（Rapp and Goscha 2014）と考えられる。そして、その行動は、虐待が解消するまで継続していた（事例１、事例３、事例８、事例９、事例10）。

　さらに、高齢者本人は、虐待が発生する前に、高齢者本人が信頼する人に自分の状況を話していた事例があった（事例１、事例２、事例３、事例４、事例８、事例９、事例10、事例11、事例12、事例13）。高齢者本人と信頼関係にあった親族、近隣住民、知人などは、SOS を発信されるかもしれないということを感じとっており、SOS が発信されたときには受信し、警察や地域包括支援センターなどへ受信した SOS をさらに発信していた（事例１、事例２、事例３、事例４、事例８）。

　一方、養護者は、虐待事象の発生前に、疾病の発症・離婚・死別・倒産・離職・借金など危機といえるさまざまな変化が訪れ、変化に適応しようと取り組んでいた（全事例）。多くは、養護者自身の変化に加え、他の家族成員の加齢や疾病という変化も重複し、特に、高齢者本人に介護が必要となりその担い手としての役割も加わっていた。

　虐待事象が発生してからであっても、養護者は、虐待行為に至らないように、高齢者本人と同様、回避行動をとっていた。回避行動としては、日記に想いを綴り、殴らないようにしたり、距離をとれるように部屋に仕切りをつ

158

くったり、高齢者本人が理解しやすいように、紙に書いて貼るなどの行動があった。ある養護者は、強制的な分離が間近であることを察知し、高齢者本人から虐待を受けた痛みという幼少時から抱えてきた自身の課題に取り組み始めるために、高齢者本人に謝罪を求め、生みの親を探し求めるなどの行為がみられた（事例4、事例8）。

さらに、強制的な分離により、環境が変化した養護者は、過去に信頼関係にあった元妻や友人へ、自ら連絡をとり、遮断していた交流を再開していた。そして、交流が再開した人物の協力を得て自殺を思いとどまることや、就職して収入を得るなど、自立した生活に向けて取り組んでいた様子も記載されていた（事例4、事例8）。

しかし、虐待対応が原因かどうかは不明であったが、養護者の死によって終結を迎えた事例もあった（事例5）。養護者が仕事をしていたと思われていたが、その情報が確かであるかどうかの確証はなく、把握が必要であったことが振返り会議で検討されていた。つまり、高齢者本人との関係を一時的にでも遮断するときには、他に養護者と交流している、あるいは相談できる人物の存在の確認が必要であるということである。

高齢者本人と分離を図る際、養護者の自殺リスクの検討が必要であることを既述したが、信頼できる人に相談する行為、特に関係を断っていた人物との交流再開などが、高齢者本人の施設入所による養護者との分離後の養護者の自殺リスクの高低に影響していた事例もあった。

自殺リスクなどの度合いを把握し、継続的に支援を行うためにも、養護者の他者とのかかわりを確認することが必要である。

また、疾病の発症や死別などの「変化」は、特定の人だけに現われるライフイベントではない。人間誰しも加齢は避けられないし、介護は、現在の日本において大きな社会問題とされている事象である。自分の変化と家族の変化が同時に起こることも特定の人だけではない。したがって、このことは、誰にでも虐待のリスクがあるということを示唆しているといえよう。

これらのことから、生活の「変化」に伴うリスクとして、虐待の予兆を予

測し得るということがいえる。つまり、自分を含む誰でもが、高齢になったことでの役割の変化や、家族に介護が必要になった状況などの変化という危機を、虐待の予兆として認識し、虐待の発生を予防できる可能性がある。虐待の予防には、ソーシャルワーカーだけでなく、誰もができる変化への取組みを明確にし、普及することが必要である。

　⒝　虐待行為の意味

　本調査において、高齢者本人と家族介護者との関係性に関し、「お産のときしか離れたことがない」、「小さい頃から叩かれることがあたり前だったが、離れて暮らそうとは思わず、彼氏・彼女ができても親と自分と彼氏・彼女の３人でいっしょに暮らした」など、密着性が高い関係にある養護者が７事例あった（事例９、事例10、事例13など）。

　虐待が解消された後、養護者が、虐待をしていた自分を振り返った記録が５事例あった（事例１、事例４、事例９、事例10、事例13）。養護者が高齢者本人と密着性が高かった理由は、暴力というコミュニケーションでしか親とかかわれなかった（暴力の連鎖）、金銭がなかった（経済的依存）、生物学的な親を被虐待者から教えてもらうまでは離れられなかった（長年の関係性）、決定権が親にあり、その関係性から自分では抜け出せなかった（力関係）、自分のよき理解者は親だけだった（精神的依存）、同じ病名をもつ老いた親の姿に自分の将来を重ね不安になり元気でいてほしかったから無理にでも歩かせた（こだわりの介護）などであった。

　高齢者虐待の要因として示されている「暴力の連鎖」、「精神的・経済的な依存」、「こだわりの介護」などは、単なる事象であり、なぜこれらの事象が発生しているかの根底がみえる要因とはなっていない。本調査では、「暴力の連鎖」が発生しているのは、暴力がコミュニケーションの一つであったことや、「こだわりの介護」の要因が、同じ病名をもつ老いた親に自分の将来を重ねた不安であったことなどがみえた（事例１、事例９）。

　ここで重要なのは、虐待行為には必ず意味があるということである。虐待行為の意味を当事者が大切にしている想いや価値観、信念などから理解する

ことが重要である。

(C) 当事者は、自分自身の専門家

高齢者虐待対応はチームケアである。公的マニュアルで示される高齢者虐待対応におけるチームケアは、図 3-4-6-1 に示すように、本人や家族を中心に据え、支援の対象としてとらえるものである。

しかし、本調査では、既述のように、当事者である高齢者本人や養護者が、SOS を発信し続け、逃げる・距離をとる・過去に信頼していた人と交流を再開するなど、虐待の事象から発生するさまざまな課題に対し自分のもち得る力を使って取り組んでいた。これは、当事者も自分自身の専門家（ある事柄に専門的に精通している人）としての役割を果たしていたといえるだろう。

高齢者虐待対応においては、当事者を中心に据えるチームケアではなく、図 3-4-6-2 に示すように、虐待の事象という課題そのものを中心に、当事者

図 3-4-6-1　高齢者虐待対応のチーム体制

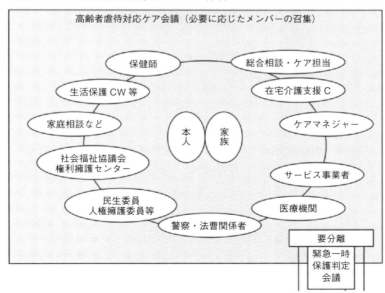

（厚生労働省マニュアル 2006：20）

161

図 3-4-6-2　高齢者虐待の事象に対する協働

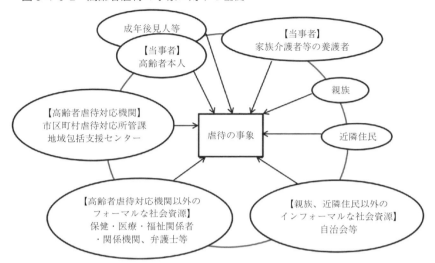

注1）　成年後見人等は法的には本人とイコールと解されているため、チームの一員ではなく、高齢者本人に重ねて表記した。しかし、成年後見人等は、高齢者本人と同一人物ではないため、虐待の事象に取組む協働の矢印は成年後見人等からも出ている表記にした。

(筆者作成)

も虐待の事象に役割をもって取組むチームメンバーの一員としてとらえ、高齢者虐待の悪化防止に他の関係者・関係機関とともに連携する必要があると考える。

(2) **関係者・関係機関などの協働がもたらす高齢者虐待の悪化防止**

　本研究における質的調査では、親族や近隣住民などの関係者、医療機関や介護サービス事業者など関係機関の協働が、高齢者虐待の事象の悪化を防止している様相がみられた。

　(A)　高齢者虐待事象の起点を変化としての把握と介入の開始

　既述のように、医療・保健・福祉関係機関、弁護士には早期発見の努力義務（高齢者虐待防止法5条1項）と、通報義務が課せられている（同法7条1項・2項）。関係者・関係機関が、虐待の事象を発見したが、市区町村や地域

包括支援センターへの通報に至らない事象は、通報の遅れが対応の遅れにつながるとし、課題視されてきた（東京都福祉保健局 2013）。

　本調査では、通報の遅れがなぜ発生しているかの理由を検証した。そこで、以下のことが明らかになった。

　まず、関係者・関係機関は、虐待事象の起点を変化として把握していた（事例1、事例8）。たとえば、養護者が高齢者の家に急に転居することになった時期、疾病の発症時期、叩く行為がいったん止んだ時期と再開した時期などである。

　これらは、虐待の予兆の段階から介入できれば虐待は予防できる可能性があることを示している。

　ついで、関係者・関係機関は発見した虐待の事象に対し、すでに介入し、その過程において、市区町村や地域包括支援センターによる虐待対応が必要と思われた段階で通報していた（事例1、事例8）。高齢者虐待の事象を発見した関係者・関係機関は、通報するまでの間、逃げ込み先や食事などを提供し、介護保険サービスの利用につなげ、医療機関を含むネットワークを構築し、高齢者本人の安否の確認や養護者も含めた状況や緊急性を把握しようとしていた。

　しかし、高齢者虐待防止法によるやむを得ない事由による措置などの行政権限をもっと早くに行使することで、高齢者虐待の悪化が防止できた事例はある。

　虐待の予兆を把握できる既存の体制としては、地域包括支援センターによる実態把握の実施がある（地域包括支援センター業務マニュアル検討委員会 2015）。この実態把握は、介護保険の申請はしたが、サービスを何も利用していない場合などに、アウトリーチ機能を活用し、高齢者本人の自宅に訪問して状態を把握し、必要なサービスにつなげることである。すべての地域包括支援センターが実施している状況にはないが、この業務の充実が虐待を未然に防止あるいは悪化を防止すると考える。

　以上のことから、高齢者虐待の悪化防止には、市区町村と地域包括支援セ

163

ンターのアウトリーチ機能の充実と、関係者・関係機関がどのような場合に相談・通報したほうがよいのかの周知の徹底、そして重要なのは、関係者・関係機関が当事者の変化を把握したときから効果的な介入が実施できることであると考える。

　(B)　関係者・関係機関による柔軟な対応

　本調査では、関係者・関係機関が業務を遂行するとともに、必要があることが明らかであれば、組織決定により、業務範囲外の対応を行い、緊急事態を回避していたことが明らかになった。すなわち、本来サービスの利用は申請主義であり、出向いて申請をすすめることは業務範囲ではないが、必要と判断してこれを実施することや、報酬に結びつかない行為も組織として決定し、高齢者本人の生命を守っていた。

　そして、本来関係者・関係機関の業務範囲であるが、職員の異動や退職などで現在はその役割を担えない場合などに、関係者・関係機関間で補い、調整した事例もあった（事例10）。どの組織体制にも機能不全の時期や機能不全に陥るリスクが存在する。しかし、虐待対応においては、対応機関の機能不全が、高齢者本人の生命・身体・経済への危険を高める場合もある。よって、関係機関間の補い行為が組織決定により実施されていると考える。

　この関係機関間の補い行為については、その場限りのものもあり、常に望める行為ではない。よって、ハード面での体制整備と、ソフト面として組織に柔軟性をもたせるシステムを構築することで、虐待対応にかかわる機関の質を担保し、虐待の悪化を防止することができると考える。

(3)　高齢者虐待防止法の遵守による虐待の悪化防止

　本研究における質的調査では、市区町村の高齢者虐待対応所管課と業務委託先である地域包括支援センターを中心とした高齢者虐待防止法と公的マニュアルの遵守が高齢者虐待の事象の悪化を防止していた。

　(A)　SOS の連鎖

　本調査では、高齢者本人や養護者の発信した SOS が連鎖して、市区町村と地域包括支援センターに届いている事例がみられた。たとえば、当事者が

発信した SOS を近隣住民などが受信し、受信した SOS をケアマネジャーなどに対して発信し、ケアマネジャーが近隣住民から受け取った SOS を地域包括支援センターに発信し、地域包括支援センターがケアマネジャーからの SOS を虐待の通報として受付けるという連鎖である。当事者が発信する SOS が 1 回で虐待対応機関に届くこともあるが、ほとんどは、届くまでに複数回にわたり発信・受信を繰り返していた。これを、SOS の連鎖ということができる。

　ここで重要なのは、高齢者本人と養護者が発信した SOS を受信した人・機関が、虐待対応機関へさらに SOS を発信する行為が必要であるとの認識をもつことである。

　⒝　高齢者虐待対応中から養護者支援チームを結成することの重要性

　既述のとおり、高齢者虐待防止法には、養護者への支援も位置づけられている。

　本研究における質的調査では、市区町村と地域包括支援センターは高齢者本人の権利を擁護する機関であるため、養護者が高齢者本人と離れたくないという意思に反して保護することがあり、養護者とは信頼関係を築けない事例があった（事例 4 、事例 5 、事例 8 、事例 9 ）。

　しかし、虐待対応中から養護者に今後かかわると予想された関係者・関係機関を養護者支援を担当するメンバーとして位置づけ、高齢者本人を保護すると同時に養護者への支援を開始し、虐待事象の悪化を防止した事例もみられた（事例 4 、事例10、事例13）。

　よって、虐待対応をスムーズに終結するためにも、養護者支援チームを虐待対応中から結成し、関係者・関係機関と協働していくことが重要であると考える。

　養護者支援の留意点として、高齢者本人への支援チームと養護者への支援チームが同時に結成されるときに権利の衝突がある。たとえば、高齢者本人の命の安全を図るための保護の実施が、養護者の自殺を招く可能性が高い場合などがある。この場合は、養護者の生命と生活を保障する権利保障と、高

齢者本人の生命と生活を保障する権利保障の衝突が起こっているとみること
ができる。

　しかし、高齢者本人の生命が脅かされているのに、養護者の権利を護ること
とを理由に、虐待対応を行わないことは避けねばならない。よって、あらゆ
るリスクに対応できるようにするため、虐待対応中から、養護者支援チーム
を結成し、それぞれのチームの立場において協議を入念に重ね、高齢者本人
の支援チームと養護者の支援チームの協働により、高齢者虐待の事象の悪化
を防止する必要がある。

　養護者支援チームが結成されない場合に起こっていたのが、養護者が死亡
し、すぐに把握できなかったことである。養護者が仕事をしていると把握し
ていたが実際は不明だったなどの理由で、関係者・関係機関との関係が途絶
え、地域で孤立し死亡した事例があった（事例5）。

　このことから、誰かがかかわり地域で孤立していないこと、つまり、当事
者の発信するSOSを受信できる環境があることを、確かな情報に基づいて
確認したうえで終結とすることが重要と考える。

　㋒　高齢者虐待対応におけるモニタリング機能の重要性

　本調査では、関係機関に課せられた役割が担えなくなったことを、地域包
括支援センターのコーディネーター機能であるモニタリングにより把握し、
支援計画の変更により虐待の悪化を防いだ事例（事例4、事例8、事例9、事
例10、事例13）や、行政権限行使の決定権が虐待対応所管課以外の他部署に
移ったことをモニタリングにより把握し、都道府県に設置されている相談・
助言、広域調整機関の活用により本来決定するべき部署が決定できるように
軌道修正を図り、虐待の悪化を防いだ事例があった（事例4、事例10）。

　高齢者虐待防止法においては、支援計画の作成や支援計画に基づいたモニ
タリング・評価の実施は義務となっていない。公的マニュアルには、計画の
作成から計画に基づいたモニタリング・評価の実施が位置づけられ、帳票も
提示されている（日本社会福祉士会 2011）。そして、チームアプローチのマ
ネジメントの中核を担うのは地域包括支援センターであることが示されてい

る（厚生労働省マニュアル 2006・2018）。

　しかし、この点については、地域包括支援センターの権利擁護業務を含む相談支援の実施プロセスにおいて、「xi. 課題解決（課題の終結）」が最も低く、「包括内での情報共有」、「支援計画の立案」、「進歩の把握（モニタリング）」が低いことから地域包括支援センター内でのモニタリングシステムが十分に機能していない可能性を述べている（国際医療福祉大学 2011）。

　当事者や関係者・関係機関などに課せられた役割の履行確認と、経験や勘に基づくのではなく、支援計画に基づいたモニタリングや評価の実施は、高齢者虐待の悪化を防止する協働が可能になると考える。

　そして、市区町村間の対応差の調整や、地域包括支援センターと市区町村の調整が図られない場合の介入など、都道府県による相談助言・広域調整機関が法的に位置づけられ、機能を果たせるようになることが重要である。

　現行では、都道府県による相談助言・広域調整機関の設置は法的位置づけがなく、都道府県によって設置の有無は異なっている。機関設置の費用も都道府県が独自に負担することとなっており、機関設置の継続に不安定な状況にある。高齢者虐待防止法の改正が必要であると考える。

⒟　市区町村独自の高齢者虐待防止・対応マニュアルの作成

　本研究における質的調査では、高齢者虐待防止法施行後であっても、市区町村独自の高齢者虐待対応マニュアル作成前と作成後では、明らかに対応が異なっていた。

　第一に、記録の有無が異なっていた。高齢者虐待対応マニュアル作成後のほうが、虐待対応のプロセスがわかる記録が残っていた。

　これは、虐待対応の責任主体が市区町村であることが明確となり、虐待対応の根拠を示すことができる状況になったことを示す。マニュアルでは、その市区町村独自の帳票が規定されており、虐待対応の記録を裁判所から求められた場合などに、根拠として示しやすくなる。

　第二に、関係者・関係機関などと協働体制を組むにあたり、説明しやすく理解が得られやすくなっていると考えられる。

実際に、保護先となる受入施設からは、マニュアル作成後のほうが、被虐待者を受け入れやすくなったとの記載があった。これは、緊急度が高いため、多くの施設待機者に優先され、被虐待者が入所する根拠を施設組織として地域住民や待機者などに説明できるということである。また、市区町村と地域包括支援センターが、高齢者の生活が安定するまでモニタリング訪問を実施することなどが規定されていたことから、被虐待者が入所後に起こるさまざまなこと（たとえば帰宅願望が強く施設から行方不明になることや、養護者が高齢者本人の保護先を探りあて高齢者本人を連れ去るなど）に対し、市区町村とともに対応することが約束されているからである。

これらのことから、市区町村が適切に権限を行使し、虐待にかかるチームメンバーが協働しやすい環境を整備することは重要といえる。その方法の一つとして、市区町村独自の高齢者虐待防止・対応マニュアルを作成することは、虐待の悪化を防止する地域の基盤をつくる方法と考える。

7　まとめ

本研究における質的調査から、高齢者虐待の悪化防止の協働プロセスが明らかになった。質的調査の結果を高齢者虐待の予防概念に照らし、以下、4点にまとめる。

⑴　**高齢者虐待の予兆の把握と、SOS の連鎖による早期発見・早期介入**

親族、関係者・関係機関などが、高齢者虐待の事象の予兆（借金、離職、認知症の発症など）を当事者の変化として把握し、介入が開始され、通報につながる SOS の連鎖が生じていた。これは、高齢者虐待予防の第二次予防、すなわち、当事者（被虐待者である高齢者と虐待者である養護者）に対する早期発見と早期介入に該当すると考える。

⑵　**当事者、関係者・関係機関、虐待対応機関の協働と、ソーシャルワーク実践プロセスの遵守による高齢者虐待の悪化防止**

当事者は専門家として虐待の回避行動をとり、市区町村は保護などの権限を行使し、地域包括支援センターはコーディネーターとして機能し、関係

者・関係機関は業務内外でのサービスを提供するなど、それぞれがチームとして役割を遂行、あるいは補い合い協働していた。さらに、高齢者虐待対応機関である地域包括支援センターが、ソーシャルワーク実践のアセスメントから評価までのプロセスを遵守していた。これは、高齢者虐待予防の第二次予防、すなわち、当事者に対する虐待の悪化防止に該当すると考える。

⑶　**高齢者虐待防止研修の実施や市区町村マニュアルの作成などの未然に防止する取組み**

高齢者虐待防止の普及啓発のため、地域住民に対する高齢者虐待防止のパンフレットの配布、関係機関などへの虐待対応研修の実施、市区町村高齢者虐待対応マニュアルの作成、厚生労働省による調査への報告が行われていた。これは、高齢者虐待予防の第一次予防、すなわち、住民全員に対する虐待の未然防止に該当すると考える。

⑷　**養護者への支援継続による高齢者虐待の再発防止**

高齢者に対する虐待が解消され、さらに高齢者本人の安定が確認された後、養護者支援チームによる支援の継続により、養護者が地域で自立した生活への支援が行われていた。これは、高齢者虐待予防の第三次予防、すなわち、養護者が暮らす地域を対象とする虐待の再発防止に該当すると考える。

169

V　限界と意義

　本研究における質的調査の限界と意義としては五つある。

　第一は、分析対象とした記録は記録者の知識と判断によって取捨選択された記述で、記録者の主観的要素を排除できないことである。さらに、記録されたもののみの分析であった。記録の分析のほかに、記録者へのインタビュー調査などにより、さらに詳細な調査分析により深める必要があった。

　しかし、ソーシャルワークの実践の記録であり、支援方針を議論し、緊急性などを見極める会議で使用され、関係者・関係機関の動きがある程度確認できていることから、記録を残す意義を見出すことができたと考える。また、普段外部に出ることのない記録を分析することで独自の知見が得られ、実践の記録を活用した分析・考察ができたことは、高齢者虐待の予防の発展に一定の貢献ができたと考える。

　第二に、分析対象とした地域包括支援センターの地域が限定されており、事例数も少なく、普遍化が図れる結果ではなかったことである。

　しかし、ある地域の地域包括支援センターで高齢者虐待が疑われた事例を分析できたこと、それらの事例は、ある特定された地域の体制を反映しているものであり、虐待事象の悪化防止プロセスを詳細に追うことができたことは、本研究における質的調査の意義であると考える。

　第三に、分析法として、Schreier（2012）が示した質的内容分析法を用いたが、質的内容分析法としての手順などが確立されているわけではないため、今後も質的内容分析法の確立に向けて取り組んでいく必要がある。

　第四に、分析法として、質的内容分析法を用い、客観性と妥当性を高めるため、筆者の実施した分析ともう一人のコーダーが実施した分析との一致率を出した。

　一致率は70％を超えたが、高い客観性と妥当性が得られたとはいいがたい

と考える。

　第五に、分析法の演繹的な枠組みとして、高齢者虐待防止法と公的マニュアルから枠組みを作成し、枠組みについてコーダーとともに検討したが、マニュアルごとに虐待対応のプロセスや終結の定義が異なるなど、理論や概念から作成したとはいいがたく、今後、さらなる精査が必要であることが課題としてあげられる。

　しかし、これらの枠組みを用いて探索的に分析し考察できたことは、高齢者虐待の悪化防止の様相を示すことに貢献できたと考える。

第 4 章

高齢者虐待の悪化を防止した
取組みの探索的な分析
──量的調査を中心に──

　本章では、質的調査で明らかになった六つの虐待
の悪化を防止する取組みが、他の地域包括支援セン
ターにおいても取り組まれているかを確認し、高齢
者虐待の悪化を防止した取組みを探索的に分析する。

Ⅰ　問題の関心

　前章の質的研究において、高齢者虐待防止法の下、虐待事象の悪化がどのような協働プロセスにて防止されているか、虐待を悪化させた要因が何であるかを述べた。関係者・関係機関と虐待対応機関の協働による高齢者虐待の悪化を防止した取組みは、前章Ⅴ・2で述べた関係者・関係機関による二つの取組みと、前章Ⅴ・3で述べた虐待対応機関による四つの取組みである、合計六つの取組みが重要であることが明らかとなった。

　これら六つの取組みとは、

① 　通報以前に、親族や関係機関等が虐待事象の起点を変化として把握し、介入が開始していたこと（前章Ⅴ・2⑴）。

② 　虐待対応における関係機関の役割遂行や、関係機関の業務範囲内外での柔軟な対応をしていたこと（前章Ⅴ・2⑵）。

③ 　虐待の早期発見・通報にあたり、被虐待者や虐待者等が発信したSOSを受信した親族および関係機関は、虐待対応機関である市区町村や地域包括支援センターへ通報が受け付けられるまでSOSを連鎖する役割を果たしていたこと（前章Ⅴ・3⑴）。

④ 　高齢者虐待対応中から養護者支援チームを結成し、関係者・関係機関と協働していたこと（前章Ⅴ・3⑵）。

⑤ 　当事者や関係者・関係機関等に課せられた役割の履行確認と、経験や勘に基づくのではなく、支援計画に基づいたモニタリングや評価を実施していたこと（前章Ⅴ・3⑶）。

⑥ 　市区町村独自の高齢者虐待防止マニュアルを策定し、その遵守と記録が、適切な行政権限を行使し、組織的な対応を可能にしていたこと（前章Ⅴ・3⑷）。

　上記六つの取組みは、高齢者虐待防止法に基づいた公的マニュアルに記さ

れている内容が基本となっている。①は早期発見の体制、②は関係機関との連携・協働体制、③は通報の体制、④は養護者への支援体制、⑤は虐待対応プロセスにおけるモニタリング・評価の実施、⑥は組織対応のための体制整備である。

虐待の悪化に影響していた主な要因としては、対応職員の異動・退職、養護者からの攻撃へのおそれ、関係機関等の通報の遅れなど、虐待を悪化させたと思われた事項も明らかとなった。しかし、本研究における質的調査は、事例数も少なく、ある地域に限定されており、普遍化が図れないことなどの限界があった。質的調査で明らかになった六つの虐待の悪化を防止する取組みが、他の地域包括支援センターにおいても取り組まれているかを確認し、高齢者虐待の悪化を防止した取組みを探索的に分析することが、本章の目的である。

そこで、Ⅱでは、高齢者虐待防止法に基づいた公的マニュアルの遵守状況や、虐待対応を主に担う人・機関の体制に関する先行研究について述べる。

Ⅱ 高齢者虐待防止法に基づいた公的マニュアルの遵守による虐待対応の体制に関する先行研究

1 高齢者虐待防止法に基づいた公的マニュアルの遵守状況の調査

　既述のように、厚生労働省は高齢者虐待防止法が2006年に施行されて以降、地域包括支援センターから報告が上がった事例も含め、市区町村に対して調査を実施し、国として結果を毎年公表している。しかし、この調査項目は、同法に基づいた公的マニュアルのすべての項目を網羅しているものではない。たとえば、支援計画の作成やモニタリング、進行管理、評価の実施、コアメンバー会議や個別ケース会議の実施、終結会議の実施、養護者支援を担当するチームの結成などに関する項目は入っていない。

　厚生労働省が毎年発表しているデータは、外部機関により詳細な分析が行われている。調査方法としては、直営型地域包括支援センターと委託型地域包括支援センターの違いからクロス集計やカイ二乗検定、地域包括支援センター業務の負担感と市区町村との支援・連携の充足度をみるための相関分析、市区町村の体制整備の取組みパターンを明らかにするための因子分析、相談・通報および虐待判断件数の関連性、市区町村と地域包括支援センターの支援・連携の充足度に影響する要因を明らかにするために重回帰分析を用いるなど、量的な分析が行われている。

　これらの分析により、①高齢者虐待対応における体制整備が進んでいるほど相談・通報件数が多い傾向にあること、②高齢者虐待対応における市区町村からの支援や連携の充足度は委託型地域包括支援センターのほうが直営型

地域包括支援センターと比較して低いこと、③委託型地域包括支援センターで、関係機関との連携に課題を感じ、体制整備が進んでいない場合に、市区町村からの支援や連携に関する充足度が低い傾向があること、④直営型地域包括支援センターより委託型地域包括支援センターのほうが地域の虐待防止に関連する体制整備状況に関して把握していない傾向があること、⑤地域包括支援センターにおいて、虐待対応に関連する業務に関し、職員の力量不足や職員数の不足、精神的な負担が大きい、他業務による虐待対応業務労力を割けない状況にあることなどが明らかとなった（認知症介護研究・研修仙台センター 2014、認知症介護研究・研修仙台センター 2017）。

　しかし、既述のとおり、把握できていない項目があり、高齢者虐待防止法に基づいた公的マニュアルの遵守状況を把握するものとはいえず、特にソーシャルワーク実践のプロセスとして必須とされる支援計画の作成や評価・検証の実施について把握されていないことから、虐待対応のプロセスを調査項目としてとらえた量的な分析とはなっていない。

　また、厚生労働省は、虐待対応の体制整備のために、高齢者虐待防止法に基づいた公的マニュアルを参考にして、市区町村独自の高齢者虐待対応のマニュアルの作成を推奨しているが、その割合は、66.1％となっている（厚生労働省 2018）。

　市区町村マニュアルは、虐待の考え方や判断の仕方、対応プロセスや、用いる帳票など、公的マニュアルの内容を参考に作成されている（総社市 2006、国立市 2013、練馬区 2013、天草市 2016）。

　市区町村マニュアルの策定の効果として、厚生労働省などのマニュアルには、関係者・関係機関の共通の指針となり、担当部署や職員の業務を明確に規定できること、人事異動にかかわりなく、組織として虐待対応を行う根拠や目的を明確にし、対応の標準化を図ることが可能になるとしている（厚生労働省マニュアル 2006、日本社会福祉士会 2011）。年々作成率は微増傾向ではあるが、このマニュアルの作成の有効性について詳細なデータを示したものは筆者が知る限りにおいて見当たらない。したがって、市区町村マニュアル

を独自に作成することが、何に対して有効であるか具体的に示すことは重要である。

次に、高齢者虐待防止法に基づいた公的マニュアルに示されている虐待対応プロセスに関する先行研究について述べる。

2 地域包括支援センター業務の支援プロセスの調査

高齢者虐待への対応プロセスに特化した全国調査の実施は筆者が知り得る限りにおいて見当たらないが、地域包括支援センター業務の支援プロセスとしての研究は行われている。

地域包括支援センター業務全体の支援プロセスとしての研究は、「地域包括支援センターの評価」の一部として平成20年より3年間、高橋紘士研究責任者の下、厚生労働省職員もオブザーバーとして加わり、自治体と地域包括支援センターに対し調査を行い、研究報告がなされている（立教大学 2009、立教大学 2010、国際医療福祉大学 2011）。

この研究チームの報告によると、地域包括支援センター業務における相談支援の実施プロセスを独自開発し、11段階（①相談者の確認、②相談内容の確認、③記録の確認、④地域包括支援センター組織内情報共有、⑤訪問、⑥地域包括支援センターとしての支援計画案の立案、⑦地域包括支援センター組織内合意、⑧地域包括支援センターとしての支援の開始、⑨支援チームづくりとサービス担当者会議（初回）、⑩進捗状況の把握（モニタリング）、⑪地域包括支援センターとしての課題解決（課題の終結））に定めた。

これらの相談支援実施プロセスの実施率を全国の地域包括支援センターを対象に調査した結果、「①相談者の確認」92.1％、「②相談内容の確認」88.1％、「③記録を確認する」84.3％、「④地域包括支援センター組織内情報共有」68.1％、「⑤訪問」64.8％、「⑥地域包括支援センターとしての支援計画案の立案」26.9％、「⑦地域包括支援センター組織内合意」28.9％、「⑧地域包括支援センターとしての支援の開始」40.3％、「⑨支援チームづくりとサービス担当者会議（初回）」27.7％、「⑩進捗状況の把握（モニタリング）」

〜 Ⅱ　高齢者虐待防止法に基づいた公的マニュアルの遵守による虐待対応の体制に関する先行研究

30.8％、「⑪地域包括支援センターとしての課題解決（課題の終結）」26.4％
であったと報告している。その考察として、既述のように、地域包括支援セ
ンターにおいて「⑪課題解決（課題の終結）」の実施率が最も低く、「④地域
包括支援センター組織内情報共有」、「⑥地域包括支援センターとしての支援
計画の立案」、『⑩進捗状況の把握（モニタリング）」も低いことから地域包括
支援センター内でのモニタリングシステムが十分に機能していない可能性を
述べている（国際医療福祉大学 2011）。

　上記の調査結果は、高齢者虐待対応プロセスに関しても同様の結果が得ら
れる可能性が高い。なぜなら、地域包括支援センターの権利擁護業務の中に
高齢者虐待対応も含まれているからである。

　次に、虐待対応のプロセスにおいて、誰が、どのような役割をもって、ど
のようにかかわるのかが、虐待の悪化防止体制や環境などに影響すると考え
られるため、高齢者虐待の対応がどのような機関や環境において実施されて
いるのかをみる。

3　地域包括支援センター業務の虐待対応プロセスに関連する要因

　既述のとおり、高齢者虐待防止法やマニュアルの遵守状況や虐待対応のプ
ロセスについては、直営型と委託型の地域包括支援センターで異なることが
指摘されている（認知症介護研究・研修仙台センター 2017）。なぜなら、直営
型の地域包括支援センターは、行政機関そのものであり、委託型の地域包括
支援センターは市区町村（保険者）から委託された業務に限定されているた
め〔表4-2-3-1〕、両者には行政機関としての権限行使の面で大きな差異が
生じているからである（厚生労働省マニュアル 2006、地域包括支援センター運
営マニュアル検討委員会編 2015）。公的な機関における調査研究では、直営型
地域包括支援センターと委託型地域包括支援センターとに分けて報告されて
いる（厚生労働省 2017b、認知症介護研究・研修仙台センター 2017）。

　また、直営型地域包括支援センター・委託型地域包括支援センターのほか
に、基幹型地域包括支援センターが設置されている市区町村がある。基幹型

第4章　高齢者虐待の悪化を防止した取組みの探索的な分析——量的調査を中心に——

表 4-2-3-1　市区町村と委託型地域包括支援センターの役割（その1）

		市町村	地域包括支援センター	委託規定
ネットワーク	・高齢者虐待防止ネットワークの構築・運営	△	◎	
広報・啓発活動	・高齢者虐待に関する知識・理解の啓発	◎	△	
	・認知症に関する知識や介護方法の周知・啓発	◎	△	
	・通報（努力）義務の周知	◎	△	
	・相談等窓口・高齢者虐待対応協力者の周知	◎	◎	
	・専門的人材の確保	◎		
相談・通報・届出への対応	・相談、通報、届出の受付	△	◎	有
	・相談への対応（高齢者および養護者への相談、指導および助言）（6条・14条第1項）	△	◎	有
	・受付記録の作成	△	◎	
	・緊急性の判断	○	◎	
事実確認・立入調査	・関係機関からの情報収集	○	◎	有
	・訪問調査	○	◎	有
	・立入調査	◎	(直営のみ◎)	(直営のみ)
	・立入調査の際の警察署長への援助要請	◎		
援助方針の決定	・個別ケース会議の開催（関係機関の招集）	○	◎	
	・支援方針等の決定	○	◎	
	・支援計画の作成	△	◎	
支援の実施	（やむを得ない事由による措置等の実施）			
	・措置の実施	○	(市町村へのつなぎ)	
	・措置後の支援	△	◎	
	・措置の解除	◎	△	
	・措置期間中の面会の制限	◎	△	

180

Ⅱ　高齢者虐待防止法に基づいた公的マニュアルの遵守による虐待対応の体制に関する先行研究

表 4-2-3-1　市区町村と委託型地域包括支援センターの役割（その２）

		市町村	地域包括支援センター	委託規定
	・措置のための居室の確保 （成年後見制度の活用） ・市町村長による成年後見制度利用開始の審判の請求	◎ ◎	 （市町村へのつなぎ）	
養護者支援	・養護者支援のためのショートステイ居室の確保	◎		
モニタリング	・支援の実施後のモニタリング	△	◎	
その他	（養護者による高齢者虐待防止関係） ・個人情報取扱いルールの作成と運用） （財産上の不当取引による被害の防止関係） 　・被害相談 　・消費生活関係部署・機関の紹介	◎ ◎ ◎	△ △ ◎	 有 有

◎：中心的な役割を担う　　　○：関与することを原則とする
△：必要に応じてバックアップする　空欄：当該業務を行わない

（厚生労働省マニュアル 2006：91）

　地域包括支援センターには、行政内部に設置、直営により設置、委託により設置の３パターンがあるとしているが（三菱総合研究所 2014)、大きく分けると市区町村職員による市区町村職員勤務の直営か民間の法人等に委託かのどちらかである。ただし、基幹型地域包括支援センターの役割や機能は市区町村によって異なっており、直営型地域包括支援センターが、地域包括支援センターの統括や調整、評価機能等を担っている場合もある。

　また、人口規模の大きいほうが、人口規模が小さい町村部よりも、有意に地域包括支援センターの機能を果たしており、全国一律の基準で施策の実施を期待することは困難であると結論づけている調査報告（立教大学 2009）もあることから、人口規模が、地域包括支援センターの業務遂行に与える関連

要因とする必要がある。

　地域包括支援センターの業務遂行に与えるその他の関連要因として、地域包括支援センターの職員の資格や経験年数なども関与していると述べている研究もある。たとえば、高山（2015）は、地域包括支援センターの社会福祉士の業務遂行に関連を及ぼす要因として、経験年数が関係していたとし、個人属性にかかる要因との検討が必要と述べている。また、田中（2012）は、地域包括支援センター職員の専門性と実用的スキルに関し、都市部と町村部で保健師などの職員配置体制が異なることや経験年数の重要性を述べている。一瀬（2013）は、社会福祉士のソーシャルワークスキルが、高齢者虐待発生事例の家族内構造や機能の変容に効果的であるとした。

　上記のことから、地域包括支援センターの設置形態と職員の配置、地域包括支援センターが設置されている地域の人口規模、地域包括支援センター職員の採用職種、経験年数などが地域包括支援センターの虐待対応プロセスに関連する可能性があることがわかった。

Ⅲ　目　的

　既述のように、特に、ソーシャルワーク実践で必須とされる支援計画の作成やモニタリング・評価の実施など、高齢者虐待防止法に基づいた公的マニュアルの項目を網羅した全国調査が実施されておらず、調査の実施には、虐待対応を担う人や機関の役割に応じた体制などを考慮する必要があった。そして、市区町村独自のマニュアルは、公的マニュアルの内容を地域の実情にあわせて作成されており、その有効性を調査することは、虐待対応における組織的な対応を標準化するなど、虐待対応の体制整備に貢献できる可能性があることが明うかとなった。

　よって、質的調査の結果として得られた取組みが、全国的に実施されているかなど、高齢者虐待防止法に基づいた公的マニュアルの遵守状況を把握し、虐待の悪化を防止する取組み状況を明らかにすることが必要と考える。

　そこで、本量的調査の目的は以下の二つとする。

　第一の目的は、地域包括支援センターの高齢者虐待防止法に基づく公的マニュアルの遵守状況にみる全国の虐待対応状況と虐待の悪化を防止する取組みの状況を明らかにすることである。

　第二の目的は、特に、虐待の悪化を防止する取組みとしてあげられた体制整備の一つである市区町村マニュアルの策定の有無が、高齢者虐待防止法に基づいた公的マニュアルの遵守の程度などの高齢者虐待防止状況と関連しているかどうかを明らかにすることである。

Ⅳ　研究の方法

　本量的調査における研究の方法として、調査方法、調査対象、分析方法、分析に用いた変数を述べる。

1　調査方法と調査対象

　平成27（2015）年 2 月～ 3 月に、無作為に抽出した全国の地域包括支援センターに対し郵送による質問紙調査を実施した。本量的調査の調査対象者は、高齢者虐待対応を主に担当している地域包括支援センターの職員である。平成26（2014）年10月に、4558カ所の全国の地域包括支援センターの名簿を、各都道府県のホームページより公式データとして入手し、その 4 分の 1 である1139カ所を無作為に抽出した。地域包括支援センター1139カ所のうち、459カ所の有効回答（有効回収率40.3％）が得られた。

　調査票の作成は、プレ調査を2014年12月に10地域の地域包括支援センターの職員に10カ所に集まってもらい実施し、その場で意見をもらった。その意見に基づいて調査票を修正した。

2　分析方法

　三菱総合研究所（2014）が実施した全国調査のデータの基本情報との比較で回答者の傾向を確認したうえで、調査目的に示した分析を行う。

　本量的調査の第一の目的である、高齢者虐待防止法に基づいた公的マニュアルから導き出した八つのフレームの遵守状況の結果と特徴の分析（「高齢者虐待の対応状況の分析（第一分析）」）は単純な記述統計により行う。

　第二の目的である市区町村マニュアルの策定の有無が、高齢者虐待防止法に基づいたマニュアルの遵守の程度に関係しているかどうかを明らかにする分析（「市区町村マニュアルの策定の有無と高齢者虐待防止状況との関連（第二分

析)」）については、市区町村マニュアル策定実施の有無と各質問項目のクロス集計とカイ二乗検定を行い、有意であった（母集団の水準においても関連性をもつ）質問項目の割合を比較し、残差分析を行う。残差分析を行う理由は、クロス表中のどのセルに特徴があるか確認できるためである。調整済み標準残差が1.96（両側検定）よりも大きければ、有意水準が5％で有意に差があり（田窪 2009）、2.58よりも大きければ有意水準が1％で有意に差があるといわれている〔菅 1998〕。なお、残差分析の結果、実施程度の高低の片方のみではなく、実施の程度の高いほうと低いほうの両方に有意差が認められたものを、高齢者虐待防止法に基づいたマニュアルの遵守の程度に関係している項目とした。「わからない」と回答した項目と実施の程度の高いほうか低いほうのいずれかのみ有意差があった場合は、高齢者虐待防止法に基づいたマニュアルの遵守の程度に関係している項目とはいえないためである。各クロス集計の項目で、無回答を欠損値とし、除去した値をNとした。自由回答の分析方法としては、質的データを帰納的に同じ内容にまとめ、表にまとめることで内容を分析した。

　以上の分析は、SPSS Ver. 22（IBM）を用いた。また、自由記述の質的データの分析には、MAXQDA 10を用いた。

3　分析に用いた変数

(1)　高齢者虐待防止の対応状況に関する変数

　高齢者虐待防止の対応状況に関する変数は、高齢者虐待防止法に基づいた公的マニュアルから導き出した枠組みから選出した53変数と、質的調査の結果を参考に作成した13変数（表4-4-3-1の表中の法・マニュアルには＊があるが、質的調査に＊がないもの）からなる。作成のプロセスは後述するが、合計で66の変数となった。

　高齢者虐待防止法に基づいた公的マニュアルから導き出した枠組みとは、前章Ⅳ・6の分析により導き出した、コーディングフレームAである。コーディングフレームAとは、八つのフレーム（Ⅰ早期発見・通報体制、Ⅱ関

係機関との協議体制、Ⅲ本人保護支援体制、Ⅳ養護者支援体制、Ⅴ評価・検証体制、Ⅵ都道府県や組織等の関与体制、Ⅶ普及啓発体制、Ⅷ体制整備）と55項目から成り立っている。これらの項目を量的調査のため改変し、表4-4-3-1（その1〜その2）に示すように7フレーム53項目とした（表4-4-3-1表中の「法・マニュアル」にアスタリスク（＊）が記入されている項目）。コーディングフレームAの改変については、後に述べる。

　この66項目を本量的調査における高齢者虐待の対応状況に関する変数とする。

⑵　高齢者虐待防止法に基づいた公的マニュアルの遵守項目の改変

　既述のとおり、前章で述べた高齢者虐待防止法に基づいた公的マニュアルの分析により導き出したコーディングフレームAである八つのフレーム（Ⅰ早期発見・通報体制、Ⅱ関係機関等との協議体制、Ⅲ本人保護支援体制、Ⅳ養護者支援体制、Ⅴ評価・検証体制、Ⅵ都道府県や組織等の関与体制、Ⅶ普及啓発体制、Ⅷ体制整備）とその項目を、本量的調査で用いる項目へ改変した。結果、表4-4-3-2（その1〜その4）に示すように、七つのフレーム（①体制整備、②早期発見・通報、③事実確認、④協議決定、⑤行政権限の行使・関与、⑥養護者支援、⑦評価・検証の実施）となった。以下に変数の改変について詳細を述べる。

⒜　「①体制整備」

　「①体制整備」、コーディングフレームAの「Ⅴ評価・検証体制」から直営型地域包括支援センターの厚生労働省調査への報告（高齢者虐待防止法26条）の1項目を「①体制整備」へ移動した。その理由は、直営型地域包括支援センターだけに対する項目であり、委託型地域包括支援センターは答えられない項目であるため、自治体から国への報告体制ととらえ、体制整備のフレームへ移動した。そのほか、「体制整備」に統合したフレームは、「Ⅵ都道府県や組織等の関与」3項目、「Ⅶ普及啓発」6項目、「Ⅷ体制整備」7項目より、「国の調査結果を都道府県の福祉計画に反映させている」を除いた6項目である。「国の調査結果を都道府県の福祉計画に反映させている」を除いた理由は、今回の調査は国や都道府県への調査が入っていないからである。

表 4-4-3-1　量的調査における質問項目（その１）

フレーム	No	項目内容	法・マニュアル	質的調査結果
① 体制整備	1	都道府県設置機関の活用	＊	＊
	2	民間の機関の活用	＊	＊
	3	高齢者虐待防止ネットワークの活用	＊	
	4	包括管理職が虐待全事例を把握	＊	
	5	高齢者虐待防止パンフレットの配布	＊	＊
	6	厚生労働省、都道府県マニュアルの活用	＊	＊
	7	市区町村でマニュアルを作成実施	＊	＊
	8	庁内情報共有の体制整備実施	＊	
	9	市区町村における調査研究実施	＊	
	10	直営包括の厚労省調査への全ケース報告実施	＊	
	11	包括三職種全員が研修受講	＊	＊
	12	市民対象の虐待委防止研修実施	＊	
	13	家族介護者対象の虐待防止研修実施	＊	
	14	行政職員対象の虐待防止研修実施	＊	＊
	15	医療保健福祉関係者対象の研修実施	＊	
	16	包括の管理職が法人の管理職へ適宜報告している		＊
	17	異動・退職の影響を防ぐ体制整備		＊
	18	虐待対応中、怖い思いをしたことがある		＊
	19	包括の虐待対応記録の開示請求を受けたことがある		＊
② 早期発見 通報	1	転入・転出時等の行政間の情報共有実施	＊	
	2	居住地と住所地が異なる場合の支障がない対応実施	＊	＊
	3	関係機関の発見後すぐ通報実施	＊	＊
	4	包括から市区町村への報告義務遂行	＊	＊
	5	通報の受付の実施	＊	＊
	6	近隣住民・親族等市民の協力	＊	＊
	7	介護保険申請済サービス未利用者実態把握実施		＊
	8	ケアマネ支援業務のみで虐待対応をしない		＊
	9	サービス事業所発見時のケアマネをとおしての通報		＊
③ 事実確認	1	48時間以内の高齢者本人の安全確認	＊	＊
	2	関係機関からの情報収集の実施	＊	＊
	3	庁内情報の収集の実施	＊	＊
	4	高齢者本人の同意を得ている	＊	＊
	5	高齢者本人の意思決定を支援している	＊	＊
	6	居住地と住所地が異なる場合、住所地からの情報収集の実施	＊	

第4章　高齢者虐待の悪化を防止した取組みの探索的な分析——量的調査を中心に——

表4-4-3-1　量的調査における質問項目（その２）

フレーム	No	項目内容	法・マニュアル	質的調査結果
④ 協議決定	1 2 3 4 5 6	包括内部での情報共有 支援計画の作成 コア会議の実施 コア会議に管理職が参加 個別ケース会議の実施 終結会議の実施	＊ ＊ ＊ ＊ ＊ ＊	＊ ＊ ＊ ＊ ＊
⑤ 行政権限 行使	1 2 3 4 5 6 7 8 9	立入調査を必要時実施 必要時に警察署長への援助要請を実施 やむを得ない事由による措置必要時実施 面会制限を必要時実施 面会制限時に同時に解除の検討 施設管理権による面会制限の依頼実施 優先入所を必要時に依頼 成年後見制度の首長申立必要時実施 消費者被害相談のつなぎ	＊ ＊ ＊ ＊ ＊ ＊ ＊ ＊ ＊	＊ ＊ ＊ ＊ ＊ ＊ ＊
	10 11 12 13 14	必要時契約入所をやむ措置へ切替え実施 成年後見制度利用支援事業の条件設定なし で活用可能 成年後見制度申立手続が家庭裁判所によっ て異なっていない 医療機関に行政権限で保護できず困ったこ とがない 管理職の判断が虐待対応を左右している		＊ ＊ ＊ ＊ ＊
⑥ 養護者 支援	1 2 3 4 5 6 7	虐待対応中から養護者の状況把握実施 面会制限時養護者へ説明を実施 権限行使時養護者への今後の支援等説明 虐待対応中からの養護者支援チーム結成 終結時養護者支援チームへのつなぎ実施 養護者からの訴訟リスク検討 養護者の自殺リスク検討	＊ ＊ ＊ ＊ ＊ ＊ ＊	＊ ＊ ＊ ＊ ＊ ＊ ＊
	8	関係機関が養護者支援にかかわるとき、業 務範囲外でのかかわりがあるか		＊
⑦ 評価 検証	1 2 3 4	支援計画に基づいたモニタリングの実施 支援計画に基づいた評価の実施 進行管理の実施 死亡事例も含めた振返り会議の実施	＊ ＊ ＊ ＊	＊ ＊ ＊

注１）　＊（アスタリスク）がついている部分は、該当することを示す
注２）　「法・マニュアル」とは、高齢者虐待防止法とマニュアルから導き出した各フレームを構成する項目である
注３）　「質的調査結果」とは、質的調査の結果抽出された項目である

さらに、「Ⅷ体制整備」の「国・都道府県・市区町村において調査研究を実施している」と「国の調査結果を市区町村の福祉計画に反映させている」の2項目は、直営型地域包括支援センターが答えやすいように「市区町村において独自に虐待に係る調査研究の実施」の1項目に統合したため、5項目となった。

よって、「①体制整備」のフレームは、「Ⅷ体制整備」5項目、「Ⅵ都道府県や組織等の関与」3項目、「Ⅶ普及啓発」6項目、「Ⅴ評価・検証」から1項目で、合計15の変数となった。

　⒝　「②早期発見・通報」

「②早期発見・通報」として、コーディングフレームＡの「Ⅰ早期発見・通報」の11項目より、「地域包括支援センター三職種全員が虐待に関し知識を有している」と「通報者が誰かわからないように対応した」の2項目を除き、下記のように、別なフレームに位置づけた。

「②早期発見・通報」の「地域包括支援センター三職種全員が虐待に関し知識を有している」を「①体制整備」に位置づけた理由は、研修の受講や組織内ＯＪＴに関連しているからである。

また、「②早期発見・通報」の「通報者が誰かわからないように対応した」を「④協議決定」の「情報漏えい防止体制の取組み」に位置づけた理由は、情報の漏えいに関しては罰則規定があり、地域包括支援センターが組織として守らねばならない規定だからである。本研究の趣旨は、違反の有無を明らかにすることではなく、情報漏えい防止のためにどのような体制をとっているかを把握することが本研究の趣旨であるためであり、複数回答と自由記述にて把握できるようにした。

また、「②早期発見・通報」の「福祉関係者個々人が虐待の発見に努めている」と「福祉関係者が発見後、早期に市区町村あるいは地域包括支援センターに通報している」を、答えやすいように、「関係機関の発見後すぐに通報実施」に統合した。

さらに、「②早期発見・通報」の「家族親族を含めた市民が発見し、速や

かに通報」と「近隣住民の通報や虐待対応上などの協力」を答えやすいように、「近隣住民・親族など市民の協力」へ統合した。

なお、「管轄外の通報が速やかに担当区域の市区町村または地域包括支援センターに通報された、管轄外となったケースを速やかに担当区域の市区町村または地域包括支援センターに通報した」は、答えにくいため、マニュアルから、「転入・転出時等の行政間の情報共有実施」と「居住地と住所地が異なる場合の支障ない対応実施」の2項目に分け、「②早期発見・通報」のフレームは、合計六つの変数とした。

(C) 「③事実確認」

「③事実確認」として、「Ⅲ本人保護支援」から、「高齢者本人の48時間以内の安全確認実施」、「関係機関からの情報収集実施」、「庁内情報の収集実施」、「本人の同意の確認実施」、「本人の意思決定支援実施」、「住所地居住地が異なる場合の情報収集の実施」の六つの変数とした。

(D) 「④協議決定」

「④協議決定」として、コーディングフレームAの「Ⅱ関係機関との協議」の6項目より、「関係者から情報が漏れたことがない」の1項目を除いた五つの変数とした。「関係者から情報が漏れたことがない」を除いた理由は、②「早期発見・通報」に既述したとおりである。

また、「Ⅱ関係機関との協議」の「管理職が参加してのコア会議の開催」は、管理職が参加しないコア会議の開催も実際は存在するため、「コア会議の実施」と「コア会議に管理職が参加」の2項目に分け、「④協議決定」は、合計六つの変数とした。

(E) 「⑤行政権限行使」

「⑤行政権限行使」として、コーディングフレームAの「Ⅲ本人保護支援」から、必要時に「立入調査の実施」、「警察署長への援助要請の実施」、「やむを得ない事由による措置の実施」、「面会制限の実施」、「面会制限と同時に解除の検討」、同法による面会制限ができない保護先の場合に「施設管理権による面会制限の依頼」、「優先入所等の依頼」、「成年後見制度の首長申

立ての実施」、「消費者被害相談へのつなぎ」の九つの変数とした。

　(F)　「⑥養護者支援」

「⑥養護者支援」として、コーディングフレームＡの「Ⅳ養護者支援」7項目よりそのまま七つの変数とした。

　(G)　「⑦評価・検証の実施」

「⑦評価・検証の実施」として、コーディングフレームＡの「Ⅴ評価・検証」5項目より、「行政（直営型地域包括支援センター）から厚生労働省への報告」1項目を除く四つの変数とした。「行政（直営型地域包括支援センター）から厚生労働省への報告」を除いた理由は、「①体制整備」で既述のとおり、自治体から国への報告体制ととらえたためである。また、「虐待対応のプラン」である支援計画の作成は、コアメンバーによる表で作成するものであるため、④協議決定の2へ移動した。

⑶　質的調査結果から追加された変数

　本研究における質的調査結果から、高齢者虐待の悪化を防止した、あるいは悪化させたと思われた項目を加えて調査を行うことで、質的調査でみられた事象が、全国的にもみられる傾向であるかどうかを確認する。

　そのために、「①体制整備」として、「地域包括支援センターの管理職が法人へ適宜報告実施」、「異動・退職の影響防止体制整備（自由記述）」、「虐待対応中の職員の安全対策（複数回答）」、「開示請求を受けたことがあるかどうか」の4項目と、「虐待防止体制に必要なことの（自由記述）」1項目を含め、合計5項目を追加した。

　また、「②早期発見・通報」として、「介護保険申請済でサービス未利用者の実態把握の実施」、虐待事例を「ケアマネジャー支援業務のみ対応実施」、介護サービス事業所が発見しても直接通報せず「ケアマネジャーを通しての通報実施」、「関係機関からの通報理由（複数回答）」の4項目を追加した。

　次に、「④協議決定」として、「終結理由（複数回答）」と「情報漏洩防止体制（複数回答）」2項目を追加した。

　さらに、「⑤行政権限の行使・関与」として、必要時「契約入所からやむ

第4章　高齢者虐待の悪化を防止した取組みの探索的な分析――量的調査を中心に――

表4-4-3-2　コーディングフレームAから量的調査で用いる変数作成の経過（その1）

「①体制整備」

Ⅵ	サブ項目の根拠条文	サブ項目	
都道府県等の関与	都道府県の援助 （19条1項2項）	包括、行政内部のスーパービジョン機能を活用した	1-4
		都道府県設置のコンサルテーション機能を活用した	1-1
		民間のコンサルテーション/スーパーバイズ機能を活用した	1-2

Ⅶ	サブ項目の根拠条文	サブ項目	
普及啓発	専門的な人材確保および資質向上のための研修（3条2） 通報義務、人権侵犯事件にかかる救済制度等の必要な広報啓発活動（3条3） 対応窓口周知（16条）	高齢者虐待防止のパンフレットを作成し、配布している	1-5
		市民対象の研修を実施している	1-12
		介護者対象の研修実施している	1-13
		行政職員対象の研修実施している	1-14
		関係者対象の研修実施している	1-15
		虐待にかかる全職員が定期的に研修を受講している	1-11

Ⅷ	サブ項目の根拠条文	サブ項目	
体制整備	関係省庁相互間、関係機関、民間団体連携強化、支援等体制整備（3条1）、（16条） 人材の確保（15条） 調査研究の実施 （26条） 個人情報取扱いルールの作成と運用 （マニュアル）	厚生労働省・都道府県マニュアルを活用している	1-6
		市区町村マニュアルを作成している	1-7
		庁内情報の目的外利用と外部提供について、要綱を作成、個人情報保護審議会などに諮っている	1-8
		高齢者虐待防止ネットワークを構築・運営している	1-3
		国・都道府県・市区町村において調査研究を実施している	1-9
		国の調査結果を市区町村の福祉計画に反映させている	1-9
		国の調査結果を都道府県の福祉計画に反映させている	なし

192

Ⅳ　研究の方法

フレーム	No	質問内容
	1	都道府県設置機関の活用
	2	民間の機関の活用
	3	高齢者虐待防止ネットワークの活用
	4	包括管理職が虐待全事例を把握
	5	高齢者虐待防止パンフレットの配布
	6	厚労省、都道府県マニュアルの活用
	7	市区町村でマニュアルを作成実施
① 体制整備	8	庁内情報共有の体制整備実施
	9	市区町村における調査研究実施
	10	直営包括の厚生労働省調査への全ケース報告実施
	11	包括三職種全員が研修受講
	12	市民対象の虐待委防止研修実施
	13	家族介護者対象の虐待防止研修実施
	14	行政職員対象の虐待防止研修実施
	15	医療保健福祉関係者対象の研修実施

193

第 4 章　高齢者虐待の悪化を防止した取組みの探索的な分析——量的調査を中心に——

表 4-4-3-2　コーディングフレーム A から量的調査で用いる変数作成の経過（その２）
「②早期発見」「④協議決定」

I	サブ項目の根拠条文	サブ項目		
早期発見・通報	関係者早期発見努力義務（法 5 条 1 項・2 項）	包括三職種全員が虐待に関し知識を有している	1-11	
		福祉関係者個々人が虐待の発見に努めている	2-3	
	虐待を受けたと思われる者、生命身体に重大な危険が生じている者の通報義務・努力義務（7 条 1 項・2 項）　国民の責務（4 条）	福祉関係者が発見後、早期に市区町村あるいは包括に通報している	2-3	
		管轄外の通報が速やかに担当区域の市区町村または包括に通報された、管轄外となったケースを速やかに担当区域の市区町村または包括に通報した	2-1　2-2	
		家族親族を含めた市民が発見し、速やかに通報している	2-6	
		近隣住民の通報や虐待対応上等の協力があった	2-6	
	委託包括から市区町村への報告義務（17 条 1）	市区町村あるいは包括が通報を受付けた	2-5	
		委託包括は市区町村に報告した	2-4	
	第三者による財産上の不当取引被害の委託包括から市区町村への報告義務（27 条）	第三者による虐待が疑われる通報を、市区町村あるいは包括が通報を受付けた	2-5	
		委託包括は、市区町村に報告した	2-4	
	通報者の保護（17 条 3）	通報者が誰かわからないように対応した		4 協議で情報漏えい対策として複数回答

II	サブ項目の根拠条文	サブ項目		
関係機関等との協議	高齢者虐待対応協力者との協議義務（9 条 1）	包括内部で通報内容を共有している	4-1	
		通報内容について、市区町村と包括が協議し、緊急性の判断と虐待の有無、今後の対応等について合議を得ている（管理職が参加してのコア会議の開催）	4-3　4-4	
		支援計画の作成・検討・決定	4-2	
		個別ケース会議を開催し、情報の共有を図り、今後について役割分担の明確化などを行っている	4-5	
		通報を受付けたケースを、市区町村と包括で終結の理由明確にし、合議を得て判断している	4-6	
	委託包括や関係機関の守秘義務と罰則（17 条 2）（29 条）	関係者から情報が漏れたことはない		4 協議で情報漏えい対策として複数回答

フレーム	No	質問内容
② 早期発見 通報	1	転入・転出時等の行政間の情報共有実施
	2	居住地と住所地が異なる場合の支障ない対応実施
	3	関係機関の発見後すぐ通報実施
	4	包括から市区町村への報告義務遂行
	5	通報の受付の実施
	6	近隣住民・親族など市民の協力

フレーム	No	質問内容
④ 協議決定	1	包括内部での情報共有
	2	支援計画の作成
	3	コア会議の実施
	4	コア会議に管理職が参加
	5	個別ケース会議の実施
	6	終結会議の実施
情報漏えい防止体制の取組みとして複数回答		

第4章　高齢者虐待の悪化を防止した取組みの探索的な分析──量的調査を中心に──

表 4-4-3-2　コーディングフレーム A から量的調査で用いる変数作成の経過（その3）

「③事実確認」「⑤行政権限行使・関与」

Ⅲ	サブ項目の根拠条文	サブ項目	
本人保護支援	高齢者の安全確認、事実確認義務（9条）	市区町村と包括が通報受付48時間以内に高齢者の安全を市区町村・包括職員が目視、事実確認した	3-1
	個人情報保護法の例外規定（7条3）	事実確認のため関係機関から情報を速やかに収集できた	3-2
		事実確認のため、庁内情報を速やかに収集できた	2-3
	住所地と居住地が異なる場合（厚生労働省マニュアル：69）	居住地と住所地が異なる場合、住所地からの情報収集が速やかに実施できた	3-6
		保護時、サービス導入時、本人の同意を得た	3-4
	適切な行政権限の行使（ショートステイ等一時保護、特養やむ措置、養護措置、養護受託者への委託、成年後見制度の首長申立て）（9条2）	本人の意思決定支援を行った	3-5
		市区町村は、やむを得ない事由による措置を速やかに実施した	5-1-3
		市区町村長による成年後見制度利用開始の審判の請求が速やかに実施できた	5-1-8
	居室の確保（10条）	優先入所等による保護がスムーズに実施できた	5-1-7
	立入調査、必要な調査、質問、身分証の携帯と提示（11条1項2項）	立入調査を速やかに実施した。入室拒否に備え、立入調査へ切替の準備できた	5-1-1
	警察署長への援助要請（12条）	警察署長への援助依頼が速やかに要請できた	5-1-2
	面会制限（13条）	法により面会を速やかに制限できた（できない場合は施設管理権による面会制限の依頼）	5-1-4 / 5-1-6
		面会制限の部分・全解除が検討されている	5-1-5
		面会制限が解除できた	5-1-5
	第三者による消費者被害への準ずる対応（27条）	第三者による消費者被害の相談を受け、消費生活関係部署・機関につなげた	5-1-9
	財産上の不当取引被害への成年後見制度首長申立て（27条2）	市区町村長による成年後見制度利用開始の審判の請求が速やかに実施できた。	5-1-8

196

Ⅳ　研究の方法

フレーム	No	質問内容
③ 事実確認	1	48時間以内の高齢者本人の安全確認
	2	関係機関からの情報収集の実施
	3	庁内情報の収集の実施
	4	高齢者本人の同意を得ている
	5	高齢者本人の意思決定を支援している
	6	居住地と住所地が異なる場合、住所地からの情報収集の実施

フレーム	No	質問内容
⑤ 行政権限 行使・関 与	1	立入調査を必要時実施
	2	必要時に警察署長への援助要請を実施
	3	やむを得ない事由による措置必要時実施
	4	面会制限を必要時実施
	5	面会制限と同時に解除の検討
	6	施設管理権による面会制限の依頼実施
	7	優先入所を必要時に依頼
	8	成年後見制度の首長申立必要時実施
	9	消費者被害相談のつなぎ

197

第 4 章　高齢者虐待の悪化を防止した取組みの探索的な分析──量的調査を中心に──

表 4-4-3-2　コーディングフレーム A から量的調査で用いる変数作成の経過（その 4）

「⑥養護者支援」「⑦評価・検証の実践」

IV		サブ項目の根拠条文	サブ項目	
養護者支援	高齢者の安全確認、事実確認義務（9条）適切な行政権限の行使（立入調査、一時保護、特養やむ措置、養護措置、養護受託者への委託、成年後見制度の首長申立て）（9条2）（11条1項・2項）		事実確認時、養護者についても理解を深めた	6-2-1
			権限行使時、養護者に対し、適切な説明と本人の安全、今後の生活、今後の支援等について伝えた	6-2-3
	面会制限（13条）		面会制限の権限行使時、会いたい場合にどうしたらよいか等の説明がなされた	6-2-2
	養護者への相談指導助言（6条）養護者に対する負担軽減のための相談指導助言必要な措置（14条1）		虐待対応中、養護者支援がスムーズに実施できた	6-2-4
			養護者支援チームにバトンタッチできた	6-2-5
			養護者からの訴訟リスクに検討した	6-2-6
			養護者の自殺リスクに検討した	6-2-7

V	サブ項目根拠条文	サブ項目	
評価・検証	モニタリング・評価（マニュアル）調査研究の実施（26条）	虐待対応のプランを作成し、評価を行った	7-2、プランは協議4-2へ
		本人・養護者に対し、定期的にモニタリングを実施した	7-1
		虐待ケースの進行状況を市区町村と包括で管理できている	7-3
		虐待対応終結後、振返り会議を行った	7-4
		厚生労働省調査に通報があった事例について報告している	1-10体制整備へ

フレーム	No	質問内容
⑥ 養護者支援	1	虐待対応中から養護者の状況把握実施
	2	面会制限時養護者へ説明を実施
	3	権限行使時養護者への今後の支援等説明
	4	虐待対応中からの養護者支援チーム結成
	5	終結時養護者支援チームへのつなぎ実施
	6	養護者からの訴訟リスク検討
	7	養護者の自殺リスク検討

フレーム	No	質問内容
⑦ 評価検証	1	支援計画に基づいたモニタリングの実施
	2	支援計画に基づいた評価の実施
	3	進行管理の実施
	4	死亡事例も含めた振返り会議の実施

第4章　高齢者虐待の悪化を防止した取組みの探索的な分析——量的調査を中心に——

表 4-4-3-3　量的調査における質問項目　自由記述および複数回答部分

	自由記述および複数回答部分	
①体制整備	1 異動・退職の影響を防ぐ具体的な体制整備（自由記述）	
	2 職員の身の安全の保証体制（複数回答）	1 二人体制で訪問 2 男性職員と訪問 3 その他
	3 高齢者虐待悪化防止に必要だと思われること（自由記述）	
②早期発見通報	1 関係機関からの通報理由（複数回答）	1 サービス導入試みたが拒否された 2 養護者や本人の行動変容促したが変化無し 3 キーパーソン不在 4 成年後見制度利用が必要と判断
④協議決定	1 終結理由（複数回答）	1 本人、養護者の死亡 2 施設等入所による分離 3 在宅サービス導入 4 養護者支援 5 成年後見制度などの利用開始 6 数カ月間虐待が確認されていない 7 その他
	2 虐待にかかる情報漏えい防止体制（複数回答）	1 誓約書などの文書による防止 2 会議などで口頭で注意喚起 3 保護先など漏れた場合保護先を移す対応 4 その他
⑥養護者支援	1 養護者が虐待対応が原因で死亡したと思われるケースがある	
	2 死亡した件数	1件 2件 3件
	3 死亡した事例で振返り会議実施 4 関係機関が養護者支援にかかわるとき、業務範囲外でどのようなかかわりがあるか（自由記述） 5 養護者支援に必要だと思われること（自由記述）	

200

を得ない事由による措置へ切替え実施」、「成年後見制度利用支援事業が条件なしで活用可能」、「成年後見制度申立手続等が家庭裁判所によって異なっていない」、「医療機関に行政権限で保護できずに困ったことがない」、行政の「管理職の判断が虐待対応を左右する」の5項目を追加した。

　そして、「⑥養護者支援」として、「関係機関が養護者支援にかかわるとき、業務範囲外でかかわりがある（自由記述）」、養護者が「死亡した事例（複数回答）」についての2項目と「養護者支援に必要と思われること（自由記述）」の合計3項目を追加した〔表4-4-3-2〕。

⑷　回答カテゴリー

　回答カテゴリーについては、以下に記した3パターンを用いた。理由としては、①法や制度上、回答者の立場によって、実施が義務規定のものと、努力義務規定のものが混在すること、②調査対象が市区町村の高齢者虐待対応主管課ではなく地域包括支援センター職員であるため、市区町村が最終決定権をもつ行政権限の行使についてなど業務上把握していない場合があるためである。

　3パターンの回答カテゴリーとは、表4-4-3-4に示すように、5件法、2件法、2件法+「わからない」である。

　5件法で回答を求めたのは、「②早期発見通報」のフレームの中の「通報」以外の項目、「④協議決定」、「関係機関が養護者支援にかかわるとき、業務範囲外でのかかわりがあるか」を除いた「⑥養護者支援」、「⑦評価・検証の実施」のフレームである。この四つのフレームは、虐待ケースによって実施している場合と実施していない場合が存在するため、割合で回答を求めた。5件法の回答カテゴリーは、ここ2年間に対応した虐待事例のうち、「全事案で実施」、「ほとんどの事案で実施」、「半分程度実施」、「ほとんどの事案で実施していない」、「まったく実施していない」の五つの回答方法とした。

　2件法の回答カテゴリーは、「②早期発見通報」のフレームの中の「通報」の項目、と「③事実確認」、「⑥養護者支援」の「関係機関が養護者支援にかかわるとき、業務範囲外でのかかわりがあるか」の三つのフレームである。

第4章 高齢者虐待の悪化を防止した取組みの探索的な分析──量的調査を中心に──

表 4-4-3-4　各フレームの回答方法（その1）

フレーム	No	項目内容	回答方法
① 体制整備	1	都道府県設置機関の活用	2件法＋わからない
	2	民間の機関の活用	2件法＋わからない
	3	高齢者虐待防止ネットワークの活用	2件法＋わからない
	4	包括管理職が虐待全事例を把握	2件法＋わからない
	5	高齢者虐待防止パンフレットの配布	2件法＋わからない
	6	厚生労働省、都道府県マニュアルの活用	2件法＋わからない
	7	市区町村でマニュアルを作成実施	2件法＋わからない
	8	庁内情報共有の体制整備実施	2件法＋わからない
	9	市区町村における調査研究実施	2件法＋わからない
	10	直営包括の厚生労働省調査への全ケース報告実施	2件法＋わからない
	11	包括三職種全員が研修受講	2件法＋わからない
	12	市民対象の虐待委防止研修実施	2件法＋わからない
	13	家族介護者対象の虐待防止研修実施	2件法＋わからない
	14	行政職員対象の虐待防止研修実施	2件法＋わからない
	15	医療保健福祉関係者対象の研修実施	2件法＋わからない
	16	包括の管理職が法人の管理職へ適宜報告している	2件法＋わからない
	17	異動・退職の影響を防ぐ体制整備	2件法＋わからない
	18	虐待対応中、怖い思いをしたことがある	2件法＋わからない
	19	包括の虐待対応記録の開示請求を受けたことがある	2件法＋わからない
② 早期発見 通報	1	転入・転出時等の行政間の情報共有実施	5件法
	2	居住地と住所地が異なる場合の支障ない対応実施	5件法
	3	関係機関の発見後すぐ通報実施	5件法
	4	包括から市区町村への報告義務遂行	2件法
	5	通報の受付の実施	2件法
	6	近隣住民・親族等市民の協力	2件法
	7	介護保険申請済サービス未利用者実態把握実施	5件法
	8	ケアマネ支援業務のみで虐待対応をしない	5件法
	9	サービス事業所発見時のケアマネをとおしての通報	2件法
③ 事実確認	1	48時間以内の高齢者本人の安全確認	2件法＋わからない
	2	関係機関からの情報収集の実施	2件法＋わからない
	3	庁内情報の収集の実施	2件法＋わからない
	4	高齢者本人の同意を得ている	2件法＋わからない
	5	高齢者本人の意思決定を支援している	2件法＋わからない
	6	居住地と住所地が異なる場合、住所地からの情報収集の実施	2件法＋わからない

IV　研究の方法

表 4-4-3-4　各フレームの回答方法（その 2 ）

フレーム	No	項目内容	回答方法
④ 協議決定	1	包括内部での情報共有	5 件法
	2	支援計画の作成	5 件法
	3	コア会議の実施	5 件法
	4	コア会議に管理職が参加	5 件法
	5	個別ケース会議の実施	5 件法
	6	終結会議の実施	5 件法
⑤ 行政権限 行使	1	立入調査を必要時実施	2 件法＋わからない
	2	必要時に警察署長への援助要請を実施	2 件法＋わからない
	3	やむを得ない事由による措置必要時実施	2 件法＋わからない
	4	面会制限を必要時実施	2 件法＋わからない
	5	面会制限時に同時に解除の検討	2 件法＋わからない
	6	施設管理権による面会制限の依頼実施	2 件法＋わからない
	7	優先入所を必要時に依頼	2 件法＋わからない
	8	成年後見制度の首長申立必要時実施	2 件法＋わからない
	9	消費者被害相談のつなぎ	2 件法＋わからない
	10	必要時契約入所をやむ措置へ切替え実施	2 件法＋わからない
	11	成年後見制度利用支援事業の条件設定なしで活用可能	2 件法＋わからない
	12	成年後見制度申立手続が家庭裁判所によって異なっていない	2 件法＋わからない
	13	医療機関に行政権限で保護できず困ったことがない	2 件法＋わからない
	14	管理職の判断が虐待対応を左右している	2 件法＋わからない
⑥ 養護者 支援	1	虐待対応中から養護者の状況把握実施	5 件法
	2	面会制限時養護者へ説明を実施	5 件法
	3	権限行使時養護者への今後の支援等説明	5 件法
	4	虐待対応中からの養護者支援チーム結成	5 件法
	5	終結時養護者支援チームへのつなぎ実施	5 件法
	6	養護者からの訴訟リスク検討	5 件法
	7	養護者の自殺リスク検討	5 件法
	8	関係機関が養護者支援にかかわるとき、業務範囲外でのかかわりがあるか	2 件法
⑦ 評価 検証	1	支援計画に基づいたモニタリングの実施	5 件法
	2	支援計画に基づいた評価の実施	5 件法
	3	進行管理の実施	5 件法
	4	死亡事例も含めた振返り会議の実施	5 件法

　高齢者虐待防止法では、「通報」を受付けることと、「③事実確認」の実施に関しては、義務規定であり、実施しているか実施していないかの二者択一の性質である。そのため、「当てはまる」「当てはまらない」の 2 件法とした。

203

「⑥養護者支援」の「関係機関が養護者支援にかかわるとき、業務範囲外でのかかわりがあるか」に関しては、質的研究から抽出された関係機関の業務範囲外でのかかわりの内容を全国的にもかかわりがあるかどうかを確認するため2件法とし、あると答えた場合に自由記述でその内容を記載することを求めた。そして、自由記述の内容から質的研究でみられた関係機関のかかわりが全国的にもみられるかどうかを確かめた。

2件法＋「わからない」で回答を求めたのは、「①体制整備」と「⑤行政権限行使・関与」のフレームである。この二つのフレームは、市区町村が決定権をもつため、市区町村しかかかわっていない、あるいは基幹型地域包括支援センターが行政権限に関しては行政とともにかかわるため、基幹型以外の委託型地域包括支援センターは把握できる立場にない場合がある。よって、「わからない」を加えた2件法とした。

(5) その他の分析に用いた変数

上述の高齢者虐待防止の対応状況に関する変数は、法とマニュアルから導き出した枠組みから選出した53の変数と、質的調査の結果を参考に作成した13の変数以外に、先行研究より、地域包括支援センターにおける虐待対応に関連する要因として、前述の先行研究結果を踏まえて以下の変数を用いた。

地域包括支援センターがおかれている体制の影響が考えられるため、地域包括支援センターの設置形態として「委託型地域包括支援センター」（社会福祉協議会、社団法人・財団法人、社会福祉法人、医療法人、株式会社、その他）を1、「直営型地域包括支援センター」を0とした変数、運営体制として「職員配置人数」、地域区分として、「市部」、「区部」、「町村部」の三つのカテゴリーで把握した。また、職員個人の属性が業務の実施に関連することが考えられることから、個人因子である「経験年数」、職種として「社会福祉士」、「主任ケアマネジャー」、「保健師」の三つのカテゴリーの変数、性別、過去2年間で扱った「虐待事例の件数」を用いた。

4 倫理的配慮

本量的調査は、2014年7月にルーテル学院大学研究倫理委員会の審査により承認を得て実施した（承認番号14—24）。文書にて調査対象者に研究の趣旨および目的、実施内容等を説明し、匿名の返送とした。調査票には個人の特定が可能な情報は含めず、データは情報が外部に漏えいしないよう厳重に保管した。研究結果は、統計的手法を用いて分析し、地域なども特定されない形で公表することとした。

第 4 章　高齢者虐待の悪化を防止した取組みの探索的な分析——量的調査を中心に——

Ｖ　結　果

　「高齢者虐待の対応状況の分析（第一分析）」と「市区町村マニュアル策定の有無と高齢者虐待防止状況との関連（第二分析）」の結果を示す前に、まず、本調査結果を、国の調査機関による調査結果がある場合はそれと比較し、本調査回答機関の傾向をとらえながら述べることとする。

1　基本属性

(1)　地域包括支援センターの直営型・委託型の別と委託先

　本量的調査の回答者である地域包括支援センターとしては、表 4-5-1-1 に示すように、直営型地域包括支援センターが24.0％（110カ所）、委託型地域包括支援センターが76.0％（349カ所）であった。

　全国の4484カ所の地域包括支援センターの直営型地域包括支援センター・委託型地域包括支援センターの設置主体の割合は、三菱総合研究所（2014）の調査結果と比較すると、地域包括支援センターの状況として、平成25年 9 月現在、直営型地域包括支援センターが28.2％（1265カ所）、委託型地域包括支援センターは、71.7％（3213カ所）で、本調査とほぼ同傾向となっている。

表 4-5-1-1　本量的調査と全国地域包括支援センターの直営型と委託型の割合比較

包括の体制	本量的調査 n＝459	全国の包括 三菱総合研究（2014） n＝4,484
直営型包括	24.0％	28.3％
委託型包括	76.0％	71.7％
無　回　答	0％	0％
合　　　計	100.0％	100.0％

206

表4-5-1-2　本量的調査と全国の地域包括支援センターの委託先の比較

包括の委託先	本量的調査 n＝348	全国の包括 三菱総合研究(2014) n＝3,213
委託先　社会福祉法人	56.3%	54.1%
委託先　社会福祉協議会	18.7%	18.9%
委託先　医　療　法　人	17.2%	17.1%
そ　　の　　他	7.8%	9.9%
合　　　　計	100.0%	100.0%

　委託先は、表4-5-1-2に示すように、本量的調査結果では、社会福祉法人が56.3%、社会福祉協議会が18.7%、医療法人が17.2%であった。

　三菱総合研究所（2014）の調査結果では、社会福祉法人が54.1%、社会福祉協議会が18.9%、医療法人が17.1%であった。全国の地域包括支援センターの委託先と比較すると、ほぼ同傾向にある。

⑵　**職員配置人数と採用職種**

　ひとつの地域包括支援センターに配置されている職員は、表4-5-1-3に示すように、常勤換算で平均5.91人であった。最大値36、最小値1、平均値は5.91、SD4.26であった。三菱総合研究所（2014）の調査結果では、平均6.2人となっており、ほぼ同傾向にある。

　本量的調査結果の回答者の採用職種は、社会福祉士が78.5%（344人）、主任ケアマネジャーが10.7%（49人）、保健師・看護師が6.3%（29人）、その他3.5%（16人）であった。三菱総合研究所（2014）の調査結果では、表4-5-1-4のように、社会福祉士の割合は35.7%であり、本調査結果のほうが42.7ポイント上回っている。

　地域包括支援センター内で高齢者虐待対応は、主に社会福祉士が担っていることが考えられ、本量的調査は虐待対応を主に対応している社会福祉士のほうに多く回答いただいたといえる。

第4章　高齢者虐待の悪化を防止した取組みの探索的な分析——量的調査を中心に——

表4-5-1-3　本量的調査と全国の地域包括支援センターの職員配置平均値の比較

包括の体制	本量的調査 n＝445	全国の包括 三菱総合研究（2014） n＝27,854
職員配置人数 （常勤換算）	平均5.91人	平均6.2人

表4-5-1-4　本量的調査と全国の地域包括支援センターの職種の比較

職　　種	本量的調査 n＝438	全国の包括 三菱総合研究所（2014） n＝27,854
社　会　福　祉　士	78.5%	35.8%
主任介護支援専門員	10.7%	27.4%
保　健　師・看　護　師	6.3%	36.8%
そ　　の　　他	3.5%	0%
合　　　　　計	100.0%	100.0%

⑶　経験年数

　地域包括支援センター職員としての経験年数としては、最小値1年未満、最大値20年と幅広く、平均値は4.7年、SD（標準偏差）は2.89であった。

　三菱総合研究所（2014）の調査結果との比較では、表4-5-1-5に示すように、本調査における回答者の者が、経験5年以上の者において、17.2ポイント上回った。本量的調査結果は高齢者虐待対応を主に担当しているベテランの者に回答をいただけたといえる。

　なお、地域包括支援センターは2005年の介護保険の改正で制定されているため、最大値20年であることは矛盾するが、在宅介護支援センターや相談援助職としての経験年数を含めての回答であった可能性がある。在宅の高齢者にかかわる相談援助職としての経験年数ととらえ、回答された数値のまま変数として扱うことにした。

208

表 4-5-1-5　本量的調査と全国の地域包括支援センター職員の経験年数の比較

包括の体制	本量的調査 n＝458	全国の包括 三菱総合研究(2014) n＝27,576
経験年数 1 年未満	13.3%	20.7%
経験年数 1 年以上 3 年未満	16.8%	26.7%
経験年数 3 年以上 5 年未満	20.1%	20.0%
経験年数 5 年以上	49.8%	32.6%
合　　　　　計	100.0%	100.0%

⑷　**虐待対応件数**

　本量的調査において、この 2 年間に扱った虐待が疑われる事例の担当件数は、合計2930件あり、一人あたり扱った件数としては、最小値 1 件～最大値100件と幅広い。平均値は8.52件、SD は9.58であった。

　この件数の幅は、管理職の者は組織全体として担当している件数を回答し、いち職員としては自分が担当した件数を記載したことにより幅が出たと考えられる。よって、変数として扱う場合には、注意が必要である。

⑸　**地域包括支援センターが所在する地域の傾向**

　本量的調査の回答者は、表 4-5-1-6 のように、市部の者が51.2%（235件）、区部の者が10.9%（50件）、町村部の者が15.9%（73件）であった。このデータと比較する全国調査結果はないが、市部の者に多く回答いただいた。

　表 4-5-1-7 に示すように、回答者の所属する直営型・委託型地域包括支援センターの所在する地域の傾向として市部・区部は委託型地域包括支援センターの割合が多いが、町村部に関しては、直営型地域包括支援センターが多く、市部・区部と町村部では、体制が異なることがわかる。

⑹　**性　　別**

　本量的調査の回答者の性別割は、表 4-5-1-8のように、男性が32.9%（151人）、女性が46.8%（215人）であった。女性に多く回答いただいた結果となった。

第 4 章　高齢者虐待の悪化を防止した取組みの探索的な分析——量的調査を中心に——

表 4-5-1-6　本量的調査における市部・区部・町村部の割合

所在地	割合 n＝459
市　　部	51.2%
区　　部	10.9%
町村部	15.9%
無回答	22.0%
合　　計	100.0%

表 4-5-1-7　市部・区部・町村部における直営型・委託型地域包括支援センターの割合

件数	直営型 n＝91	委託型 n＝235	合　　計	N
市　　部	22.1%	77.9%	100.00%	214
区　　部	4.0%	96.0%	100.00%	46
町村部	63.0%	37.0%	100.00%	66

表 4-5-1-8　本量的調査の回答者における性別の割合

性別	件数 n＝459
男　　性	32.9%
女　　性	46.8%
無回答	20.3%
合　　計	100.0%

　以上により、本量的調査における回答者の基本属性としては、全国の地域包括支援センター設置主体や委託の状況にかたよりはなく、主に権利擁護を担当している社会福祉士で、5 年以上の経験をもつベテランから多く回答をいただいた傾向がみえた。

　よって、全国の高齢者虐待防止の実情を把握し普遍化を図るに有効なデータといえよう。

210

2 高齢者虐待防止法に基づいた公的マニュアルの遵守状況の結果と特徴

次に、「高齢者虐待の対応状況の分析（第一分析）」の結果を記す。高齢者虐待防止法に基づいたマニュアルから導き出した七つのフレームの遵守状況の結果と特徴は以下のとおりである。

(1) 早期発見・通報の実施

(A) 早期発見・通報実施の遵守状況

早期発見・通報について、表4-5-2-1-A、表4-5-2-1-Bに示すように、比較的遵守状況が高かった項目は、①地域包括支援センターと市区町村が、通報を90％の割合で受け付けていること、②委託型地域包括支援センターは市区町村への報告を91％の割合で義務を果たしていること、③近隣住民の協力が83.9％あること、④ケアマネジャーをとおしての通報が85.8％と多いことであった。

高齢者虐待防止法とマニュアルの遵守状況が比較的低かった変数は、「全部実施」と「ほとんど実施」の割合をあわせた数値でみると、介護保険申請済であるが、サービスを利用していない高齢者への実態把握実施が33.1％（15.4％＋17.7％）、転入・転出時の情報共有が59.3％（38.5％＋20.8％）、居

表4-5-2-1-A　早期発見・通報の単純集計結果（5件法部分　単位％）

5件法	質問内容	全部実施	ほとんど実施	半分実施	ほとんど未実施	全部未実施	％	N
早期発見通報	1 転入・転出時の行政間の情報共有実施	38.5	20.8	9.9	12.3	18.4	100	423
	2 居住地と住所地が異なる場合の支障ない対応実施	27.1	28.0	13.9	11.0	20.0	100	410
	3 関係機関の発見後すぐ通報実施	22.3	45.1	20.7	7.3	4.7	100	426
	7 介護保険申請済サービス未利用者実態把握実施	15.4	17.7	23.3	30.0	13.6	100	447
	8 ケアマネ支援業務のみで虐待対応をしない	47.7	24.6	16.3	6.1	5.4	100	411

第4章　高齢者虐待の悪化を防止した取組みの探索的な分析──量的調査を中心に──

表4-5-2-1-B　早期発見・通報の単純集計結果（2件法部分　単位%）

2件法	質問内容	当てはまる	当てはまらない	%	N
早期発見通報	4 包括から市区町村への報告義務遂行	91.0	9.0	100	457
	5 通報の受付の実施	90.0	10.0	100	452
	6 近隣住民の協力	83.9	16.1	100	454
	9 サービス事業所発見時のケアマネをとおしての通報	85.8	14.2	100	451

住地・所在地が異なる場合の対応が55.1%（27.1%＋28.0%）であった。

　介護保険を申請した高齢者でサービスを利用していない者への実態把握の実施割合が、全部実施（15.4%）とほとんど実施（17.7%）をあわせても33.1%と低い状態であり、高齢者虐待の芽を発見するチャンスとして活かされていない可能性がある。また、住所地・居住地が異なった場合の対応や転入転出の情報共有の実施が全部実施（38.5%）とほとんど実施（20.8%）をあわせても59.3%であることは、行政の縦割り体制の影響が考えられる。

　⒝　相談通報の報告体制の特徴

　高齢者虐待の早期発見・通報体制に関しては、①通報義務が課せられている関係者・関係機関が、虐待（疑い）に気づいたらすぐに通報が実施されている、②市区町村や地域包括支援センターが、虐待（疑い）事例として受け付けている、③地域包括支援センターが権利擁護業務で実施されている（権利擁護業務以外の業務（ケアマネジャー支援など）で虐待対応を実施しない）、④行政（直営型地域包括支援センター）から厚生労働省へ全虐待事例を報告している点を質問項目にした。

　その結果、高齢者虐待防止7条に通報義務が課せられている関係機関からすぐに通報されたかについては、既述の①早期発見・通報実施の遵守状況に示した表4-5-2-1-Aの3番目として記載している「関係機関が発見後すぐ通報」をみると、半分程度実施が20.7%、ほとんど未実施7.3%、全部未実

施4.7%をあわせて32.7%が、虐待が疑われる状況を発見してもすぐには通報していない結果となった。

通報した理由としては、表4-5-2-2に示すように、虐待事象に対し、関係機関や家族等が介入した結果、虐待の事象が解消しなかったため通報していたと考えられる理由が多く選択されていた。介入の方法としては、最も多かった順に「養護者や本人の行動変容を促したが変化無」が313件、「サービス導入を試みたが拒否された」が277件、「成年後見制度の利用が必要と判断」が233件、「キーパーソン不在」が205件、「その他」が64件であった。

「その他」64件の内容としては、表4-5-2-3に示すように、「関係者自身が虐待だと判断した」、「本人の訴えのみで痣などがなく虐待と判断できなかった」、「措置による保護等行政権限行使が必要と判断した」などの記述にみるように、本来、虐待の有無の判断や行政権限の行使の判断は行政と地域包括支援センターが協議によって実施することと高齢者虐待防止法やアニュアルに規定されているが、通報前に、関係者自身が、虐待の有無の判断や、行政権限の行使の必要性の有無を判断していることがわかった。

このことから、虐待が疑われる事象を関係機関が認識し、認識した後にすぐに行政や地域包括支援センターに通報するのではなく、まず、自分の機関で解決しようと試みていることと、関係機関がかかわった時点で不適切な状況を発見できていることもわかった。また、サービス事業所の職員が発見しても「ケアマネジャーをとおしての通報」となっているが、既述の①早期発見・通報実施の遵守状況で示した表4-5-2-1-Bの9番目として記載してい

表4-5-2-2　関係機関からの通報理由

早期発見通報	項目内容	
関係機関からの通報理由（複数回答）	1 サービス導入試みたが拒否された	277
	2 養護者や本人の行動変容を促したが変化無し	313
	3 キーパーソン不在	205
	4 成年後見制度の利用が必要と判断	233
	5 その他	64

213

第4章　高齢者虐待の悪化を防止した取組みの探索的な分析——量的調査を中心に——

表4-5-2-3　関係機関からの通報理由について「その他」まとめ

地域包括支援センターへの相談・通報理由について	
1　関係者自身が虐待だと判断した	43
2　本人の訴えのみで痣がない等虐待と判断できなかった	5
3　サービス事業所から痣などがあったと連絡があった	4
4　虐待への介入方法への助言	3
5　関係者が必要と判断するサービスの拒否があった	3
6　虐待対応中で地域包括支援センターも入ることで役割分担を希望	2
7　発見者が精神障害等の他機関と連携が必要だと思ったから	2
8　措置による保護等行政権限の行使が必要と判断した	1
9　ケアマネジャーに報告したが動かなかった	1
合　　計	64

る「サービス事業所発見時のケアマネをとおしての通報」をみると、「当てはまる」が85.8%であることから、介護保険システムの影響があり発見から通報までタイムラグも発生している可能性がある。

　その他、市区町村や地域包括支援センターが、虐待（疑い）事例として受け付けているかについては、10.0%が「当てはまらない」と回答し（表4-5-2-1-B）、地域包括支援センターが権利擁護業務以外の業務（ケアマネジャー支援など）で虐待（疑い）事例を対応していないかについて、「ケアマネジャー支援業務のみで対応」の「全実施」が5.4%（表4-5-2-1-A）、行政（直営型地域包括支援センター）から厚生労働省へすべての虐待事例が報告されているかについて、10.3%が「当てはまらない」（表4-5-2-17）と回答していた。

　まとめとして、早期発見・通報体制の現状を時系列に述べると、①介護保険申請者でサービス未利用者への実態把握が積極的に行われておらず、早期発見のチャンスが活かされていない、②関係者・関係機関が、不適切な状況を発見しても、虐待への介入を実施し、介入拒否や虐待が改善しないことがわかるまで通報がなされていない、③介護サービス事業所などが直接発見し

ても居宅介護支援事業所のケアマネジャーをとおして通報され、発見から通報までタイムラグが発生している、④ケアマネジャーなどの関係機関が、地域包括支援センターや市区町村に通報しても受け付けられないことがある、⑤虐待が疑われるとして受け付けられたとしても、権利擁護業務以外で対応され、件数としてカウントされていない、⑥委託型地域包括支援センターから市区町村へすべての事例が報告されておらず、⑦直営型地域包括支援センターから厚生労働省の調査にすべての事例が報告されていないことが明らかとなった。

⑵　協議による決定の実施

協議の実施について表 4-5-2-4 に示すように、比較的遵守状況が高かった変数は、①地域包括支援センターの内部での共有の実施、②コア会議の実施、③個別ケース会議の実施、④会議のときに情報漏えいがないよう口頭での注意を喚起している、の 4 点であった。

コア会議の実施と管理職の参加は、厚生労働省マニュアルにおいて必須となっているが、コア会議の「全部実施」42.7％と「ほとんど実施」17.1％をあわせ70.9％であった。管理職の参加は、「全部実施」とほとんど実施をあわせても48.2％の実施率となった。

高齢者虐待防止法とマニュアルの遵守状況が比較的低かった変数は、支援計画の作成について、「全部実施」が24.3％、「ほとんど実施」19.2％をあわせても43.5％、会議において終結の判断を実施について、「全部実施」が

表 4-5-2-4　協議の単純集計結果（単位％、　5 件法）

	項目内容	全部実施	ほとんど実施	半分実施	ほとんど未実施	全部未実施	%	N
	1 包括内部での情報共有	78.1	17.1	3.1	0.9	0.9	100	457
	2 コア会議の実施	42.7	28.2	15.2	9.5	4.4	100	454
協議	3 コア会議に管理職が参加	29.8	18.4	10.9	20.9	20.0	100	450
	4 支援計画の作成	24.3	19.2	16.0	24.7	15.8	100	449
	5 個別ケース会議の実施	34.0	34.4	23.2	6.6	1.8	100	456
	6 会議で終結の判断を実施	35.4	15.8	14.5	22.9	11.4	100	449

35.4％、「ほとんど実施」をあわせても51.2％であった。

　虐待の終結理由としては、表4-5-2-5に示すように、「本人・養護者の死亡」が約20％（289件）、「施設等入所による分離」が約26.6％（386件）、「在宅サービス導入」が約15.3％（222件）、一度は虐待が疑われる状況だったが、その後「数カ月間虐待が確認されていない」ことをもって終結としているのが約13.6％（198件）の結果となった。表4-5-2-6の終結理由の自由記述からは、本人・養護者の転居、入院、養護者の逮捕などがあげられ、まだ終結の日を迎えられずにいる記述もあった。

　情報漏えい防止体制については、表4-5-2-7に示すように、「保護先など

表4-5-2-5　終結理由の複数回答の結果

協　　議	項目内容	N
終結理由 （複数回答）	1　本人、養護者の死亡	289
	2　施設等入所による分離	386
	3　在宅サービス導入	222
	4　養護者支援	157
	5　成年後見制度などの利用開始	176
	6　数カ月間虐待が確認されていない	198
	7　その他	25

表4-5-2-6　終結理由その他

終結理由　その他	
転居	7
入院・医療サービス導入	4
経済的分離	1
虐待がなくなった	3
疑いだけだった	2
終結していない	2
事例がない	1
困難事例として対応	1
逮捕	1

の情報が漏れた場合に他の保護先へ高齢者本人を移す対応実施」が9.7%程度実施されており、情報漏えいは実際に起こっていた。情報漏えい防止への取組みの自由記述からは、「住基支援措置（住民基本台帳事務における配偶者等からの暴力等支援措置：市区町村が、虐待等の加害者から被害者の住民票の写しの交付等の請求・申出があっても制限する措置を講ずること）の活用」や「措置先は市だけで把握等情報を制限」、「2カ所程度入所先を替える」など、漏えい後の対応とともに予防の取組みもみられた（表4-5-2-8参照）。

⑶　**事実確認の実施**

　事実確認の実施は、表4-5-2-9に示すとおり、すべての変数が高い割合で実施されていた。虐待の事実を確認するために、48時間以内に高齢者本人の安全を確認し、本人の意思を含め、あらゆる機関からの情報収集が実施されている結果となった。

　しかし、48時間以内の高齢者本人の安全確認を実施している割合が実施し

表 4-5-2-7　情報漏えい防止体制の複数回答の結果

協　　議	項目内容	N
情報漏えい 防止体制 （複数回答）	1　誓約書などの文書による防止	37
	2　会議などで、口頭で注意喚起	367
	3　保護先などが漏れた場合保護先を移す対応実施	45
	4　その他	16

表 4-5-2-8　情報漏えい防止体制　その他

情報漏えい防止体制　その他	
住基支援措置の活用	4
資料の回収	2
2カ所程度入所先を替える	1
措置先は市だけで把握等情報を制限	1
別室で会議を実施	1
関係者等へ学習会や啓発を実施	1
FAXで送信しない	1
体制がない	2

217

第 4 章　高齢者虐待の悪化を防止した取組みの探索的な分析——量的調査を中心に——

表 4-5-2-9　事実確認の実施（単位 %）

	項目内容	当てはまる	当てはまらない	%	N
事実確認	1　48時間以内の高齢者本人の安全確認	87.9	12.1	100.0	420
	2　関係機関からの情報収集の実施	99.6	0.4	100.0	453
	3　庁内情報の収集の実施	97.3	2.7	100.0	447
	4　高齢者本人の同意を得ている	96.8	3.2	100.0	380
	5　高齢者本人の意思決定を支援している	98.5	1.5	100.0	397
	6　居住地と住所地が異なる場合、住所地からの情報収集実施	82.5	17.5	100.0	268

注 1)　N =「わからない」と無回答を除いた数となっている

ていないと回答した地域包括支援センターが12.1％あり、本人の安全確認の実施をしていない、あるいはできない状況が存在する結果となった。

(4)　行政権限の行使・関与

責任主体である市区町村の権限行使に関しては、表 4-5-2-10 に示すように、高齢者虐待防止法とマニュアルから導き出した全変数において高い遵守率であった。しかし、「当てはまらない」と回答した地域包括支援センターもあり、必要時に行政権限行使を実施できない体制にある地域もあることがわかった。

質的調査結果から抽出した変数では、表 4-5-2-11 に示すように、「医療機関への保護ができずに困った」と回答した割合が44.8％となっており、高齢者を保護する場合に、医療機関への保護に困難性を抱えている地域が44.8％あった。

(5)　養護者支援の実施体制

(A)　養護者支援実施の体制状況

養護者支援の実施について、表 4-5-2-12 に示すとおり「全部実施」と

218

Ⅴ　結　果

表 4-5-2-10　行政権限行使・関与（法とマニュアルから抽出した項目、単位％）

	項目内容	当てはまる	当てはまらない	％	N
行政権限行使	1 立入調査を必要時実施	83.0	17.0	100	305
	2 必要時に警察署長への援助要請を実施	86.8	13.2	100	302
	3 やむを得ない事由による措置必要時実施	82.9	17.1	100	380
	4 面会制限を必要時実施	93.2	6.8	100	325
	5 面会制限時に同時に解除の検討	85.7	14.3	100	259
	6 施設管理権による面会制限の依頼実施	88.3	11.7	100	256
	7 優先入所を必要時に依頼	91.4	8.6	100	350
	8 成年後見制度の首長申立必要時実施	83.9	16.1	100	378
	9 消費者被害相談のつなぎ	96.9	3.1	100	416

注1）　N＝「わからない」と無回答を除いた数となっている

表 4-5-2-11　行政権限行使の単純集計結果（質的調査から抽出した項目）

	項目内容	当てはまる	当てはまらない	％	N
行政権限行使	10 必要時契約入所をやむ措置へ切替え実施	63.2	36.8	100	250
	11 成年後見制度利用支援事業の条件設定なしで活用可能	61.4	38.6	100	337
	12 成年後見制度申立手続が家庭裁判所によって異なっていない	76.0	24.0	100	104
	13 医療機関に行政権限で保護できず困ったことがない	55.2	44.8	100	250
	14 管理職の判断が虐待対応を左右している	51.5	48.5	100	291

注1）　N＝「わからない」と無回答を除いた数となっている

219

第4章　高齢者虐待の悪化を防止した取組みの探索的な分析——量的調査を中心に——

表 4-5-2-12　養護者支援の結果（法とマニュアルから抽出した項目、単位％）

	項目内容	全部実施	ほとんど実施	半分実施	ほとんど未実施	全部未実施	%	N
養護者支援	1 虐待対応中から養護者の状況把握実施	40.0	45.3	11.5	2.2	1.1	100	453
	2 面会制限時養護者へ説明を実施	30.1	28.1	13.4	13.2	15.2	100	402
	3 権限行使時養護者への今後の支援等説明	37.7	31.7	13.4	8.1	9.1	100	419
	4 虐待対応中からの養護者支援チーム結成	13.7	18.0	21.8	28.5	18.0	100	445
	5 終結時養護者支援チームへのつなぎ実施	7.7	13.0	19.0	28.8	31.6	100	431
	6 養護者からの訴訟リスク検討	8.0	10.3	13.8	29.8	38.1	100	436
	7 養護者の自殺リスク検討	5.6	9.3	13.2	32.5	39.4	100	431

「ほとんど実施」をあわせた割合をみると、「虐待対応中から養護者の状況把握実施」が85.3％（40％＋45.3％）、行政による権限行使時に、「養護者に対する今後の支援等説明」の実施は69.4％（37.7％＋31.7％）と、比較的高い割合で遵守されていた。

　また、養護者からの「訴訟リスク検討」が18.3％（8.0＋10.3）、「養護者の自殺リスク検討」が14.9％（5.6＋9.3）と、地域包括支援センターで訴訟や自殺リスクが検討されているところもあることがわかった。

　質的調査から抽出した変数では、表4-5-2-13に示すように、虐待対応が原因で養護者が死亡したと判断される事例が11件あった。11件のうち振返り会議を実施した事例は5件であった。

　地域包括支援センターの職員が考えている養護者支援に必要な体制には、表4-5-2-14の自由記述に示すように、被虐待者と養護者の担当者を分け、被虐待者とは別チームを設けることが必要で、被虐待者支援を終了しても継続して支援できる継続性が必要であるとする意見がみられた。

　また、連携の基礎となるスムーズな情報の共有、かかわるメンバーの選定や会議開催・進歩状況の確認が必要との意見もあった。

　養護者支援を担当する部署の必要性もあげられている。養護者支援チーム

220

表4-5-2-13　養護者支援の結果（質的調査から抽出した項目、単位　件）

	内　　容		ある	ない	N
養護者支援	1　養護者が虐待対応が原因で死亡したと思われるケースがある		11	439	450
	2　養護者が死亡した件数	1件　9			
		2件　1			
		3件　1			
	3　死亡した事例で振返り会議実施した		5		
	4　関係機関が養護者支援にかかわるとき、業務範囲外でのかかわりがあるか。どのようなかかわりか？（自由記述）		78 392	339	417
	5　養護者支援に必要だと思われること（自由記述）		257		

メンバーに必要な専門職や関係機関は、カウンセラー、警察、保健所、医療機関、発達障害支援関係機関、障害担当機関、生活保護や児童福祉担当所管、レスパイト等サービス提供機関、成年後見制度関係所管、家族・親族、近隣・地域住民があげられている。これらの関係機関には、特に見守り体制構築、アウトリーチ機能が必要で、養護者の居場所づくりが必要との記載もあった。未然防止対策として、虐待についての国民の意識向上のため高齢者虐待防止法の周知や啓発も必要であり、虐待防止教育の必要性もあげられた。

　虐待対応にかかわる者に必要な知識は、医学・精神・心理・ソーシャルワーク・社会資源・法律・高齢者虐待対応等であり、虐待対応の初動が特に重要で、スピード感ある対応と事例から学ぶ検証作業が必要であることがあげられていた。

　介護を担う家族に必要なことは、自身のストレスコントロールや介護や病気などの知識向上、被虐待者である高齢者本人との距離感をもつことが大事であるとの意見があった。

　(B)　養護者支援チームの結成と関係機関の協力

　虐待対応中から、養護者支援チーム結成がなされているかについては、

第4章　高齢者虐待の悪化を防止した取組みの探索的な分析──量的調査を中心に──

表4-5-2-14　**養護者支援に必要だと思われることの自由記述まとめ（単位　件）**

	養護者支援に必要だと思われること	
1	チームでの対応が必要	60
2	虐待行為への理解と生活をともに考える	40
3	経済的支援	30
4	養護者支援の法律、担当機関が必要	21
5	就労支援	21
6	精神的支援・カウンセリング	18
7	レスパイト等	18
8	支援者のスキルアップ	16
9	受診支援	8
10	情報提供共有	6
11	居場所づくり	6
12	権限行使、事実認定	4
13	国民の意識の向上	3
14	見守り	3
15	家族親族近隣の協力	3
16	認知症へ理解	2
17	情報の開示	2
18	債務整理	2
19	被虐待者との距離感	1
20	成年後見制度の費用、手続の簡素化	1
21	警察とのかかわり	1
22	教育	1
	合　計	267

「全部実施」13.7％と「ほとんど実施」18.0％をあわせても31.7％であった。また、「終結時養護者支援チームへのつなぎを実施」しているのは、「全部実施」7.7％と「ほとんど実施」13.0％の回答率をあわせても20.7％と低く、養護者の支援チーム体制を組むことは、容易ではないことがうかがえる。

　そして、関係機関が、虐待対応において業務範囲内外でどのような対応を実施しているかについて、表4-5-2-15の自由記述のまとめに示すように、緊急時の連絡や見守り、声かけ、話し相手、受診支援、家の片づけ、ゴミ捨

222

表 4-5-2-15　業務範囲外でのかかわり（自由記述　単位　件）

	関係機関へ養護者支援を実施するとき、業務範囲外でどのようなことをお願いしているか	
1	見守り、緊急時の連絡	36
2	声かけ	7
3	話し相手	7
4	金銭管理	6
5	医療機関への受診支援	5
6	警察の巡回による見守り	4
7	サービス利用のすすめ	3
8	家の片づけ	3
9	各種手続	2
10	ゴミ捨て	2
11	身元保証	2
12	無償で診察、サービス提供	2
13	ケアマネジャーへ報酬が発生しなくともかかわりを依頼	2
14	入院時の身の回りの品持参	1
15	鍵の預り	1
16	夜間の緊急時の対応	1
17	食事の提供	1
	合　計	85

て、鍵の預り、夜間の緊急時の対応などさまざまであった。

　虐待対応における養護者支援においては、関係機関の業務範囲内外の協力を得て対応していた。高齢者虐待防止法上、被虐待者である高齢者本人の支援とあわせ同じ担当部署にて養護者支援も実施することとなっており、高齢者虐待対応主管課や地域包括支援センター以外に養護者支援を担当する部署が存在するわけではない。地域包括支援センターは、高齢者本人や養護者への支援のために必要な社会資源をタイムリーに既存の社会資源から、可能な範囲で臨時的に引き出していることが考えられる。

(6)　評価・検証の実施

　評価・検証の実施について、表 4-5-2-16 に示すように、遵守率が高かっ

第4章　高齢者虐待の悪化を防止した取組みの探索的な分析——量的調査を中心に——

表 4-5-2-16　評価・検証の実施（単位％）

	項目内容	全部実施	ほとんど実施	半分実施	ほとんど未実施	全部未実施	%	N
項目内容	1 支援計画に基づいたモニタリングの実施	22.1	18.6	17.0	26.2	16.1	100	447
	2 支援計画に基づいた評価の実施	21.5	17.3	17.0	28.0	16.1	100	446
	3 進行管理の実施	45.8	29.3	12.7	7.1	5.1	100	450
	4 死亡事例も含めた振返り会議の実施	13.5	11.5	19.4	33.6	22.1	100	453

たのは、進行管理のみで、他の変数であるモニタリングの実施は「全部実施」22.1％と「ほとんど実施」18.6％をあわせても40.7％、評価の実施は「全部実施」21.5％と「ほとんど実施」17.3％をあわせても38.8％、振返り会議の実施は、「全部実施」13.5％と「ほとんど実施」11.5％をあわせても25.0％の遵守率であった。

(7)　高齢者虐待防止の体制整備

　高齢者虐待防止における体制整備については、表 4-5-2-17〜19 に示すように、市民を対象に虐待防止のパンフレットが配布され、厚生労働省・都道府県マニュアルを活用し、各市区町村で独自のマニュアルを作成することが遵守されていた。地域包括支援センター管理職は全虐待事例を把握し、直営型地域包括支援センターは厚生労働省へ調査の報告をすることを遵守し、組織で対応していた。職員の身の安全を確保するために、複数の職員での訪問も実施されていた。

　しかし、市民や関係者向け等の研修実施、高齢者虐待防止ネットワークの活用、地域包括支援センター三職種全員の研修受講、庁内情報共有の体制整備、市区町村による調査研修の実施、地域包括支援センター管理職から法人管理職への報告、職員などの異動退職の虐待対応への影響への体制整備は遵守率が低かった。

　また、本来、直営型地域包括支援センターから厚生労働省への虐待に関する報告は国の調査のベースとなるため、100％でなければならない。しかし、

Ⅴ　結　果

表 4-5-2-17　体制整備（法とマニュアルから抽出した項目、単位%）

	項目内容	当てはまる	当てはまらない	%	N
体制整備	1 都道府県設置機関の活用	51.0	49.0	100	339
	2 民間の機関の活用	42.0	58.0	100	319
	3 高齢者虐待防止ネットワークの活用	63.4	36.6	100	350
	4 包括管理職が虐待全事例を把握	83.3	16.7	100	389
	5 高齢者虐待防止パンフレットの配布	78.1	21.9	100	424
	6 厚生労働省、都道府県マニュアルの活用	88.9	11.1	100	423
	7 市区町村でマニュアルを作成実施	80.6	19.4	100	427
	8 庁内情報共有の体制整備実施	54.8	45.2	100	208
	9 市区町村における調査研究実施	28.8	71.2	100	274
	10 直営包括の厚生労働省調査への全ケース報告実施	89.7	10.3	100	97
	11 包括三職種全員が研修受講	59.8	40.2	100	430
	12 市民対象の虐待委防止研修実施	53.3	46.7	100	407
	13 家族介護者対象の虐待防止研修実施	31.7	68.3	100	366
	14 行政職員対象の虐待防止研修実施	47.1	52.9	100	395
	15 医療保健福祉関係者対象の研修実施	47.7	52.3	100	369

注1）　N＝「わからない」と無回答を除いた数となっている
注2）　10に関しては、アンケート用紙では否定形の質問としているが、表をまとめる際に肯定質問の形へ変えている。

厚生労働省へ報告していない直営型地域包括支援センターが10.3%存在した。

　自由記述のまとめとして、虐待対応をしている職員が怖い思いをしたことがあるとの回答（38.1%）の自由記述をみると、表4-5-2-20に示すように、

225

第4章　高齢者虐待の悪化を防止した取組みの探索的な分析——量的調査を中心に——

表4-5-2-18　体制整備（質的調査から抽出した項目、単位％）

	質問内容	当てはまる	当てはまらない	％	N
体制整備	16 包括の管理職が法人の管理職へ適宜報告している	67.7	32.3	100	371
	17 異動・退職の影響を防ぐ体制整備（自由記述有）	31.7	68.3	100	290
	18 虐待対応中、怖い思いをしたことがある（自由記述有）	38.1	61.9	100	391
	19 包括の虐待対応記録の開示請求を受けたことがある	5.4	94.6	100	387

注1）　N＝「わからない」と無回答を除いた数となっている

表4-5-2-19　職員の身の安全を保証するための体制整備（単位件数）

	質問内容		N
体制整備	職員の身の安全の保証体制（複数回答）	1 二人体制で訪問	404
		2 男性職員と訪問	113
		3 その他（自由記述）	28

殺害予告や「夜道は危ないから気をつけろ」、「家に火をつけてやる」等と言われる脅し、被害者をかばって叩かれた、ラジカセを投げつけられた、包丁やはさみ、木刀などを振り回された、追いかけられた、訪問したら監禁された、中傷する内容のビラを配られた、自動車で跳ねられそうになったなど、犯罪行為が含まれていた。

　職員の安全を守る策としては、表4-5-2-21のように、警察や民間の警備会社と同行できる体制をとっていたり、行政と地域包括支援センター、男性職員と複数人で訪問するなどの対策がとられていた。記述の中には、対策は何もなく他の職員は行きたがらないから対応するのは自分だけに限定されているという悲鳴や諦めに近い記述もあった。

226

表 4-5-2-20　支援者が怖い思いした具体的な内容（単位件数）

	支援者がどのような怖い思いをしたか	
1	暴言・威圧的態度	64
2	脅し・怒鳴り込まれた	37
3	叩かれた・物を投げられた	18
4	刃物等凶器	12
5	接触拒否・自殺をほのめかす	5
6	追いかけられた・待ち伏せされた	5
7	何度も電話	4
8	脅迫状・訴訟文書・手紙を送られた	4
9	長時間の拘束	4
10	職員の生活圏域での鉢合わせの恐怖	3
11	誹謗中傷	2
12	クレームを言われた	1
13	自動車で跳ねられそうになった	1
14	器物破損	1
		161

表 4-5-2-21　支援者が訪問する時の具体的な安全策（単位件数）

	訪問する時の安全策	
1	警察等他機関と同行訪問	15
2	複数名で訪問	4
3	行政と同行訪問	4
4	男性が訪問	2
5	訪問する職員が限定する	1
6	携帯等即連絡できる通信手段の確保	1
7	警備会社の活用	1
8	看護職といっしょに訪問	1
		29

表 4-5-2-22　高齢者虐待の悪化防止策について（単位件数）

	高齢者虐待の悪化防止策について	
1	チーム対応・チームづくり	66
2	国民への啓発	52
3	早期発見・通報・介入	41
4	養護者支援	33
5	関係者のスキルアップ	17
6	権限行使の適切な実施、範囲の拡大、強化	11
7	責任主体の明確化	9
8	経済的支援	8
9	都道府県コンサル機関や専門機関の活用	5
10	適切なアセスメント・見立て	5
11	家族介護者の介護知識・技術の向上	5
12	一時的な利用可能サービスの充実と手続の簡素化	4
13	家族支援	4
14	業務調整内容の調整	3
15	法整備、異動退職対応など体制整備	3
16	成年後見制度の普及・手続の簡素化	3
17	会議の活用	3
18	適切なモニタリング	3
19	男性介護者への支援	3
20	市区町村マニュアル整備	2
21	職員の安全の保障	2
22	必要人員の確保	2
23	介入根拠の明確化	1
24	社会保障の充実	1
25	意思決定の支援	1
		288

　高齢者虐待予防に必要だと思われる具体策についての自由記述からは、表4-5-2-22 に示すように、国民への啓発や法整備、社会保障の充実、マニュアルの整備、異動退職による影響防止、各制度の手続の簡素化、職員の安全保障、人員確保、チームづくり、権限行使の適切な実施や強化、関係者の適切な見立て等スキルアップ、男性を含む家族介護者・養護者支援、高齢者本

人への意思決定支援などであった。

3　市区町村マニュアルの策定の有無と高齢者虐待防止状況との関連

　次に、「市区町村マニュアル策定の有無別の高齢者虐待防止状況の分析（第二分析）」の結果を示す。高齢者虐待の悪化を防止する取組みとしてあげられた市区町村マニュアルの策定の有無が、高齢者虐待防止法やマニュアルの遵守などの高齢者虐待防止にどのように関連しているかを明らかにするため、分析方法として、クロス集計（カイ二乗検定）と残差分析を行った。その結果、市区町村独自のマニュアルを作成することは、調査項目66（202・203頁参照）の変数のうち、15の変数である①「委託型地域包括支援センター」、②「市部」、③「コアメンバー（市区町村と委託型地域包括支援センター）会議の実施」、④「面会制限時の養護者への説明」、⑤「養護者への今後の説明」、⑥「支援計画に基づいたモニタリングの実施」、⑦「支援計画に基づいた評価の実施」、⑧「進行管理の実施」、⑨「虐待防止ネットワークの活用」、⑩「庁内情報の目的外利用や外部提供などの取扱いについての体制整備の実施」、⑪「市区町村独自の調査研究の実施」、⑫「市民への研修実施」、⑬「家族介護者への研修実施」、⑭「行政職員への研修実施」、⑮「関係機関への研修実施」に有意差が認められた。以下に、結果の詳細を示す。

(1)　市区町村マニュアル策定と直営型・委託型地域包括支援センター

　市区町村マニュアル策定の有無は、「直営型地域包括支援センター」か「委託型地域包括支援センター」のカイ二乗検定に有意であった。

　残差分析の結果、表4-5-3-1、表4-5-3-2のように1％の有意水準で、「直営型地域包括支援センター」よりも「委託型地域包括支援センター」のほうが有意に多いことがわかった。

(2)　市区町村マニュアル策定と地域区分

　市区町村マニュアル策定の有無は、市部・区部・町村部のカイ二乗検定が有意であった。残差分析の結果、表4-5-3-3、表4-5-3-4のように、1％の有意水準で、「市部」のほうが独自マニュアルの策定が有意に多く、「町村

第4章　高齢者虐待の悪化を防止した取組みの探索的な分析——量的調査を中心に——

表4-5-3-1　市区町村マニュアル策定
　　　　　の有無と地域包括支援セ
　　　　　ンターの直営型か委託型
　　　　　（単位％）

	直営包括	委託包括	全体	N
マニュアル作成	20.1	79.9	100.0	344
マニュアル未作成	39.8	60.2	100.0	83
わからない	28.0	72.0	100.0	25
全体	24.1	75.9	100.0	452

$\chi^2 = 14.400$　df = 2　$p < .001$

表4-5-3-2
表4-5-3-1の調整された残差

	直営包括	委託包括
マニュアル作成	− 3.6**	3.6**
マニュアル未作成	3.7**	− 3.7**
わからない	0.5ns	− 0.5ns

**$p < .01$　*$p < .05$　ns : non-significant

表4-5-3-3　市区町村マニュアル策定の
　　　　　有無と市部・区部・町村部
　　　　　（単位％）

	市部	区部	町村部	全体	N
マニュアル作成	71.1	15.4	13.5	100.0	266
マニュアル未作成	51.5	7.4	41.2	100.0	68
わからない	44.4	16.7	38.9	100.0	18
全体	65.9	13.9	20.2	100.0	352

$\chi^2 = 30.918$　df = 4　$p < .001$

表4-5-3-4
表4-5-3-3の調整された残差

	市部	区部町	村部
マニュアル作成	3.6**	1.4ns	− 5.5**
マニュアル未作成	− 2.8**	− 1.7ns	4.8**
わからない	− 2.0*	0.3ns	2.0*

**$p < .01$　*$p < .05$　ns : non-significant

部」においては、独自マニュアルの策定が有意に少なかった。

(3)　市区町村マニュアル策定と協議の実施

　市区町村マニュアル策定の有無は、表4-5-3-5のように、「コアメンバー会議（市区町村と地域包括支援センターの協議）の開催」の有無のカイ二乗検定が有意であった。

　残差分析の結果、表4-5-3-6のように、1％の有意水準で、「市区町村マニュアル作成をしている」ほうが、「コア会議の実施率が半分以上」で有意に多く、「コア会議の実施率が半分以下」で有意に少なかった。

　なお、支援計画に基づいたモニタリングの実施の回答は5件法であったが、

230

表 4-5-3-5　市区町村マニュアル策定の有無とコア会議開催の有無（単位％）

	半分以上実施	半分程度実施	半分以下実施	全体	N
マニュアル作成	73.8	14.7	11.5	100	340
マニュアル未作成	67.1	14.6	18.3	100	82
わからない	40.0	28.0	32.0	100	25
全体	70.7	15.4	13.9	100	447

$\chi^2 = 15.155$　df＝4　$p < .05$

表 4-5-3-6
表 4-5-3-5 の調整された残差

	半分以上実施	半分程度実施	半分以下実施
マニュアル作成	2.6**	−0.8ns	−2.6**
マニュアル未作成	−0.8ns	−0.2ns	1.3ns
わからない	−3.5**	1.8ns	2.7**

**$p < .01$　*$p < .05$　ns：non-significant

期待度数が 5 未満のセルがあったため、養護者への説明の実施が「全事例で実施」と「ほとんどの事例で実施」の値を「半分以上で実施」に合算、「ほとんどの事例で実施していない」と「まったく開催していない」値を「半分以下で実施」として合算した。

(4)　市区町村マニュアル策定と面会制限時の養護者への説明の実施

市区町村マニュアル策定実施の有無は、表 4-5-3-7 のように、面会制限を行使するとき、養護者が高齢者本人に面接したいときにどうするかなどの説明を実施しているどうかのカイ二乗検定が有意であった。

残差分析の結果、表 4-5-3-8 のように、1％の有意水準で「マニュアル作成」をしていると「面会制限時に養護者に対し説明を実施している」が有意に多く、「面会制限時に養護者に対し説明を実施していない」が有意に少なかった。また、「マニュアルが未作成」であると「面会制限時に養護者に対し説明を実施している」が有意に少なかった。

なお、支援計画に基づいたモニタリングの実施の回答は、5 件法であったが、期待度数が 5 未満のセルがあったため、養護者への説明の実施が「全事例で実施」と「ほとんどの事例で実施」の値を「半分以上で実施」に合算、「ほとんどの事例で実施していない」と「まったく開催していない」値を「半分以下で実施」として合算した。

第4章　高齢者虐待の悪化を防止した取組みの探索的な分析——量的調査を中心に——

表4-5-3-7　市区町村マニュアル策定の
　　　　　　有無と面会制限時の養護者
　　　　　　への説明（単位％）

	半分以上 で実施	半分程 度実施	半分以下 で実施	全体	N
マニュアル 作成	63.4	11.3	25.2	100	309
マニュアル 未作成	43.9	16.7	39.4	100	66
わからない	31.8	31.8	36.4	100	22
全体	58.4	13.4	28.2	100	397

$\chi^2 = 17.881$ df=4 $p < .05$

表4-5-3-8
表4-5-3-7の調整された残差

	半分以上 で実施	半分程 度実施	半分以下 で実施
マニュアル 作成	3.8**	−2.2**	−2.5**
マニュアル 未作成	−2.6**	0.9ns	2.2*
わからない	−2.6**	2.6**	0.9ns

**$p < .01$　*$p < .05$　ns：non-significant

表4-5-3-9　市区町村マニュアル策定の
　　　　　　有無と行政権限行使時の養
　　　　　　護者支援の説明（単位％）

	半分以上 で実施	半分程 度実施	半分以下 で実施	全体	N
マニュアル 作成	74.0	12.2	13.8	100	311
マニュアル 未作成	59.0	14.1	26.9	100	78
わからない	59.0	25.0	25.0	100	24
全体	69.7	13.3	16.9	100	413

$\chi^2 = 13.493$ df=4 $p < .005$

表4-5-3-10
表4-5-3-9の調整された残差

	半分以上 で実施	半分程 度実施	半分以下 で実施
マニュアル 作成	3.3**	−1.1ns	−3.0**
マニュアル 未作成	−2.3*	0.2ns	2.6**
わからない	−2.2*	1.7ns	1.1ns

**$p < .01$　*$p < .05$　ns：non-significant

⑸　**市区町村マニュアル策定と行政権限行使時時の養護者への説明の実施**

　市区町村マニュアル策定実施の有無は、表4-5-3-9のように、行政権限を行使するときに、養護者に対する今後の支援について説明の実施のカイ二乗検定が有意であった。

　残差分析の結果、表4-5-3-10のように、1％の有意水準で「マニュアル作成」していると、「行政権限の行使時、養護者への説明を実施している」が有意に多かった。また、5％の有意水準で「マニュアルが未作成」であると、「面会制限時に養護者に対し説明を実施している」が有意に少なかった。

　なお、支援計画に基づいたモニタリングの実施の回答は5件法であったが、期待度数が5未満のセルがあったため、養護者への説明の実施が「全事例で

232

実施」と「ほとんどの事例で実施」の値を「半分以上で実施」に合算、「ほ
とんどの事例で実施していない」と「まったく開催していない」値を「半分
以下で実施」として合算した。

⑹ **市区町村マニュアル策定と支援計画に基づいたモニタリングの実施**

市区町村マニュアル策定実施の有無は、表4-5-3-11のように、支援計画
に基づいたモニタリング実施程度のカイ二乗検定が有意であった。割合と残
差の検定結果をみると、市区町村マニュアルを作成しているところが、支援
計画に基づいたモニタリングを実施している傾向にあった。

残差分析の結果、表4-5-3-12のように、1%の有意水準で「マニュアル
作成」していると、「支援計画に基づいたモニタリングを実施している」が
「半分以上実施」で有意に多く、「半分以下で実施」有意に少なかった。また、
5%の有意水準で「マニュアルが未作成」であると、「支援計画に基づいた
モニタリングを実施している」が有意に少なかった。

なお、支援計画に基づいたモニタリングの実施の回答は、5件法であった
が、期待度数が5未満のセルがあったため、養護者への説明の実施が「全事
例で実施」と「ほとんどの事例で実施」の値を「半分以上で実施」に合算、
「ほとんどの事例で実施していない」と「まったく開催していない」値を
「半分以下で実施」として合算した。

表 4-5-3-11　市区町村マニュアル策定の
　　　　　　有無とモニタリングの実施
　　　　　　（単位％）

	半分以上で実施	半分程度実施	半分以下で実施	全体	N
マニュアル作成	45.4	16.0	38.6	100	337
マニュアル未作成	29.3	19.5	51.2	100	82
わからない	16.0	24.0	60.0	100	25
全体	40.8	17.1	42.1	100	444

$\chi^2 = 13.913$　df = 4　$p < .01$

表 4-5-3-12
表 4-5-3-11 の調整された残差

	半分以上で実施	半分程度実施	半分以下で実施
マニュアル作成	3.5**	−1.1ns	−2.7**
マニュアル未作成	−2.3*	0.6ns	1.8ns
わからない	−2.6**	0.9ns	1.9ns

**$p < .01$　*$p < .05$　ns：non-significant

表4-5-3-13　市区町村マニュアル策定の
有無と評価の実施（単位％）

	半分以上で実施	半分程度実施	半分以下で実施	全体	N
マニュアル作成	44.0	15.8	40.2	100	336
マニュアル未作成	24.4	20.7	54.9	100	82
わからない	16.0	24.0	60.0	100	25
全体	38.8	17.2	44.0	100	443

$\chi^2 = 16.556$　df$= 4$　$p < .01$

表4-5-3-14
表4-5-3-13の調整された残差

	半分以上で実施	半分程度実施	半分以下で実施
マニュアル作成	4.0**	−1.4ns	−2.9**
マニュアル未作成	−3.0**	1.0ns	2.2*
わからない	−2.4*	0.9ns	1.7ns

**$p < .01$　*$p < .05$　ns：non-significant

(7)　市区町村マニュアル策定と支援計画に基づいた評価の実施

　市区町村マニュアル策定実施の有無は、支援計画に基づいた評価実施の程度のカイ二乗検定が有意であった。

　残差分析の結果、1％の有意水準で「マニュアル作成」していると、「支援計画に基づいた評価を実施している」が「半分以上実施」で有意に多く、「半分以下で実施」有意に少なかった。また、同水準で「マニュアルが未作成」であると、「支援計画に基づいたモニタリングを実施している」が「半分以上実施」で有意に少なく、5％の有意水準で「半分以上実施」が多かった。

　なお、支援計画に基づいた評価の実施の回答は5件法であったが、期待度数が5未満のセルがあったため、養護者への説明の実施が「全事例で実施」と「ほとんどの事例で実施」の値を「半分以上で実施」に合算、「ほとんどの事例で実施していない」と「まったく開催していない」値を「半分以下で実施」として合算した。

(8)　市区町村マニュアル策定と進行管理の実施

　市区町村マニュアル策定実施の有無は、表4-5-3-15のように、進行管理実施程度のカイ二乗検定が有意であった。

　残差分析の結果、表4-5-3-16のように、1％の有意水準で「マニュアル作成」していると「進行管理の実施」が「半分以上実施」で有意に多く、

表 4-5-3-15　市区町村マニュアル策定の有無と進行管理の実施（単位％）

	半分以上で実施	半分程度実施	半分以下で実施	全体	N
マニュアル作成	81.8	10.0	8.2	100	340
マニュアル未作成	58.0	19.8	22.2	100	81
わからない	44.0	24.0	32.0	100	25
全体	75.3	12.6	12.1	100	446

$\chi^2 = 35.290$ df = 4 $p < .001$

表 4-5-3-16
表 4-5-3-15 の調整された残差

	半分以上で実施	半分程度実施	半分以下で実施
マニュアル作成	5.6**	−2.9**	−4.5**
マニュアル未作成	−4.0**	2.2*	3.1**
わからない	−3.7**	1.8ns	3.1**

**$p < .01$　*$p < .05$　ns：non-significant

「半分程度」「半分以下で実施」有意に少なかった。また、同水準で「マニュアルが未作成」であると「進行管理の実施」が「半分以下で実施」で有意に多く、5％の有意水準で「半分程度」で有意に多かった。

　なお、進行管理の実施の回答は5件法であったが、期待度数が5未満のセルがあったため、養護者への説明の実施が「全事例で実施」と「ほとんどの事例で実施」の値を「半分以上で実施」に合算、「ほとんどの事例で実施していない」と「まったく開催していない」値を「半分以下で実施」として合算した。

⑼　市区町村マニュアル策定と虐待防止ネットワークの活用

　市区町村マニュアル策定実施の有無は、表4-5-3-17のように、虐待防止ネットワークを活用しているかどうかカイ二乗の検定が有意であった。

　残差分析の結果、表4-5-3-18のように、1％の有意水準で「マニュアルが未作成」であると、「虐待防止ネットワークの活用はしていない」が有意に多かった。また、5％の有意水準で「マニュアル作成」していると「虐待防止ネットワークの活用をしている」が有意に多く、「虐待防止ネットワークの活用をしていない」は有意に少なかった。

⑽　市区町村マニュアル策定と庁内情報共有の体制整備

　市区町村マニュアル策定実施の有無は、表4-5-3-19のように、庁内情報の目的外利用と外部提供について、市区町村が要綱の作成や個人情報保護審

第 4 章　高齢者虐待の悪化を防止した取組みの探索的な分析——量的調査を中心に——

表 4-5-3-17　市区町村マニュアル策定の有無と虐待防止ネットワークの活用（単位％）

	活用している	活用していない	わからない	全体	N
マニュアル作成	52.5	26.1	21.4	100	341
マニュアル未作成	42.2	42.2	15.7	100	83
わからない	28.0	16.0	56.0	100	25
全体	49.2	28.5	22.3	100	449

$\chi^2 = 25.878$　df = 4　$p < .001$

表 4-5-3-18
表 4-5-3-17 の調整された残差

	活用している	活用していない	わからない
マニュアル作成	2.5*	− 2.0*	− 0.8ns
マニュアル未作成	− 1.4ns	3.1**	− 1.6ns
わからない	− 2.2*	− 1.4ns	4.2**

**$p < .01$　*$p < .05$　ns：non-significant

表 4-5-3-19　市区町村マニュアル策定の有無と庁内情報の扱いの体制整備　（単位％）

	実施している	実施していない	わからない	全体	N
マニュアル作成	29.7	15.4	54.9	100	337
マニュアル未作成	13.8	52.5	33.8	100	80
わからない	12.0	0.0	88.0	100	25
全体	25.8	21.3	52.9	100	442

$\chi^2 = 67.334$　df = 4　$p < .001$

表 4-5-3-20
表 4-5-3-19 の調整された残差

	実施している	実施していない	わからない
マニュアル作成	3.3**	− 5.4**	1.5ns
マニュアル未作成	− 2.7**	7.5**	− 3.8**
わからない	− 1.6ns	− 2.7**	3.6**

**$p < .01$　*$p < .05$　ns：non-significant

議会に諮るなど体制整備しているかどうかのカイ二乗検定が有意であった。庁内情報の扱いについて体制整備しているかどうかわからないと回答した割合が54.9％と約半数を占めた。これは、調査対象者が地域包括支援センターであることの影響と考えられる。

　残差分析の結果、表 4-5-3-20 のように、1％の有意水準で「マニュアル作成」していると、「庁内情報の扱いの体制整備を実施している」が有意に多く、「庁内情報の扱いの体制整備を実施していない」が有意に少なかった。また、同水準で「マニュアルが未作成」であると「庁内情報の扱いの体制整備を実施している」が有意に少なく、「庁内情報の扱いの体制整備を実施していない」は有意に多かった。市区町村マニュアルを作成しているところは

各市区町村が要綱の作成や個人情報保護審議会に諮るなど、庁内情報の扱いの体制整備を実施していると解釈できる。

⑾ **市区町村マニュアル策定と市区町村独自の高齢者虐待に関する調査実施**

市区町村マニュアル策定実施の有無は、表4-5-3-21のように、市区町村において独自に虐待の調査研究を実施しているかどうかのカイ二乗検定が有意であった。市区町村において独自に調査研究しているところは17.7%と2割程度しかなく、43.7%は実施していなかった。

残差分析の結果、表4-5-3-22のように、1％の有意水準で「マニュアル作成」していると、「市区町村独自の調査研究を実施している」が有意に多く「市区町村独自の調査研究を実施していない」が有意に少なかった。また、同水準で「マニュアルが未作成」であると「市区町村独自の調査研究を実施している」が有意に少なく「市区町村独自の調査研究を実施していない」が有意に多かった。

市区町村マニュアルを作成しているところは、作成していないところよりも、各市区町村で虐待にかかる調査研究をより多く実施していると解釈できる。

表 4-5-3-21　市区町村マニュアル策定の有無と市区町村の調査研究の実施（単位％）

	実施している	実施していない	わからない	全体	N
マニュアル作成	22.1	38.2	39.7	100	340
マニュアル未作成	1.2	70.7	28.0	100	82
わからない	12.5	29.2	58.3	100	24
全体	17.7	43.7	38.6	100	446

$\chi^2 = 38.671$　df＝4　$p < .01$

表 4-5-3-22　表4-5-3-21 の調整された残差

	実施している	実施していない	わからない
マニュアル作成	4.3**	−4.2**	0.9ns
マニュアル未作成	−4.3**	5.5**	−2.2*
わからない	−0.7ns	−1.5ns	2.0*

**$p < .01$　*$p < .05$　ns：non-significant

第4章　高齢者虐待の悪化を防止した取組みの探索的な分析——量的調査を中心に——

表 4-5-3-23　市区町村マニュアル策定の
　　　　　　　有無と市民対象の研修実施
　　　　　　　（単位％）

	実施している	実施していない	わからない	全体	N
マニュアル作成	53.4	37.0	9.7	100	341
マニュアル未作成	31.3	62.7	6.0	100	83
わからない	28.0	40.0	32.0	100	25
全体	47.9	41.9	10.2	100	449

$\chi^2 = 67.334$　df = 4　$p < .001$

表 4-5-3-24
表 4-5-3-23 の調整された残差

	実施している	実施していない	わからない
マニュアル作成	4.1**	− 3.8**	− 0.7ns
マニュアル未作成	− 3.3**	4.3**	− 1.4ns
わからない	− 2.0*	− 0.2ns	3.7**

** $p < .01$　* $p < .05$　ns : non-significant

⑿　**市区町村マニュアル策定と市民対象の高齢者虐待防止に関する研修の
　　実施**

　市区町村マニュアル策定実施の有無は、表 4-5-3-23 のように、地域包括支援センターや市区町村が市民対象の高齢者虐待防止に関する研修を実施しているかどうかのカイ二乗検定が有意であった。市民を対象に高齢者虐待防止に関する研修を実施しているところは47.9％と約半数程度であった。

　残差分析の結果、表 4-5-3-24 のように、１％の有意水準で「マニュアル作成」していると、「市民対象の高齢者虐待防止に関する研修を実施している」が有意に多く「市民対象の高齢者虐待防止に関する研修を実施していない」が有意に少なかった。また、同水準で「マニュアルが未作成」であると「市民対象の高齢者虐待防止に関する研修を実施している」が有意に少なく、「市民対象の高齢者虐待防止に関する研修を実施していない」が有意に多かった。

　市区町村マニュアルを作成しているところは、作成していないところよりも、市民対象の高齢者虐待防止に関する研修をより多く実施していると解釈できる。

⒀　**市区町村マニュアル策定と家族介護者対象の高齢者虐待防止研修の
　　実施**

　市区町村マニュアル策定実施の有無は、表 4-5-3-25 のように、地域包括

238

表 4-5-3-25　市区町村マニュアル策定の
　　　　　　　有無と家族介護者対象の研
　　　　　　　修実施（単位％）

	実施している	実施していない	わからない	全体	N
マニュアル作成	30.3	50.3	19.4	100	340
マニュアル未作成	13.3	73.5	13.3	100	83
わからない	8.7	60.9	30.4	100	23
全体	26.0	55.2	18.8	100	446

$\chi^2 = 19.974$　df＝4　$p < .001$

表 4-5-3-26
表 4-5-3-25 の調整された残差

	実施している	実施していない	わからない
マニュアル作成	3.7**	−3.7**	0.6ns
マニュアル未作成	−2.9**	3.7**	−1.4ns
わからない	−1.9ns	0.6ns	1.5ns

**$p < .01$　*$p < .05$　ns：non-significant

支援センターや市区町村が家族介護者対象の高齢者虐待防止に関する研修を
実施しているかどうかのカイ二乗検定が有意であった。

　残差分析の結果、表4-5-3-26のように、1％の有意水準で「マニュアル
を作成」していると「家族介護者対象の研修を実施している」が有意に多く、
「家族介護者対象の研修を実施していない」が有意に少なかった。また、同
水準で「マニュアルが未作成」であると「家族介護者対象の研修を実施して
いる」が有意に少なく、「家族介護者対象の研修を実施していない」が有意
に多かった。

　市区町村マニュアルを作成しているところは、作成していないところより
も、家族介護者対象の高齢者虐待防止のための研修をより多く実施している
と解釈できる。

⒁　**市区町村マニュアル策定と行政職員対象の高齢者虐待防止研修の実施**

　市区町村マニュアル策定実施の有無は、表4-5-3-27のように、地域包括
支援センターや市区町村が行政職員対象の高齢者虐待防止に関する研修を実
施しているかどうかのカイ二乗検定が有意であった。

　残差分析の結果、表4-5-3-28のように、1％の有意水準で「マニュアル
を作成」していると「行政職員対象の高齢者虐待防止に関する研修を実施し
ている」が有意に多く、「行政職員対象の高齢者虐待防止に関する研修を実
施していない」が有意に少なかった。また、同水準で「マニュアルが未作

第4章　高齢者虐待の悪化を防止した取組みの探索的な分析──量的調査を中心に──

表4-5-3-27　市区町村マニュアル策定の有無と行政職員対象の研修実施（単位%）

	実施している	実施していない	わからない	全体	N
マニュアル作成	47.4	42.4	10.3	100	340
マニュアル未作成	19.5	65.9	14.6	100	82
わからない	32.0	36.0	8.0	76	25
全体	41.4	46.3	12.3	100	447

$\chi^2 = 30.784$　df = 4　$p < .001$

表4-5-3-28
表4-5-3-27の調整された残差

	実施している	実施していない	わからない
マニュアル作成	4.6**	−3.0**	−2.3*
マニュアル未作成	−4.5**	3.9**	0.7ns
わからない	−1.0ns	−1.1ns	3.1**

**$p < .01$　*$p < .05$　ns : non-significant

成」であると、「行政職員対象の高齢者虐待防止に関する研修を実施している」が有意に少なく「行政職員対象の高齢者虐待防止に関する研修を実施していない」が有意に多かった。

　市区町村マニュアルを作成しているところは、作成していないところよりも、行政職員対象の高齢者虐待防止のための研修をより多く実施していると解釈できる。

⒂　市区町村マニュアル策定と関係者対象の高齢者虐待防止研修の実施

　市区町村マニュアル策定実施の有無は、表4-5-3-29のように、地域包括支援センターや市区町村が関係機関対象の高齢者虐待防止に関する研修を実施しているかどうかのカイ二乗検定が有意であった。

　残差分析の結果、表4-5-3-30のように、1％の有意水準で「マニュアルを作成」していると「関係機関対象の高齢者虐待防止に関する研修を実施している」が有意に多く、「関係機関対象の高齢者虐待防止に関する研修を実施していない」が有意に少なかった。

　また、同水準で「マニュアルが未作成」であると「関係機関対象の高齢者虐待防止に関する研修を実施している」が有意に少なく、「関係機関対象の高齢者虐待防止に関する研修を実施していない」が有意に多かった。

　市区町村マニュアルを作成しているところは、作成していないところよりも、関係機関対象の高齢者虐待防止のための研修をより多く実施していると

240

V 結　果

表 4-5-3-29　市区町村マニュアル策定の
　　　　　　　有無と関係機関対象の研修
　　　　　　　実施（単位％）

	実施している	実施していない	わからない	全体	N
マニュアル作成	46.3	36.6	17.1	100	339
マニュアル未作成	20.7	68.3	11.0	100	82
わからない	4.0	44.0	52.0	100	25
全体	39.2	42.8	17.9	100	446

$\chi^2 = 53.426$　df = 4　$p < .001$

表 4-5-3-30
表 4-5-3-29 の調整された残差

	実施している	実施していない	わからない
マニュアル作成	5.4**	−4.7**	−0.8ns
マニュアル未作成	−3.8**	5.2**	−1.8ns
わからない	−3.7**	0.1ns	4.6**

**$p < .01$　*$p < .05$　ns : non-significant

解釈できる。

　以上のように、分析結果・市区町村独自のマニュアルを作成することは、調査項目の66の変数のうち、20の変数に有意差が認められた。しかし、残差分析の結果「わからない」と回答したことに対して、あるいは、実施程度の高低の片方のみではなく、実施の程度の高いほうと低いほうの両方に有意差が認められたのは15の変数であった。

　その15の変数をフレームごとに記すと、地域包括支援センターの設置形態、地域特性、協議決定がそれぞれ１変数、養護者支援が２変数、評価・検証の実施が３変数、体制整備が７変数であった。

第4章　高齢者虐待の悪化を防止した取組みの探索的な分析——量的調査を中心に——

Ⅵ　考　察

　Ⅵでは、まず、量的調査の第一目的に関する分析結果を考察する。高齢者虐待防止法に基づいた公的マニュアルの遵守状況の記述統計結果から、これまで先行研究でいわれてこなかった報告体制の不全、ソーシャルワーク実践プロセスによる支援、通報体制の不全の有無の確認、養護者支援の実施と終結の関係性、支援者支援の必要性について考察する。

　次に、量的調査の第二目的に関する分析結果を考察する。市区町村マニュアル作成と高齢者虐待防止法に規定する各項目のクロス集計の結果から、市区町村がマニュアルを独自に作成する意義について考察する。

1　高齢者虐待の対応状況と悪化防止の取組み状況についての考察

　調査の第一目的である、全国の虐待対応状況と虐待の悪化防止の取組み状況の第一分析の結果を高齢者虐待の予防概念に照らし、以下の5点について考察する。

(1)　報告体制の不全の有無

　地域包括支援センターと市区町村で把握している虐待（疑い）事例の報告体制に不全があることが明らかとなった。高齢者虐待防止法においては、責任主体である市区町村からの委託を受けた地域包括支援センターは、受付けた虐待事例を市区町村へ報告することが義務づけられている（同法9条1項）。また、直営型地域包括支援センターと市区町村は、厚生労働省の調査に通報件数を報告することが義務づけられている（同法26条）。

　しかし、調査結果では、虐待が疑われる事例を地域包括支援センターが受け付けないことがあるとの回答が10%、地域包括支援センターにおいて虐待事例だがケアマネジャー支援のみで対応しているとの回答が5.4%、関係機関が委託型地域包括支援センターから市区町村へ報告していない事例がある

242

との回答が9％、直営型地域包括支援センターが厚生労働省の調査に報告していない事例があるとの回答が10.3％あった。すなわち、国まで報告に至らない虐待が疑われる事例が4重に存在していた。このことは、日本では高齢者虐待の全体像を正確に把握できていないことを示している。虐待が疑われる事例の報告体制の改善は急務であり、責任主体を市区町村だけでなく、都道府県や国である機関がより担う体制とならなければ改善できないと考える。

上記で考察した虐待が疑われる事例の報告体制を整備することは、高齢者虐待予防の第一次予防、すなわち、住民全員に対する虐待の未然防止に該当とすると考える。なぜなら、地域包括支援センターが虐待の通報を受け付け、受付けた通報を市区町村へ報告し、報告された通報を市区町村が厚生労働省へ報告する一連の流れによって得られたデータは、都道府県や国の機関が虐待予防計画の策定などに必要とする虐待の発生率の基礎データとなるからである。

⑵　**通報体制の不全にみる虐待予防の可能性**

虐待の通報体制の不全と発見者・発見機関の虐待への介入がみられた。

現行の高齢者虐待防止法では、関係者・関係機関が発見した場合は、早期に通報することが義務づけられ、虐待が疑われる状況を知った市区町村や地域包括支援センターが早期に介入するしくみとなっている。これまで、虐待の通報前に、発見者である関係者・関係機関等が虐待に対して介入することは、通報の遅れとして課題視されてきた（服部 2009、日本弁護士連合会2010）。高齢者虐待防止法の下、立入調査や面会制限などの権限を行使できるのは、責任主体である市区町村をおいてほかにない。市区町村や地域包括支援センターが虐待が疑われる状況を早期に知り、権限行使の必要性を判断することは重要なことである。

本量的調査では、関係者・関係機関などが通報前から介入し、高齢者本人がおかれている環境やケアが不適切だと思われた事象に対して、サービスを導入し、養護者等の行動変容を図っていたことが明らかになった。このことから、発見者である親族や関係機関は、虐待事象の起点がわかって介入して

いるといえる。この起点は、これまでの家族の歴史の中で役割をもった家族成員の高齢化による心身の機能の低下や、認知症やうつ病などの疾病による「変化」を起点としていることが考えられる。この時点ではまだ虐待が発症していない段階であることも考えられ、虐待の予兆への介入である可能性がある。同居や借金などがある等、虐待の起点が明らかであれば、その起点を把握することで介護サービスへのつなぎや生活困窮への支援など適切に介入することが可能となり、虐待の予防が可能と考える。

　また、現在の虐待対応のシステム上、虐待が疑われるすべての事例が市区町村と地域包括支援センターに集中した場合、量的な面で対応の限界を超える可能性がある。よって、関係機関の業務の範囲で対応可能な虐待の悪化防止方法の明示と、通報により行政の責任の下で対応されるべき事例の基準が必要と考える。

　上記で考察した、発見者が同居や借金などである虐待の起点を把握して介入を開始し、関係者・関係機関などが通報につなげることは、高齢者虐待予防の第二次予防、すなわち、虐待発生リスク要因保持者、あるいは被虐待者および養護者に対する虐待の早期発見と早期介入に該当とすると考える。

(3) 養護者支援の実施と終結の関係性

　養護者への支援は、利益相反とならないように被虐待者である高齢者本人の支援チームと虐待者である養護者の支援のチームとを分け、虐待対応中から養護者の支援チームを結成して支援を開始することが必要である（日本社会福祉士会 2011）。

　本量的調査では、虐待対応中から養護者支援チームが結成できているといえる地域包括支援センターは31.7％と低かった。自由記述では、養護者支援の専門対応部署の必要性やカウンセラーなどの専門家のかかわりが必要との記述があり、養護者支援チームの結成には困難を伴っていることがわかる。養護者支援は終結と密接な関係にあると考える。終結の定義は、既述のとおり、虐待が解消し、高齢者本人の生活が安定する見通しがたった時点か、安定したと確認した時点が終結か、高齢者本人も養護者も生活が安定した時点

を終結とするかなどマニュアルによって異なっていた。

　筆者は、終結の定義を「虐待が解消し、高齢者本人の生活が安定した時点」が妥当であると考える。何をもってして生活が安定したといえるのかは当事者によって異なる。個々の事例によって異なる生活の安定を、当事者の意向を踏まえながら協議し、モニタリング・評価の実施で確認して終結を判断する必要がある。養護者の生活の安定は、養護者支援チームにて図られるべきであり、そこへの高齢者支援チームのかかわりは越権行為とみなされよう。養護者支援チームへバトンタッチすることで終結となるならば、虐待対応中から養護者支援チームを結成して支援を行うことは必須といえる。

　本量的調査結果では、養護者支援チームにバトンタッチして終結できている割合は20.7％と低かった。終結の判断根拠は、死亡と分離をあわせると46.4％と約半分を占め、自由記述には転居・入院、逮捕の記載があり、物理的に距離をとる方法が主となっている。高齢者虐待対応において、物理的に距離をとる方法は有効な手段ではある。しかし、養護者支援チームを虐待対応中から結成することは、分離等の方法ではなく、同居のまま、あるいは、短期間の一時的な分離で虐待が解消し、行政や地域包括支援センターのかかわりの長期化が防止できると考える。

　上記で考察したことは、高齢者虐待予防の第三次予防、すなわち、当事者が暮らす地域を対象とする虐待の再発防止に該当とすると考える。なぜなら、虐待者である養護者を地域におけるチームで支援することは、虐待の再発を防ぎ、被虐待者および養護者の安定した地域社会生活の継続につながると考えるからである。

(4)　支援者支援の必要性

　支援者（虐待対応にかかわる地域包括支援センターや関係者・関係機関などの職員）を支援する体制整備の必要性があることがわかった。地域包括支援センターの職員の中には、虐待対応中怖い思いをしたことがあるとの回答が38.1％あり、養護者から「叩かれた」、「物を投げられた」、「監禁された」、「待ち伏せされた」、「包丁やハサミ、木刀を振り回された」、「家に火をつけ

てやる」と脅されたなどの犯罪行為を受けていることが明らかとなった。

支援者の安全対策としては、複数人での訪問や警察官と同行、警備会社の活用などあげられているが体制として万全ではない。海外では、ソーシャルワーカーの訪問に警察官が同行することが通常となっている場合もあり、一人での訪問は避け、複数人での訪問を義務づけとし、立入調査時の警察への援助要請だけでなく、通常に加えて突発時などの場合の訪問時も警察官と同行できるように体制を整える必要がある。

上記で考察した支援者を支援することは、高齢者虐待予防の第三次予防、すなわち、虐待を予防する地域機能の向上に該当とすると考える。なぜなら、支援者を支援することは、離職を防ぎ、支援者が地域で定着することによって虐待を予防する機能が向上すると考えるからである。

⑸　ソーシャルワーク実践プロセスによる支援

高齢者虐待の事象に対するソーシャルワーク実践において、支援計画の作成やモニタリングの実施・評価の実施・振返りの会議は、全事例においては約2割、「ほとんど実施」を合わせても3割〜4割の実施であった。

質的調査結果からは、モニタリングや評価の実施は高齢者虐待の悪化を防止する取組みとしてあげられており、虐待対応でなくとも、ソーシャルワーク実践においては必須とされるところである。高齢者虐待への対応向上を図るには、虐待対応所管課や地域包括支援センターにおいて十分なアセスメントの下で支援計画が作成され、支援計画に基づいたモニタリングと評価を実施できる体制をつくることがまず必要と考える。

上記で考察したソーシャルワーク実践プロセスによる支援を実施することは、高齢者虐待予防の第二次予防、すなわち、当事者に対する虐待の悪化防止に該当とすると考える。なぜなら、ソーシャルワーク実践プロセスによる支援の実施は記録に残るため、事例の振返り会議などを実施することにより虐待対応の向上を図ることが可能であり、虐待対応期間を短縮できる可能性があると考えるからである。

246

2 市区町村がマニュアルを独自に作成する意義

本項では、調査の第二目的である、市区町村マニュアル策定の有無と高齢者虐待防止状況との関連性についての第二分析結果から、マニュアル策定の意義を考察する。

第一に、市区町村マニュアル作成は、「市部」にある「委託型地域包括支援センター」でより多く作成されていたことがあげられる。市部の委託型地域包括支援センターにおいて、虐待防止の体制整備に対する意識が高い結果であると考えられる。

第二に、市区町村マニュアル作成は、「コアメンバー会議」をより多く実施することに関連していた。この会議は主に初動期に開催され、虐待の判断根拠を明確にし、今後の方向性や役割を協議し決定する場となっている。既述のとおり、訴訟として、虐待の判断根拠や行政権限行使の根拠が問われる事態も起こっている（特別区長会事務局 2014）。市区町村マニュアルの作成は、責任主体である市区町村と委託先の地域包括支援センターで虐待の対応内容を協議する場を確保する根拠を与えるものといえるだろう。訴訟リスクの高まりに対応するためにも、虐待対応における判断根拠の明確化は、今後ますます重要となると考える。

第三に、市区町村が権限を行使する中で、市区町村マニュアルの作成は、分離後会いたいときにどうするかなど「面会制限時の養護者への説明」と、面会制限以外の行政権限を行使するときの「養護者への今後の説明」をより多く実施することに関連していた。これらは、高齢者本人を、施設や病院に保護する際、養護者が高齢者本人を連れ帰る可能性がある場合に、高齢者本人が養護者と面会することを制限する措置に関する事柄である。市区町村マニュアルの作成は、面会を制限される養護者や高齢者本人に対して、会いたいときにどうするか、今後の養護者の生活についてなど話し合う相談支援の実施に関連していたこととなる。市区町村マニュアルを作成することにより、養護者への説明もせず、面会制限をかけっぱなしの状態にするのではなく、

面会制限の実施体制の整備と養護者や高齢者本人に対する説明責任を果たすことに効果があると考える。

第四に、市区町村マニュアルの作成は「支援計画に基づいたモニタリング」と「支援計画に基づいた評価」、全虐待事例の「進行管理」をより多く実施することに関連していた。市区町村マニュアルの作成は帳票等も整備されるため、支援計画に基づいた対応が可能となると考える。

第五に、市区町村マニュアルの作成は「虐待防止ネットワークの活用」、「庁内情報の目的外利用や外部提供などの取扱いについての体制整備」、「市区町村独自の調査研究」、「市民」・「家族介護者」・「行政職員」・「関係機関」への研修をより多く実施することに関連していた。市区町村マニュアルの作成は、虐待防止のためにネットワークの活用が促進し、庁内情報の取扱いの体制整備や、市区町村独自の調査によって明らかになったことが地域の計画に反映され、虐待を予防できる地域づくりを促すに有効であると考える。

上記で考察した市区町村マニュアルの作成は、高齢者虐待予防の第一次予防、すなわち、住民全員に対する虐待の未然防止に該当とすると考える。なぜなら、市区町村マニュアルは国や都道府県マニュアルに基づいて作成され、研修の実施や虐待予防の普及啓発、体制整備などが規定されているからである。

3　本量的調査における限界

本量的調査における限界としては六つある。

第一に、調査対象が直営型と委託型地域包括支援センターだけであり、基幹型地域包括支援センター、市区町村の高齢者虐待防止所管課への調査、通報義務が課せられている関係者・関係機関などへの調査を実施していないことがあげられる。今回の調査では、基本属性に基幹型地域包括支援センターを設けなかったため、基幹型地域包括支援センターで委託型である場合は、委託型地域包括支援センターとして回答してもらっている記載はあったが、選択肢がなかったため回答をしなかった回答者が存在した可能性がある。ま

た、各種の地域包括支援センターと市区町村の委託契約内容によって役割が異なる場合もある。各地域によって異なる高齢者虐待対応機関の役割を明確にし、高齢者虐待防止法のどの部分の遵守が求められているのかを明確にしたうえで、市区町村の高齢者虐待防止所管課と直営型・基幹型・委託型地域包括支援センター、関係者・関係機関などへの調査を同時期に実施する必要がある。

　第二に、質問紙調査の回答方法の選択肢に、「わからない」と回答した理由を記述する変数を作成しなかったため、「わからない」と答えた地域包括支援センターの傾向がとらえられなかったことである。回答者が「わからない」と回答した理由が、異動してきたばかりで「わからない」のか、市区町村との契約内容で委託型地域包括支援センターは知り得ない立場にあるため「わからない」のかなどの区別ができなかった。公的マニュアルで示している行政と地域包括支援センターの役割と地域の実情が異なっているため、地域の実情にあわせた質問紙調査項目と自由記述の欄を設けることが必要である。

　第三に、質問紙調査の回答方法をすべて5件法や2件法などに統一できず、スムーズに分析できなかったことである。課題として、成年後見制度利用支援事業等、地域で事業の実施の有無が異なる場合の回答方法を検討したうえで、回答方法を統一し、調査分析を実施する必要がある。

　第四に、質問紙調査の質問項目で、行政権限の行使・関与のフレームの中の「居室の確保」（高齢者虐待防止法10条）が、施設への優先入所制度の実施に限定されてしまったことである。これは、Ⅲで実施した質的調査の対象地域が、市区町村による居室の確保を実施しておらず、施設への優先入所制度を活用していたことによる。課題として、居室の確保の実施の有無を質問紙の調査項目に入れ、実施していない地域の場合は、施設への優先入所や市区町村独自のシェルター事業の活用など代替としてどう対応しているか、回答方法に選択肢を設け、調査を実施する必要がある。

　第五に、分析方法として、高齢者虐待対応に関する市区町村マニュアル策

定実施の有無と他の調査項目との分析に、クロス集計とカイ二乗検定を用いたことである。クロス集計は2変数間に関連性が認められたとしても、それに別の変数が何らかのかかわりをもっていることを分析できない。市区町村マニュアル策定実施の有無と各フレームの別の変数を導入した分析を行うなどしてエラボレーション（精密化）を行う必要がある。

　第六に、分析方法として、多変量解析や市区町村マニュアルの策定実施以外の変数を用いての分析を行わなかったことである。課題として、探索的にでもモデルを作成し多変量解析の実施や市区町村マニュアルの策定実施以外の変数を用いての分析を行う必要がある。

第 5 章

実践への示唆
──高齢者虐待の予防支援
システムの構築に向けて──

　本章では、本研究の質的調査と量的調査の分析結果を踏まえて、高齢者虐待の予防支援システムの諸要点を検討し、第一次から第三次予防を展開するうえでのソーシャルワーク実践の限界とその対応策を提示する。

第5章　実践への示唆——高齢者虐待の予防支援システムの構築に向けて——

I　高齢者虐待における第一次予防対策の必要性

　本研究の質的調査では、虐待を未然に防止する普及啓発など四つの取組みが行われていたことが確認された。地域住民に対する高齢者虐待防止のパンフレットの配布、関係機関などへの虐待対応研修の実施、市区町村高齢者虐待対応マニュアルの作成、厚生労働省による調査への報告などである（第3章・Ⅳ・7・(3)）。一方、量的調査では、虐待防止の体制整備として、厚生労働省による調査への報告と公的マニュアルに基づいた市区町村マニュアルの作成があげられる（第4章・Ⅵ・1・2）。

　これらの取組みは、高齢者虐待における予防概念の枠組み（第2章・Ⅶ・3・表2-7-1）で示した第一次予防の対策の中の「法や制度等の体制整備」、「教育・研修の実施」、「国、都道府県による調査研究実施」に該当する。第一次予防のこれらの対策では、ソーシャルワーク実践を住民全員（社会）に展開することに意義がある。

　なお、ここでは、その第一次予防対策を展開するにあたり、本研究における質的・量的調査結果にみるソーシャルワークを実践上の三つの限界について考察する。

1　研修・教育の実施とネットワークの活用の促進

　本研究における量的調査結果では、住民や、家族介護者、医療保健福祉関係者、地域包括支援センター三職種、行政職員への研修の実施および保健医療福祉サービス介入支援ネットワークの構築がともに50％以下の実施率であった。また、質的調査対象地域においても、地域包括支援センター三職種と行政職員以外への研修は実施されていなかった。また、保健医療福祉サービス介入支援ネットワークが形成されていなかった事実がある。

252

このような虐待対応の遅れや介入支援ネットワークが形成されていない事実は、ソーシャルワーク実践での効果をもたらすうえでの限界であるといえる。

その対策として、国レベルでの研修制度の必須化やネットワークの形成の義務化が必要であろう。

2 都道府県単位による相談助言・広域調整機関の設置体制

本研究における調査から、全都道府県に高齢者権利擁護推進事業等の相談助言・広域調整機関が設置されていないことが把握された。

これは、虐待対応の遅れや虐待対応の地域格差が是正されていないというソーシャルワーク実践の限界であるといえる。

その対策としては、都道府県による相談助言・広域調整機関を高齢者虐待防止法に位置づけることが必要であろう。

3 調査・研究による検証の必要性

本研究における調査から、日本の高齢者虐待の発生率が正確に把握されていないことや、死亡事例の検証が義務づけされていない事実が確認された。

つまり、虐待による死亡や重篤事例の検証結果について、よりよい高齢者虐待の予防体制に反映されていないことや、取組みの効果が検証できていないことを考えると、これもソーシャルワーク実践の展開上の限界となると考える。

その対策として、高齢者虐待防止法を改正し、虐待による死亡や重篤事例の検証の実施を26条に規定することが必要であろう。これは、児童虐待防止法4条5項にはすでに位置づけられていることである。

253

第5章 実践への示唆──高齢者虐待の予防支援システムの構築に向けて──

Ⅱ 高齢者虐待における第二次予防対策の必要性

本研究の質的調査では、虐待の悪化を防止する二つの取組みが行われていた。具体的には、親族、関係者・関係機関などが、高齢者虐待の事象の予兆（借金、離職、認知症の発症など）を当事者の変化として把握し、介入が開始され、通報につながるSOSの連鎖が生じていた（第3章・Ⅳ・7・(1)）。また、高齢者虐待対応機関である地域包括支援センターが、コーディネーターの役割を担い、ソーシャルワーク実践のアセスメントから評価までのプロセスを遵守し、当事者、関係者・関係機関、虐待対応機関が協働していた（第3章・Ⅳ・7・(2)）。

量的調査でも、関係者・関係機関が通報前にサービスの導入などによる介入を開始し、通報につなげていた（第4章・Ⅵ・1・(2)）。

これらの取組みは、高齢者虐待における予防概念の枠組み（第2章・Ⅶ・3・表2-7-1）で示した第二次予防の対策の中の「関係機関等による早期発見」、「虐待発生初期への介入」に該当する。

ソーシャルワーク実践においては、当事者に対する展開が必要となるだろう。

なお、ここでは、その第二次予防対策を展開するにあたり、本研究における質的量的調査結果にみるソーシャルワーク実践上の二つの限界について考察する。

1 危機への介入体制の整備

本研究における調査結果では、関係者・関係機関などが早期に発見してもすべての事例を通報していないという事実が把握された。

このことは、虐待の発生率が高くなり、未発見のまま見過ごされる可能性

254

が高くなることからソーシャルワーク実践の限界となると考える。

その対策として、親族や関係者・関係機関が、高齢者虐待の兆候である危機としての「変化」を把握したときに、介入しうる人・機関が、市区町村と地域包括支援センターに通報する時点についての明確な基準が必要となるだろう。

2　虐待対応プロセスを遵守したソーシャルワーク実践の必要性

先行研究においては、被虐待者を施設へ保護するなどの強権的介入などは、高齢者虐待のソーシャルワーク・モデルにではなく、リーガル・モデルに位置づけられていた（第1章・Ⅲ・2）。

ところが、本研究の質的調査からは、地域包括支援センターの社会福祉士などのソーシャルワーカーが、やむを得ない事由による措置での権限行使の適切な時期の見極めを行い、強権的介入にもソーシャルワーク実践としてかかわっていた事実がある。その際には保護された後に本人の生活が安定するまで施設訪問するなど、モニタリングを実施していた（第3章・Ⅳ・5・(2)・(C)）。

一方、本研究における質的・量的調査結果からは、市区町村と地域包括支援センターの虐待対応機関が、支援計画の作成や、支援計画に基づいたモニタリングと評価の実施までのプロセスを十分に記録していなかったという事実があった。市区町村と地域包括支援センターが虐待対応プロセスを記録しておかなければ、強権的介入を含めた虐待対応の正当性を証明するための根拠を示すことができない。

これは、ソーシャルワーク実践の限界となるだろう。

その対策としては、強権的介入をソーシャルワーク・モデルに位置づけ、地域包括支援センターと市区町村が虐待対応プロセスを証明できるよう記録の整備が必要であろう。

Ⅲ　高齢者虐待の第三次予防対策の必要性

　本研究の質的・量的調査において、第三次予防の目的である虐待の再発を防止する対策の一部が確認された。質的調査では、虐待が解消され、さらに、高齢者本人の生活の安定が確認された後、養護者支援チームによる支援の継続により、養護者が地域で自立した生活を送るための支援が行われていた（第3章・Ⅳ・7・(4)）。また、量的調査では、養護者支援チームが虐待対応中から結成され、虐待の解消後は養護者支援チームにバトンタッチがなされ支援が終結となっていた（第4章・Ⅵ・1・(1)）。さらに、支援者の安全対策が取り組まれていた（第4章・Ⅵ・1・(4)）。

　これらの結果は、高齢者虐待における予防概念の枠組み（第2章・Ⅶ・3・表2-7-1）で示した第三次予防の「地域住民や関係者・関係機関による当事者の安定した地域社会生活支援」を目的とした、第三次予防の対策である「関係機関との連携」に該当する。

　これを、ソーシャルワーク実践で考えればその地域全体を対象者として展開する必要がある。

　なお、第三次予防対策の実施にあたり、ソーシャルワークの実践をするうえでの限界について考察する。

　本研究における質的・量的調査結果では、高齢者虐待対応において、養護者支援チームを結成できないことにより支援が終結できないことや、支援者の異動・退職、脅されるなど怖い思いをしたため支援を中断せざるを得なかったという事実があった。

　このことは、支援の継続性が担保できず、支援者の離職率を高めるというソーシャルワーク実践の限界となるといえる。

　その対策としては、高齢者虐待防止法を改正し、高齢者虐待対応機関によ

る相談・助言体制の整備や、広域調整機関実施体制の整備など包括的継続的支援システムが必要である。

　これは、障害者虐待防止法にはすでに位置づけられていることである。

Ⅳ 高齢者虐待を予防する地域づくりの必要性

　上述の高齢者虐待の予防支援システムの対策を表5-4-1のようにまとめた。

　高齢者虐待の第一次予防の対策として虐待の未然防止を目的に、ソーシャルワーク実践は住民全員（社会）を対象に、パンフレットの配布や、高齢者虐待防止研修の実施、市区町村マニュアルの作成、地域包括支援センターで通報を受付け、また、受付けた通報を市区町村に報告し、報告された通報を市区町村が厚生労働省の調査へ報告するなどの一連の流れを整備する必要がある。

　高齢者虐待の第二次予防の対策として虐待の早期発見・早期介入を目的に、ソーシャルワーク実践を当事者や虐待発生リスク要因保持者に対し展開し、当事者の変化を虐待の予兆ととらえて介入を開始し、SOS を確実に連鎖させる通報体制の整備が必要である。また、同対策には、虐待の悪化防止を目的とし、当事者、関係者・関係機関、虐待対応機関による協働と、地域包括支援センターの社会福祉士などによるソーシャルワーク実践プロセス（インテーク、アセスメント、支援計画の作成、支援計画の実行、モニタリング、評価）を遵守した支援体制が必要である。

　高齢者虐待の第三次予防の対策として虐待の再発防止を目的に、ソーシャルワーク実践を地域に対し展開し、養護者支援チームによる自立した生活への支援体制を整備し、支援者支援の体制を整備する必要がある。

　本研究では、地域を中心とした高齢者虐待を予防する体制づくりについて考察してきた。Caplan, G（1970）は、第二次予防が第一次予防を含むのと同じように、第三次予防はほかの二つの予防を包含すると述べた。この意味は、地域の予防の力が充実するにつれ、第二次予防の実施が可能になり、それが第三次予防の実施を可能にするという、第二次予防と同様の効果が第三次予

IV　高齢者虐待を予防する地域づくりの必要性

表 5-4-1　高齢者虐待予防システムの対策

ソーシャルワーク実践対象者	予防	確認された対策（質的調査）	確認された対策（量的調査）
住民全員（社会）	第一次	・未然防止の体制整備（パンフレットの配布、高齢者虐待防止研修の実施、市区町村マニュアルの作成、厚生労働省による調査への報告）	・未然防止の体制整備（報告体制の整備、市区町村マニュアルの作成）
当事者（虐待発生リスク要因保持者含む）	第二次	・早期発見・早期介入の体制整備（虐待の予兆の把握、SOS の連鎖）・悪化防止の体制整備（当事者、関係者・関係機関、虐待対応機関の協働、ソーシャルワーク実践プロセスの遵守）	・早期発見・早期介入の体制整備（虐待の起点を変化として把握し介入を開始、通報体制の整備）・悪化防止の体制整備（ソーシャルワーク実践プロセスによる支援体制）
地域	第三次	・再発防止の体制整備（養護者支援チームによる自立した生活への支援の継続）	・再発防止の体制整備（養護者支援の体制整備）・地域の虐待予防機能の向上（支援者支援の体制整備）

防で得られるようになることを示している。

　この Caplan, G（1970）が示したそれぞれの予防が独立したものではなく、影響し合う関係性は、上述の本研究の地域におけるソーシャルワーク実践にもいえることである。本研究におけるそれぞれの予防の関係性は、まず、第二次予防の対策を展開し、その効果が第一次予防に影響を与え、第一次予防対策の成果が第三次予防の対応に効率的・効果的な相互作用をもたらすと考える。このことは、第二次から第一次、第三次への一連の循環するプロセスをもつ虐待の予防支援システムの構築の独自性であるといえよう。

第5章　実践への示唆——高齢者虐待の予防支援システムの構築に向けて——

　以上により、高齢者虐待の予防支援システムの構築は、すべてにおいて新たな取組みをせねばならないのではなく、既存のシステムを強化・改変することで、構築できる可能性が示唆された。

終　章

まとめと今後の展望

終章において、本研究の要約を行い、本研究の意
義と限界、今後の課題について述べる。

Ⅰ　要　約

　本研究は、高齢者虐待防止法に基づいたソーシャルワーク支援の実態を精査し、高齢者虐待の予防概念枠組みの項目を確認・修正することで、包括的な高齢者虐待予防支援システムの構築を試みることを目的にした。そのため、先行研究の検証と理論の整理、体系化を図り、現状と課題を明らかにするために、二つの調査を実施し、序章、終章を含む全7章構成とした。

　序章では、本研究の背景と目的を述べ、第1章では、先行研究である高齢者虐待防止研究や虐待対応機関による虐待対応の調査結果などから、養護者による高齢者虐待防止に関する現状と課題を示した。虐待による高齢者の生命、身体、財産が危険にさらされるという事象が増えている現状にあり、高齢者虐待防止研究における四つの課題を把握した。それらは、第一に、高齢者虐待の定義が統一していないことが虐待の判断基準をあいまいにし、研究の相互比較と蓄積を困難にさせていること、第二に、高齢者虐待の要因について、その解明が十分になされていないこと、第三に、高齢者虐待防止法に基づいた被虐待者の保護は、生命・身体・財産の安全の確保を最優先に考えた事後対応が中心であること、第四に、高齢者虐待が解消された後でも、支援者が養護者の自立までかかわり続けていることから、支援者のかかわりの終点がみえないことなどである。

　そして、毎年の全国調査の報告は、高齢者虐待防止法に基づく公的マニュアルに規定された項目すべてを網羅していなかった。支援計画の作成やモニタリング・評価等に関するソーシャルワーク実践に関する調査項目が含まれていなかった。

　このことから、高齢者虐待におけるソーシャルワーク実践の実態が明確でないことが明らかとなった。

　第2章では、先行研究から、高齢者虐待の予防は、第一次予防（未然防

止）、第二次予防（悪化防止）、第三次予防（再発防止）の取組みが必要である
とされ、現状では、第二次予防が中心として取組まれていることが示された。
そこで、介護予防事業・予防医学・予防精神医学・ソーシャルワークの予防
概念を概観した。それに基づき、高齢者虐待予防概念枠組みの作成を試みた。
それは、対象者が地域で安定した社会生活を営むことを重視した Caplan, G
の予防概念を援用したものである。高齢者虐待の第二次予防の取組みは、第
一次予防である虐待の未然防止と第三次予防の再発防止にも影響する取組み
であることから、虐待対応の実際の事例を分析する必要性を見出した。

　第３章では、質的研究として、第二次予防である「高齢者虐待悪化防止の
協働プロセスの様相」を明らかにするため、ケース記録の分析をとおし、調
査を行った。分析方法としては、Schreier（2012）の演繹的な手続を基本に、
帰納的な手続をも実施可能な質的内容分析法を採用した。なぜなら、高齢者
虐待の事象は、高齢者虐待防止法の体制の下に対応されているからである。

　第一分析は、高齢者虐待防止法による公的マニュアルに基づき、遵守状況
と不遵守状況を分析し、不遵守状況が虐待の事象を悪化させた要因となって
いることを明らかにした。以下の８項目が含まれていた。それらは、発見・
通報の遅れ、職員の異動・退職等による支援の中断、判断基準があいまいな
ことによる重大なけがとなってからの虐待の判断、保護先の確保困難、養護
者の自殺企図による対応困難、支援計画に基づいたモニタリング・評価の未
実施、市区町村への未報告、市区町村マニュアル未作成時期の虐待対応の経
過が不明であった。

　第二分析では、帰納的な質的内容分析法を用い高齢者本人と養護者の虐待
事象への取組みを分析した。その結果、虐待の悪化を防止していた取組みに
は、高齢者本人が、逃げる・かわす・SOS の発信を繰り返すなどの行為・
行動があった。また、養護者である家族介護者が、気持ちを日記にぶつける、
外に出る、SOS の発信を繰り返すなどの行動・行為があった。これまでは、
高齢者本人や養護者は、何もできず無力であるとされていたものが、この調
査結果では、当事者が取り組んでいる様子を見出すことができた。

263

終章　まとめと今後の展望

　第三分析では、ケース記録の分析に基づき、2軸からなる協働プロセスの様相を分析した。縦軸に、市区町村と地域包括支援センター（虐待対応機関）と関係者・関係機関等による虐待防止の取組みを明らかにするため、第一層「当事者間」、第二層「関係者・関係機関など」、第三層「虐待対応機関」を布置し、横軸に、発見から終結までの虐待対応プロセスの時間軸をおいた。その結果、各層での具体的な取組みが明らかとなった。

　質的研究における第一、第二、第三分析の特徴的な結果として、六つの高齢者虐待の悪化を防止した取組みがみられた。

　第一に、通報以前に、親族や関係機関等により虐待事象の起点となる変化が把握され、介入が実施されていたこと、

　第二に、虐待の早期発見・通報にあたり、被虐待者や虐待者等が発信したSOSを受信した親族および関係機関は、虐待対応機関である市区町村や地域包括支援センターへ通報が受け付けられるまでSOSを連鎖する役割を果たしていたこと、

　第三に、高齢者虐待対応中から養護者支援チームを結成し、関係者・関係機関と協働していたこと、

　第四に、虐待対応における関係機関の役割遂行や、関係機関の業務範囲外での柔軟な対応をしていたこと、

　第五に、当事者や関係者・関係機関等に課せられた役割の履行確認と、経験や勘に基づくのではなく、支援計画に基づいたモニタリングや評価を実施していたこと、

　第六に、市区町村独自の高齢者虐待防止マニュアルを策定し、その遵守と記録が、適切な行政権限を行使し、組織的な対応を可能にしていたことであった。これらは、虐待対応の取組みとして、これまであまり注目されてこなかった事象である。

　以上の結果を踏まえ、高齢者虐待の予防概念に基づき概念の考察を行った。

　第4章では、質的調査の結果において把握された関係者・関係機関と虐待対応機関の特徴的な六つの取組みを「高齢者虐待の悪化を防止する取組み」

と位置づけ、探索的に量的調査を中心に行った。

　本調査は、全国の地域包括支援センター4558カ所から４分の１である1139カ所を無作為抽出して郵送による質問紙調査を実施した結果、459カ所の有効回答（有効回収率40.3%）が得られた。量的調査では、二つの分析を行った。それらは、高齢者虐待の対応状況の分析（第一分析）と市区町村マニュアルの策定の有無と高齢者虐待防止状況との関連を明らかにする（第二分析）ための分析である。

　第一分析の目的は、高齢者虐待防止法の公的マニュアルに基づき、全国の地域包括支援センターの虐待対応状況と虐待の悪化を防止する取組みの状況を明らかにすることである。具体的には、質問紙調査の記述統計の結果から、当該地域包括支援センターによる公的マニュアルの遵守状況を分析した。その結果、比較的遵守されていた項目は、虐待の事実の確認と、市区町村による行政権限の行使であった。比較的遵守されていなかった項目は、支援計画に基づく評価や検証の実施であった。

　そして、特に以下の五つのことが明らかとなった。

　第一に、高齢者虐待防止法に位置づけられた機関の報告体制に不全があったことである。

　第二に、関係者・関係機関などが、認知症の発症や関係性の変化など、虐待の兆候といえる「変化」を把握し、通報前から虐待の事象に対して介入を開始していたことである。

　第三に、養護者支援において、関係機関が業務範囲内外で柔軟に対応していたことである。

　第四に、虐待対応職員が養護者から脅された、監禁されたなど、犯罪ともいえる行為を虐待対応中に受けており、支援者支援の必要性が明確となったことである。

　第五に、高齢者虐待の事象に対するソーシャルワーク実践において、虐待対応所管課や地域包括支援センターにおける十分なアセスメントの下、支援計画が作成され、支援計画に基づいたモニタリングと評価を実施できる体制

終章　まとめと今後の展望

をつくる必要性が明確になったことである。

　第二分析の目的は、市区町村が策定したマニュアルが、高齢者虐待防止法に基づいた公的マニュアルとどのように関連しているか明らかにすることである。市区町村マニュアルを作成する意義は、地域ごとに異なる虐待対応機関等の役割分担などを明確にすることで虐待対応における環境整備に効果的であるとされるためである。

　分析に際しては、「市区町村マニュアル策定の有無」の1項目と、公的マニュアルの65項目のクロス集計とカイ二乗検定を行い、有意であった項目の割合を比較し、残差分析を行った。

　第二分析の結果、市区町村マニュアル作成の有無は、公的マニュアルが規定する項目のうち15項目に有意差が認められた。特に、市区町村マニュアルを作成することは、虐待防止ネットワークの活用が促進され、庁内情報の取扱いの体制整備など、虐待を予防できる地域づくりを促すのに有効であった。

　第5章では、本研究の質的調査と量的調査の分析結果を踏まえて考察し、高齢者虐待の予防支援システムの構築の必要性を提示した。そして、第一次から第三次予防対策の実施にあたり、ソーシャルワークを実践するうえでの限界への対策を提示した。これらは、予防支援システム構築に十分な示唆を与えるものと考える。

　第一次予防対策として、研修・教育の実施とネットワークの活用の促進、都道府県単位による相談助言・広域調整機関の設置体制、調査・研究による検証の必要性を提示した。

　第二次予防対策として、危機への介入体制整備、虐待対応プロセスを遵守したソーシャルワーク実践の必要性を提示した。

　第三次予防対策として、包括的継続的支援システムの必要性を提示した。

　そして、高齢者虐待を予防する地域づくりには、地域におけるソーシャルワーク実践として、まず第二次予防対策を展開し、その効果が第一次予防に影響を与え、第一次予防対策の成果が第三次予防の対応に効率的・効果的な相互作用をもたらすことを示した。

266

まとめとして、高齢者虐待の予防システムの構築は、すべてにおいて新たな取組みをせねばならないのではなく、既存のシステムの強化・改変をすることで、構築できる可能性を示した。

終章　まとめと今後の展望

Ⅱ　本研究の意義と限界

　本節では、本研究の意義と限界について、①研究対象、②研究方法、③研究結果について考察する。

1　研究対象に対しての意義と限界

　本研究の質的調査の対象は、ある自治体の中の、ある地域包括支援センターの記録であった。高齢者虐待の悪化防止（第二次予防）の様相をみるには、地域包括支援センターだけでなく、市区町村の虐待対応所管課や、関係者・関係機関、親族、近隣住民、当事者等の同時期に支援された協働のプロセスを調査・分析することが必要である。本研究における質的調査も量的調査も地域包括支援センター以外調査対象としておらず、実践現場の範囲が限定されている。

　しかし、ある特定された地域の体制が反映された虐待事象の悪化防止プロセスを詳細に追うことができ、質的調査でみられた事象を量的調査で確認できた。つまり、質的調査で高齢者虐待の悪化防止に必要な取組みを確認し、量的調査でその重要性の度合いを確認できたことは予防システムを考えるうえで意義があったと考える。

2　研究方法に関しての意義と限界

　本研究の調査で用いた分析法は、高齢者虐待防止法に基づくソーシャルワーク実践を考察するうえで最も適切な分析法を用いたとはいいがたい。質的内容分析法の手順を的確に用いているかの確認方法は十分ではなく、コーダーの協力を得て妥当性を証明しようとすることに限界がある。量的調査の分析法でも多くの変数を用いたが、回答方法や操作化の方法で不十分な面もあり、多変量解析などの分析を本研究では示すことができなかった。

268

また、量的調査の分析でも質的調査の分析でも、高齢者虐待防止法に基づいた公的マニュアルの内容をフレームとして本調査で用いているが、調査対象が地域包括支援センターのみであったことから、回答者が回答しやすいように改変した。このことは、厳密には公的マニュアルが高齢者虐待防止法に基づいた項目に準じているとはいいがたい。

しかし、そのフレームが高齢者虐待防止法に基づく公的マニュアルからまったくかけ離れたものではなかったことから、本フレームを用いて高齢者虐待の悪化防止における高齢者虐待防止法に基づくソーシャルワーク実践を考察できたことはこの制度の限界をみつめるうえで意義があったと考える。

そして、高齢者虐待の悪化防止である第二次予防だけでなく、未然防止の第一次予防、再発防止の第三次予防の様相の一端もみえ、虐待が発生する前から虐待の解消後までをも分析した結果を得ることができたことも意義があったと考える。

3　研究結果に関しての意義と限界

本研究は、高齢者虐待予防システムの構築を試みることをめざしているが、第一次予防の対策である高齢者虐待防止法に基づき、第二次予防の目的である虐待の悪化防止を中心とした結果となっており、高齢者虐待の第一次予防、第二次予防、第三次予防全体の様相がみえる分析とはなっていない。

また、高齢者虐待の悪化防止である第二次予防としても、調査対象が限定されているため、第二次予防の部分的な結果を得たという限界がある。

しかし、第二次予防の対策を展開し、その効果が第一次予防に影響を与え、第一次予防対策の成果が第三次予防の対応に効率的・効果的な相互作用をもたらすという、第二次から第一次、第三次への一連の循環するプロセスをもつ虐待の予防システムの構築の独自性を見出したことは、本研究の成果であり、その意義があったと考える。

269

Ⅲ　今後の展望

　人権を護ることは、高齢者虐待防止法においても、ソーシャルワークにおいても使命である。人権侵害である高齢者虐待の事象を予防することは、世界の使命でもある。しかし、今もってその方法は明確ではなく、方法として取組まれている効果も立証されるに至っていない。

　高齢者虐待の予防は、普及啓発などの第一次予防だけではなく、第二次予防、第三次予防も含めて予防という概念を用い、ソーシャルワークの実践として行っていくことが、人権を護ることにつながると筆者は確信した。

　高齢者虐待の予防支援システムの構築に向けて、高齢者虐待の悪化防止である第二次予防の探求を行うだけでなく、未然防止である第一次予防、再発防止である第三次予防のさまざまな取組みにも調査を広げ、高齢者虐待予防の取組みの効果を立証することで、人間の権利を護ることに貢献できるよう取り組んでいきたいと考える。

謝　辞

　本研究の過程は、私にとってとても厳しく長い道のりでした。博士後期課程に入学した年は、東日本大震災が起こった直後で、入学が決まった喜びも束の間、宮城県出身の私は、両親をはじめとする親族、知人友人などの安否確認と食物や燃料、生活用品を届ける対応や、娘の幼稚園卒園と小学校入学などの対応に追われ、研究どころではない状況でした。両親は無事でしたが、生まれ育った家や町は多大な被害を受け、親族や友人で亡くなられた方や家を失った方も多く、悲しみとやり場のない怒りのような感情がこみ上げる中、目の前のことに対応するのが精いっぱいの日々が長く続きました。学費を払って研究を続けている場合ではない、もう続けられないと何度思ったか知れません。

　大学院での研究をここまで続けてこれたのは、被災地にいる両親が、私たちは私たちで根を張って生きてきた地域で復興に向けて頑張っているのだから、あなたはあなたで一度始めたことをやりとおしなさいと言い続けてくれたことと、夫が経済面や家事育児などで私を支え理解してくれたこと、子どもたちの存在、学部のときからご指導をいただき、当時の指導教授であった福山和女先生と福山ゼミの仲間の研究への熱意があったからにほかなりません。

　私は、修士課程のときから高齢者虐待の事象に対して仕事でも研究でも取り組んできました。現場で高齢者虐待の事象に日々対応する中、虐待の事象が起こってからの対応に精いっぱいである毎日でよいのだろうか、理論と実践がかけ離れているのではないかと、悩み苦しんできました。博士課程に入学してから数年後にその想いを思い出し、大学院での研究を続けることを決意しました。

　現場での事象を研究するにあたり、指導教授であった福山和女先生と副査であった和田敏明先生にご指導いただき、福山先生と和田先生が退官なされ

た後、西原雄次郎先生にご指導いただきました。西原先生が退官なされた後、市川一宏先生にご指導いただきました。指導教授が変わったことへの戸惑いはありましたが、質的研究のご指導をいただいた柳原清子先生と、副査である山口麻衣先生に一貫してご指導いただいた環境は大きな支えとなりました。また、審査していただいた先生方に貴重なご助言をいただいたこと、指導教授の市川先生の集中した的確なご指導と福島喜代子先生の論文の構成などのご指導で、なんとか論文にまとめることができました。多くの先生方が、私のつたない文章に取り組んでくださったこと、ここに深く感謝申し上げます。

　そして、質的・量的調査にご協力いただいた地域包括支援センターの方々、職場の方々、本書の出版まで後押しくださった株式会社民事法研究会の竹島雅人様にも深く感謝申し上げます。

　この論文が研究者としての始まりであることを自覚し、今後、高齢者虐待の予防をめざし、現場での実践と研究、教育に取り組んでいきたいと思います。

2019年3月

　　　　　　　　　　　　　　　　　　乙幡　美佐江

文　献

※文献は、編著者名のアルファベット順（和名の場合はローマ字綴り。ひらがな「ふ」は、「fu」を、「ち」は「chi」を用いる）による。

※本文では、編者名と年数をもって引用している。

※編著者名が複数いる場合は先頭の者の名で代表する。たとえば、本文中（上村ら 2003）は、文献の中での上村典子・内藤和美・桜井智子・ほか（2003）「日本で行われた高齢者虐待の実態調査研究の検証」『群馬パース学園短期大学紀要』 5(1)117-154を指す。

※欧米の編著者の本で訳本がある場合、訳本の出版年で表記をしている。たとえば、（Caplan, 1970）は、Caplan, G(1964)（=1970、新福尚武監訳『予防精神医学』朝倉書店）を指す。

※文献名に続くのコロン「：」の後の数字は文献の頁数を指す。

〔A〕

あい権利擁護支援ネット（2015）「セルフ・ネグレクトや消費者被害等の犯罪被害と認知症との関連に関する調査研究事業報告書」平成26年度老人保健事業推進等補助金老人保健健康増進等事業.

安部美佐江（2000）「高齢者とその家族への在宅ケアについての一考察──ソーシャルワーク支援におけるインテークに段階を中心に──」東洋大学社会学研究科福祉社会システム専攻修士学位論文.

安達映子（2005）「『高齢者虐待』とみなされた介護家族との実践──ナラティブ・ベイスト・ソーシャル・ワークへの試行」『家族療法研究』22(2), 141-147.

Aguilera C.D（1994）CRISIS INTERVENTION 7th edition, The C.V. Mosby Company.（=1997小松源助・荒川義子『危機加入の理論と実際』川島書店）

Ägrane — Lindberg, Teresia.Marie Wadsby and Carina Bertero（2009）Young Adults with Childhood Experience of Divorce: Disappointment and Contentment, Journal of Divorce & Remarriage, 50, 172-184.

赤司秀明（2005）「高齢者虐待における虐待者と被虐待者との分離の問題に関する研究」『高齢者虐待防止研究』 1(1), 60-67.

273

文献 〰〰〰

天草市（2016）「高齢者虐待防止・早期発見マニュアル」天草市高齢者支援課（http://www.city.amakusa.kumamoto.jp/common/UploadFileOutput.ashx?c_id=3&id=2699&sub_id=1&flid=1361, 2017/5/9).

安藤智子（2014）「被虐待者が養護者から離れて生活することを決断する要因；3事例の分析」『高齢者虐待防止研究』10(1), 188-195.

青森県（2006）「子ども虐待対応マニュアル」青森県健康福祉部こどもみらい課.

荒木利卓・浅井篤（2010）「初期臨床研修医に対する倫理問題の経験と倫理教育の在り方についての予備調査」『生命倫理』20(1), 47-57.

有馬明恵（2007）『内容分析法の方法』ナカニシヤ出版.

浅田豊・山本春江・竹森幸一・ほか（2005）「健康教育 TYA 方式の改良過程とその効果の分析：第1報：シナリオの構造化と学習過程の分析」『青森県立保健大学雑誌』6(2), 49-61.

浅田豊・山本春江・竹森幸一・ほか（2004）「減塩による高血圧の一次予防を目指した効果的教育モデルの開発第1報：TYA 方式による学習状況を中心に」『青森県立保健大学雑誌』5(1), 53-61.

〔B〕

Bernard, Berelson（1952）Content Analysis in Communication Research, New York, Free Press（=1957, 稲葉三千男・金圭煥譯『内容分析法』みすず書房）.

ビアルケ千咲（2001）「学校および学校外教育の利用に関する親の教育戦略――ドイツ・ハンブルク州における調査にもとづいて――」『日本教育社会学会大会発表要旨集禄』53, 134-135.

Biestek, F. P（1957）The Casework Relationship, Loyola University Press.（=2006『ケースワークの原則−援助関係を形成する技法』尾崎新・福田俊子・原田和幸訳, 誠心書房　新訳改訂版）.

Biggs, S and Goergen. T（2010）Theorical development in elder abuse and neglect, Ageing Int35, 167-170, DOI10.1007/s12126-010-9066-z.

Bloom, M and Gulotta P, T（2008）Prevention, Encyclopedia of social work 20th Edition, 398-405.

Boggatz, Thomas, Tamer Farid and Ahmed Mohammedin eds.（2009）Attitudes of Older Egyptians towards Nursing Care at Home: A Qualitative Study, J Cross Cult Gerontol, 24, 33-47.

Bonnie, J. Richard and Wallace, B. Robert, Editors（2003）ELDER

MISTREATMENT Abuse, Neglect, and Explotation in an Aging America, THE NATIONAL ACADEMIES PRESS (=2008　多々良紀夫監訳『高齢者虐待の研究　虐待，ネグレクト，搾取　究明のための指針と課題』明石書店).

Brinkman, Britney G. and Kathryn M. Rickard (2009) College Students' Descriptions of Everyday Gender Prejudice, Sex Roles 61, 461-475.

Brownell, P Eds (2013) Ageism and Mistreatment of Older Workers, Springer Science Business Media Dordrecht,
(http://www.springer.com/gp/book/9789400755208/2015/4/4).

Butchart, Alexander et al. eds (2006) Preventing Child Maltreatment: a guide to taking action and generating evidence, World Health Organization. (=2011, 小林美智子監修，藤原武男・水木理恵監訳，坂戸美和子・富田拓・市川佳世子翻訳『エビデンスに基づく子ども虐待発生予防と防止介入』明石書店.)

Butrym, Zofia (1976) The nature of social work, Macmillan London (=1986, 小田誉音訳『ソーシャルワークとは何か～その本質と機能』川島書店.

Bux, Shahid M. and Sarah M. Coyne (2009) The Effects of Terrorism: The Aftermath of the London Terror Attacks, Journal of Applied Social Psychology, 39(12), 2936-2966.

〔C〕

Caplan, G (1964) Principles of preventive psychiatry basic books, New York Inc. (=1970, 新福尚武監訳『予防精神医学』朝倉書店)

Caplan, G (1974) Support Systems and Community Mental Health, Behavioral Publications. (=1979, 近藤喬一・増野肇・宮田洋三訳『地域ぐるみの精神衛生』星和書店.)

Carpenter, Laura M. (2009) Virginity Loss in Reel/Real Life: Using Popular Movies to Navigate Sexual Initiation, Sociological Forum, 24(4), 804-827.

Catherine, P. Mays, N and Popay, J (2007) Synthesizing Qualitative and Quantitative Health Evidence: A Gude to Methods. (=2009, 伊藤景一・北素子監訳『質的研究と量的研究のエビデンスの統合』医学書院)

Chahal Jaspreet (2014) Analysis of project narratives of elder abuse grants from 2005 to 2013: Categorization, Natinal institute of justice, Elder Mistreatment Using Theory in Research Meeting summary, The U. S. Department of Justice.

文　献

Cheung, Monit (2009) Mental Health Issues Expressed By The Cantonese-Chinese Radio Listeners, The Hong Kong Journal of Social Work, 43(2), 147-155.

千葉京子（2004）「介護老人保健施設実習における認知症高齢者ケアの学び」『日本赤十字武蔵野短期大学紀要』18, 43-49.

地域ケア会議マニュアル作成委員会（2012）『地域包括支援センター運営マニュアル2012～保険者・地域包括支援センターの協働による地域包括ケアの実現をめざして～』長寿社会開発センター.

地域包括ケア研究会（2010）「地域包括ケア研究会報告書」三菱UFJリサーチ＆コンサルティング.

地域包括支援センター運営マニュアル検討委員会（2013）『地域ケア会議運営マニュアル』（平成24年度老人事業推進費等補助金老人保健健康増進等事業地域ケア会議運営マニュアル作成事業）長寿社会開発センター.

地域包括支援センター運営マニュアル検討委員会編（2015）『地域包括支援センター運営マニュアル』長寿社会開発センター.

Clarke, Juanne N. (2010a) The Domestication of Health Care: Health Advice to Canadian Mothers 1993-2008 in Today's Parent, Family Relations, 59, 170-179.

Clarke, Juanne N. (2010b) The paradoxical portrayal of the risk of sexually transmitted infections and sexuality in US magazines Glamour and Cosmopolitan 2000-2007, Health, Risk and Society, 12(6), 560-574.

Creswell, J. W. (2003) Research Design; Qualitative, Quantitative, and Mixed Methods Approaches 2 nd ed., Sage (=2007, 操華子・森岡崇訳『研究デザイン――質的・量的・そしてミックス法』日本看護協会出版会).

Coleman, James S. 1990. Foundations of Social Theory, Cambridge, Harvard University Press.

Curry, L. C., and Stone, J. G. (1995). Understanding elder abuse: The social problem of the 1990s. Journal of Clinical Geropsychology, 1(2), 147-156.

〔D〕

第19期日本学術会議予防医学研究連絡委員会（2005）「衛生学・公衆衛生学の将来展望――Japan Perspective in Public Health――」第19期日本学術会議予防医学学研究連絡委員会報告.

Denzin, Norman K. and Lincoln Yvonna S. (2011) The Sage Handbook of

Qualitative Research, Sage Publications, Inc.

Decalmer, Peter and Glendenning Frank (1993) MISTREATMENT OF ELFERLY PEOPLE, Sage Publication Ltd in London (=1998, 田端光美・杉岡直人監訳『高齢者虐待　発見・予防のために』ミネルヴァ書房).

Downe-Wamboldt, B (1992) Content Analysis; Method, Applicatioms, and issues. Health Care for Women International, 13, 313-321.

〔E〕

Elo, Satu and Kyngas Helvi (2008) The qualitative content analysis process, Journal of advances nursing, 62(1), 107-115.

〔F〕

Finn, J, V. Younis: D.J. Kendig, H. and others (2011), Financial Planning for Retirement Village Living: A Qualitative Exploration, Journal of Housing For the Elderly, 25: 217-242.

Fisher E. Jane, Henderson Deboah and Buchanan Jefferey (2003) "Elder Abuse" Gullotta P Thomas. and Bloom Martin The encyclopedia of primary prevention and health promotion,

Fitzgerald, Amy and Lori B.Baralt (2010) Media Constructions of Responsibility for the Prcduction and Mitigation of Environmental Harms: The Case of Mercury-Contaminated Fish, Canadian Journal of Criminology and Criminal Justice, 2010, 52(4), 341-368.

Flick, Uve, (2007) QUALITATIVE SOZIALFORCHUNG, Rowllt Verlag GmpH, Reinbek bei Hamburg (=2011, 小田博志監訳 山本則子・春日常・宮地尚子訳『新版 質的研究入門〈人間科学〉のための方法論』春秋社).

藤江慎二 (2008)「老老介護における高齢者虐待の予防的相談面接——家族介護者に対する相談面接に商店を当てての一考察——」『高齢者虐待防止研究』 4 (1), 159-167.

藤江慎二 (2009)「高齢者虐待の対応に困難を感じる援助者の認識——地域包括支援センターの援助者へのアンケート調査をもとに——」『高齢者虐待防止研究』 5(1), 103-111.

藤縄昭・福山和女監訳，福山和女・対馬節子・萬歳芙美子・ほか訳『家族評価——ボーエンによる家族探求の旅——』金剛出版.

福島昌子・清水千代子 (2003)「在宅ケアが継続できる要素——主介護者へのイ

ンタビューの分析から──」『群馬県立医療短期大学紀要』10，81-90.

福山和女（1999）「高齢者虐待」，『家族療法研究』16(2)，10-14.

福山和女（2001）『3次元の立体把握──役割システム的アプローチについての理解──』㈱FK研究グループ

福山和女監修（2005）『カンファレンス・協働──医療・保健・福祉の専門家のために──』㈲FKグループ.

福山和女（2009）「ソーシャルワークにおける協働とその技法」『ソーシャルワーク研究』34(4)，278-290.

Fulmer, T. 1989. Clinical assessment of elder abuse in Filinson, R. and Ingman, S. R. eds, Elder Abuse: Practice and Policy. New York: Human Sciences Press.

〔G〕

Germain, C.B (1973). An ecological perspective in casework practice. Social Casework. Vol54. No6. The Family Service Association of America. 323-330. 1973.（=小島蓉子編訳（1992）『エコロジカル・ソーシャルワーク──カレル・ジャーメイン名論文集──』学苑社）.

Gibson, S. C., and Qualls, S. H. (2012). A Family Systems Perspective of Elder Financial Abuse. Generations, 36(3), 26-29.

Glaser, Barney G and Strauss Anselm L. (1967), The Discovery of Grounded Theory: Strategies for Qualitative Research, Chicago: Aldine Publishing Company（=2010，後藤隆・大出春江・水野節夫訳『データ対話型理論の発見─調査からいかに理論をうみだすか』新曜社.)

郷良淳子（2004）「慢性期病棟におけるリハビリテーション看護の促進における課題」『日本精神保健看護学会誌』13(1)，109-116.

Graneheim, Ulla H. and Berit Lundman（2004）Qualitative content analysis in nursing research: concepts, procedures and measures to achieve trustworthiness. Nurse Education. Today （2004）24，105-112.

〔H〕

浜田幸絵（2011）「1932年ロサンジェルス・オリンピックのメディア表象」『マスコミュニケーション研究』79，111-131.

濱野亮（2016）「司法ソーシャルワークと地域連携」『総合法律支援論叢』日本司法支援センター，8，60-79.

Hamby, Sherry（2014）The Benefits of Theory in Violence Research: The Web of Violence, Natinal institute of justice "Elder Mistreatment Using Theory in Research Meeting summary" The U.S. Department of Justice.

萩原清子（2009）「あいまい概念としての『高齢者虐待』とその対応——虐待の定義と虐待の判断基準の再構築に向けて——」『関東学院大学文学部紀要』117, 131-156.

長谷川明美・宮間恵美子・角田陽子・大光房枝（2009）「高齢者虐待事例への支援における分離の検討——A市高齢者虐待防止ネットワークの実践から——」『高齢者虐待防止研究』5(1), 130-138.

橋本和明・村木博隆・大橋稔子（2009）「高齢者虐待が深刻化する要因についての研究」『花園大学社会福祉学部研究紀要』17, 23-50.

服部万里子（2009）「養護者支援に対する提言」『高齢者虐待防止研究』, 5(1), 39-44.

林怡薐（2009）「照らされた政治とオリンピックの葛藤：北京オリンピックでの長野聖火リレーをめぐる報道内容分析法」『仙台大学紀要』41(1), 19-33.

狭間香代子「ストレングス視点とアドボカシー」『社会福祉学』50(2), 111-112.

Heber, Anita（2011）Fear of Crime in the Swedish Daily Press—Descriptions of an Increasingly Unsafe Society, Journal of Scandinavian Studies Criminology and Crime Prevention, 12, 63-79.

Hedberg, Pia, Christine Brulin and Lena Alex（2009）Experiences of Purpose in Life When Becoming and Being a Very Old Woman, Journal of Women and Aging, 21, 125-137.

廣瀬清人・菱沼典子・印東桂子（2009）「マズローの基本的欲求の階層図への原典からの新解釈」『聖路加看護大学紀要』, 35, p28-36.

廣瀬春次（2012）「混合研究法の現在と未来」『山口医学』61（1・2合併号）, 11-16.

日吉昭彦（2004）「内容分析法研究の展開——特集メッセージ分析の可能性——」『マスコミュニケーション研究』64, 5-24.

堀文子・上田ゆみ子・小野雄一郎・ほか（2008）「ベット上端座位から車いす移乗介助における介助ベルト使用の効果」『産業衛生学雑誌』50(1), 21.

Horsford. S. R and Parra. C eds（2011）Elder abuse and neglect in African American families: Infoeming practice based on echological and cultural frameworks, Jornal of elder abuse and neglect, 23(1), 75-88.

文　献

保科寧子・奥野英子（2008）「在宅高齢者を対象として対話や交流を行うボランティアの機能分析」『社会福祉学』49(2)，111-122.

Hsiu-Fang, Hsieh and Shannon Sara E. (2005) Three Approaches to Qualitative Content Analysis, Qualitative Health Research15(9)，1277-1288.

一瀬貴子（2009）「家庭内高齢者虐待事例に対する社会福祉士のソーシャルワーク実践スキルの構造——家族システム内機能・構造変容を目指したソーシャルワーク実践スキルを中心に——」『The Journal of the Department of Social Welfare, Kansai University of Social Welfare』12，71-80.

〔I〕

飯田さと子・坂本敦司（2010）「診療所医師からみたへき地医療問題『地域医療の現状と課題の地域間格差に関する調査』自由記載欄の質的内容分析法」『自治医科大学紀要』32，29-41.

池田惠利子（2007）「権利擁護事業の意義と役割」『実践　成年後見』20，21-27.

池田惠利子（2010）「第2章第1節高齢者の権利擁護と虐待対応」，日本社会福祉士会『高齢者対応ソーシャルワークモデル実践ガイド』中央法規.

池田耕二・玉木彰・吉田正樹（2010）「理学療法臨床実習における実習生の意識構造の変化——質的内容分析法と数量化Ⅲ類による探索的構造分析——」『理学療法科学』25(6)，881-888.

池田直樹（2016）「高齢者虐待防止法改正の意義を今一度考える」『高齢者虐待防止研究』12(1)，9-11.

井上映子・峯馨・斎藤やよい（2005）「リハビリテーション看護実習における学生の意味化した経験の構造」『THE KITAKANTO medical journal』55(3)，225-234.

伊礼優・岡村純・栗栖瑛子（2005）「臨地実習における患者-学生間のコミュニケーションの分析：テクストとしてのプロセスレコードの内容分析法を通して-」『沖縄県立看護大学紀要』6，10-24.

石橋文枝（2002）「在宅看護における家族介護者の対人認知に関する研究——男性介護者の対人認知の実態——」『藍野学院紀要』16，73-78.

伊藤真（2010）『伊藤真の憲法入門第4版』日本評論社.

一瀬貴子（2013）「家庭内高齢者虐待発生事例の家族システム内特性に対する社会福祉士が活用するソーシャルワーク実践スキルの効果」『関西福祉大学社会福祉学部研究紀要』17(1)，17-26.

医療経済研究・社会保険福祉協会医療経済研究機構（2004）「家庭内における高齢者虐待に関する調査報告書」平成15年度老人保健健康増進等事業費補助金事業.

医療経済研究機構（2003）「家庭内における高齢者虐待に関する調査」.

岩間伸之（2007）「高齢者の尊厳と権利擁護──『積極的権利擁護』の推進に向けて──」『実践 成年後見』20，4-11.

岩間伸之（2012）「巻頭言予防的アプローチの推進とソーシャルワークの新しい展開」『ソーシャルワーク研究』38(3)，1.

岩間伸之・白澤政和・福山和女編著（2011）『ソーシャルワークの理論と方法Ⅰ』ミネルヴァ書房.

〔J〕

Jane E. Fisher, Deboah Henderson, and Jefferey Buchanan（2003）Elder Abuse, Thomas P. Gullotta and Martin Bloom（2003）The encyclopedia of primary prevention and health promotion, New York: Kluwer Academic/Plenum Publishers.

Jonson, L.C and Yanca, S.J（2002）Social Work Practice: A Generalist Approach. Boston: Allyn & Bacon.（=山辺朗子，岩間伸之訳（2004）『ジェネラリスト・ソーシャルワーク』ミネルヴァ書房）

〔K〕

Kaid, L. L.（1989） Content analysis. In P. Emmert & L. L. Barker. eds, Measurement of communication behavior, New York: Longman, 197-217.

梶川義人（2008）「高齢者施設における高齢者虐待への対応」『ソーシャルワーク研究』34(2)，136-142.

金子善彦（1987）『老人虐待』星和書店.

金子絵里乃（2009）『ささえあうグリーフケア』ミネルヴァ書房.

Kannan, Divya and Heide M.Levitt（2009）Challenges Facing the Developing Feminist Psychotherapist in Training, Women and Therapy, 32，406-422.

神奈川県児童医療福祉財団小児療育相談センター（2007）『療育マニュアル第17集面接で活用できる援助技術──大切な人の力，そして家族の力──』昭和情報プロセス株式会社.

菅民郎（1998）『すべてわかるアンケートデータの分析』現代数学社.

Kaplan B. D and Berkman J. B（2013）"Elder abuse-prognosis"

文献

(http://www.merckmanuals.com/professional/geriatrics/elder_abuse/elder_abuse.html/2015/4/29).

加藤悦子・近藤克則・樋口京子・ほか（2004）「虐待が疑われた高齢者の状況改善に関連する要因——介護保険制度導入前後——」『老年社会科学』25(4), 482-293.

加藤悦子（2001）「高齢者虐待への福祉的加入・援助の有効性と限界」『社会福祉学』41(2), 131-141.

葛飾区（2015）「第4期葛飾区高齢者虐待防止・養護者支援計画（平成27年度〜平成31年度)」葛飾区福祉部高齢者支援課.

勝俣瑛史（1987）「自殺未遂を繰り返す女子大学生の時間的展望テスト（TPT）所見（思春期病理，人格5，口頭発表)」『日本教育心理学総会発表論文集』29, 32-533.

川口俊明（2011）「教育学における混合研究法の可能性」『教育学研究』78(4), 52-63.

川端伸子・高橋智子・乙幡美佐江（2014）「東京都の高齢者権利擁護支援センターの相談業務より:認知症のある人の権利擁護推進に求められるもの（特集認知症の人の権利擁護を推進する取り組み)」『認知症ケア事例ジャーナル』 7(2), 189-194.

川端伸子（2015）「権利擁護」『地域包括支援センター運営マニュアル』長寿社会開発センター，117-171.

川端伸子・乙幡美佐江（2016）「高齢者虐待対応の現状と課題」『高齢者虐待防止研究』12(1), 12-18.

川村匡由（2011）『司法福祉論——更生保護と権利擁護・成年後見——』ミネルヴァ書房.

介護予防マニュアル改訂委員会（2012）「介護予防マニュアル改訂版」株式会社三菱総合研究所人間・生活研究本部，平成23年度老人保健推進費補助金（老人保健健康増進等事業分）介護予防事業の指針策定に係る調査研究事業（http://www.mhlw.go.jp/topics/2009/05/dl/tp0501-1_1.pdf.2017/6/1).

桐野匡史・矢嶋祐樹・柳 漢守・筒井孝子・中嶋和夫（2005）「在宅要介護高齢者の主介護者における介護負担感と心理的虐待の関連性」『厚生の指標』52(3), 1-8.

北野誠一（2000）「アドボカシー（権利擁護）の概念とその展開」河野正輝・大

熊由紀子・北野誠一編『講座障害をもつ人の人権③福祉サービスと自立支援』有斐閣.

柏木昭・佐々木敏明・荒田寛（2010）『ソーシャルワーク協働の思想——クリネーからトポスへ——』へるす出版.

Kisanga, Felix, Jessie Mbwanbo and Nornh Hogan（2010）Perceptions of Child Sexual Abuse—A Qualitative Interview Study with Representatives of the Socio-Legal System in Urban Tanzania, Journal of Child Sexual Abuse, 19, 290-309.

岸玲子・大前和幸・小泉昭夫・ほか（2012）『NEW 予防医学・公衆衛生学』南江堂.

岸恵美子・野尻由香・米澤順子・ほか「地域包括支援センター看護職のセルフ・ネグレクト事例」『高齢者虐待防止研究』10(1), 106-120.

菊池和則（2009）「協働・連携のためのスキルとしてのチームアプローチ」『ソーシャルワーク研究』34(4), 17-23.

Klein, Waldo C. and Martin Bloom（1994）Social Work as Applied Social Science: A Historical Analysis. Social Work (39), 421-431.

小林登喜代・込山恵子・松崎千賀子・ほか「経腟分娩後の排尿に関するフィジカルアセスメントの有用性と項目の検討」『母性衛生』51(3), 178.

小宮山恵美（2009）「東京都北区での取り組みから」『高齢者虐待防止研究』 5(1), 20-26.

河野正輝「権利擁護サービスにおける公的責任と成年後見制度の役割」『実践成年後見』20, 12-20.

高齢者虐待防止研究会編（2006）『高齢者虐待に挑む増補版——発見，介入，予防の視点——』中央法規.

厚生労働省（2006a）「高齢者虐待への対応と養護者支援について」厚生労働省老健局.

厚生労働省（2006b）「老人ホームの入所措置等の指針について」老発第0331028号厚生労働省老健局長通知.

厚生労働省（2010）「地域福祉計画優良事例」
（http://www.mhlw.go.jp/topics/bukyoku/syakai/c-fukushi/keikaku/jirei1.html/2015.8.24）.

厚生労働省老健局高齢者支援課認知症・虐待防止対策推進室（2011）「高齢者虐

待の防止，高齢者の養護者に対する支援等に関する法律の適切な運用について」平成23年9月16日通知文.

厚生労働省（2012）「臓器の移植に関する法律の運用に関する指針」
（http://www.mhlw.go.jp/bunya/kenkou/zouki_ishoku/dl/hourei_01.pdf/2015/3/28）.

厚生労働大臣（2012）「国民の健康の増進の総合的な推進を図るための基本的な方針」厚生労働省告示第四三十号.

厚生労働省社会・援護局（2012）「障害者虐待防止法に関するQ&Aについて」社会・援護局障害保健福祉部障害福祉課地域移行・障害児支援係.

厚生労働省雇用均等・児童家庭局総務課（2013）「子ども虐待対応の手引き」厚生労働省
（http://www.mhlw.go.jp/seisakunitsuite/bunya/kodomo/kodomo_kosodate/dv/dl/120502_11.pdf,2016/2/12）.

厚生労働省社会保障審議会介護保険部会（2013）「第51回社会保障審議会介護保険部会資料 資料3 その他」厚生労働省老健局総務課
（http://www.mhlw.go.jp/stf/shingi/0000028033.html,2016/3/28）.

厚生労働省老健局（2013）「当面の認知症施策の取組みについて――『認知症施策推進5か年計画』（オレンジプラン）の着実な実施について――」厚生労働省老健局高齢者支援課認知症・虐待防止対策推進室
（http://www.mhlw.go.jp/stf/shingi/2r98520000035rce-att/2r98520000035rfx_1_1.pdf,2016/4/30）.

厚生労働省社会・援護局障害保健福祉部障害福祉課地域生活支援推進室（2015）「市町村・都道府県における障害者虐待の防止と対応」厚生労働省.

厚生労働省（2015）「誰もが支え合う地域の構築に向けた福祉サービスの実現――新たな時代に対応した福祉の提供ビジョン――」新たな福祉サービスのシステム等の在り方検討プロジェクトチーム
（http://www.mhlw.go.jp/file/05-Shingikai-12201000-Shakaiengokyokushougaihokenfukushibu-Kikakuka/bijon.pdf.2017/6/1）.

厚生労働省老健局総務課（2015）「公的介護保険制度の現状と今後の役割」
（http://www.mhlw.go.jp/file/06-Seisakujouhou-12300000-Roukenkyoku/201602kaigohokenntoha_2.pdf.2017/6/1）.

厚生労働省老健局（2016）「平成26年度『高齢者虐待の防止，高齢者の養護者に

対する支援等に関する法律に基づく対応状況等に関する調査』の結果及び養介護施設従事者等による高齢者虐待の状況等を踏まえた対応の強化について（通知）」老発0219第 1 号各都道府県知事宛.

厚生労働省（2016）「平成28年版厚生労働白書——人口高齢化を乗り越える社会モデルを考える——」平成27年度厚生労働行政年次報告.

厚生労働省老健局（2017a）「これからの介護予防」（http://www.mhlw.go.jp/file/06-Seisakujouhou-12300000-Roukenkyoku/0000075982.pdf, 2017/4/15）.

厚生労働省（2017b）「平成27年度高齢者虐待の防止，高齢者の養護者に対する支援等に関する法律に基づく対応状況等に関する調査結果」厚生労働省老健局（http://www.mhlw.go.jp/stf/seisakunitsuite/bunya/hukushi_kaigo/kaigo_koureisha/boushi/index.html,2017/5/13）.

厚生労働省（2017c）「『地域共生社会』の実現に向けて（当面の改革工程)」厚生労働省「我が事・丸ごと」地域共生社会実現本部.

厚生労働省（2018a）「市町村・都道府県における高齢者虐待への対応と養護者支援について」厚生労働省老健局（https://www.mhlw.go.jp/stf/seisakunitsuite/bunya/0000200478.html, 2018/9/9）.

厚生労働省（2018b）「平成28年度高齢者虐待の防止、高齢者の養護者に対する支援等に関する法律に基づく対応状況等に関する調査結果」厚生労働省老健局（https://www.mhlw.go.jp/stf/houdou/bunya/0000196989.html, 2018/9/9）.

葛飾区（2015）「第 4 期葛飾区高齢者虐待防止・養護者支援計画（平成27年度～平成31年度)」葛飾区福祉部高齢者支援課
（http://www.city.katsushika.lg.jp/_res/projects/default_project/_page_/001/006/072/4gyakutaikeikaku.pdf, 2016/04/30）.

国際医療福祉大学（2011）「地域包括支援センターの機能強化および業務の検証並びに改善に関する調査研究事業報告書」平成22年度厚生労働省老人保健健康増進等事業.

国際ソーシャルワーク学校連盟（IASSW）・国際ソーシャルワーカー連盟（IFSW），（2014）日本社会福祉教育学校連盟・社会福祉専門職団体協議会訳「ソーシャルワークのグローバル定義（日本語訳版)」日本社会福祉教育学校連盟（JASSW）.

北島英治（2010）「11章ソーシャルワークの歴史　1 北米・ヨーロッパのソーシャルワークの歴史」北島英治・副田あけみ・高橋重宏・ほか編『ソーシャルワ

285

ーク実践の基礎理論改訂版』有斐閣.

Krippendorff Klaus (2004) Content Analysis An Introduction to Its Methodology Second Edition, Sage Publications, Inc.

Krippendorff Klaus (1980) CONTENT ANALYSIS: An Introduction to Its Methodology, Sage Publications, Inc.（=2006，三上俊治・椎野信雄・橋元良明『メッセージ分析の技法「内容分析法への招待」』勁草書房）.

近藤厚志（2013）「高齢者虐待対応専門職チームの活動から見える課題」『高齢者虐待防止研究』9(1)，35-37.

国立市高齢者虐待対応マニュアル策定委員会（2013）「国立市高齢者虐待対応マニュアル第2版」国立市
(http://www.city.kunitachi.tokyo.jp/ikkrwebBrowse/material/files/gyakutai allhp.pdf,2017/5/9).

〔L〕

Leavell HR, Clark EG (1958) Preventive medicine for the doctor in his community McGraw- Hill Book Co, N. Y./Toronto/London, 1958.

Lee, Caroline W. (2009) Conservation as a Territorial Ideology, City and Community, 8(3)，301-328.

任　貞美（2014）「介護職員の虐待認識に基づいた高齢者虐待定義の再構築への試み──『準虐待』の構造と特徴に着目して──」『社会福祉学』54(4)，57-68.

任　貞美（2016）「高齢者虐待の定義および概念を確立するための研究課題の検討」『社会福祉学』57(2)，15-28.

〔M〕

前田小百合（2009）「志摩市における養護者支援の現状と課題」『高齢者虐待防止研究』5(1)，14-19.

松下年子（2016）「高齢者虐待防止施行11年目を迎えて思うこと」『高齢者虐待防止研究』12(1)，6-8.

Magnusson and Allen (1989) in Conton, Galway, Social Work Process, Belmont, CA: Westworth Publishing Company.

Maslow.H.A (1954) Motivation and personality edition An imprint of addition Wesley Longman, Iic（=1987，小口忠彦訳『人間性の心理学──モチベーションとパーソナリティ改訂新版』産業能率短期大学出版部）.

桝田聖子・津村智恵子・臼井キミカ（2014）「都市部における高齢者虐待の被虐

待者と養護者の実態と課題：個別事例調査」『高齢者虐待防止研究』，10(1)
p24-32.

Mayring Ph. (2000) Qualitative Content Analysis [28 paragraphs], Forum
Qualitative Sozialforschung/ Forum: Qualitative Social Research, 1(2), Art.20
(http://nbr.-resolving.de/um:nbn:de:0114-fqs0002204,2011/11/10).

Mayring, Ph. (1983). Qualitative Inhaltsanalyse. Grundlagen und Techniken
(first edition). Weinheim: Deutscher Studien Verlag.

Mercury-Contaminated Fish, Media Constructions of Responsibility for
Environmental Harms, 341-368.

Metropolitan Life Insurance Company (2009) Broken trust: Elders, families, and
finances
(http://www. metlife. com/assets/cao/mmi/publications/studies/mmi-study-
broken-trustelders-family-finances.pdf/2015/4/29).

三木恵美・清水　一・岡村仁（2011）「末期癌患者に対する作業療法士の関わり
──作業療法士の語りの質的内容分析法──」『作業療法』30(3)，284-294.

三木恵美・清水一・岡村仁（2009）「末期癌患者に対する作業療法士の関わり
──作業療法士の語りの質的内容分析法──」『作業療法』30(1)，48-59.

三毛美予子（2009）「一人暮らしの道からの撤退─親と暮らしていた脳性麻痺者
がひとり暮らしとしての自立生活を実現する一課程」『社会福祉学』49(4)，
79-91.

三富紀敬（2000）『イギリスの在宅介護者』ミネルヴァ書房.

三菱総合研究所（2014）「地域包括支援センターにおける業務実態に関する調査
研究事業報告書」平成25年度老人保健事業推進費等補助金老人保健健康増進等
事業.

三菱総合研究所（2015）「地域包括支援センターにおける業務実態に関する調査
研究事業報告書」平成26年度老人保健事業推進費等補助金老人保健健康増進等
事業.

三浦美子（2008）「高齢者在宅介護における家族の介護意識に関する研究──高
齢者虐待予防の視点から──」『保健福祉学研究』6，185-200.

村瀬洋一・高田洋・廣瀬毅士（2009）『SPSS による多変量解析』オーム社.

〔N〕

中村京子（2014）「我が国の高齢者虐待の定義と援助の在り方に関する研究：イ

ギリス法制度からの示唆」熊本学園大学大学院社会福祉学研究科社会福祉学専攻，博士学位論文.

奈良県（2013）「妊娠期からの母子保健活動マニュアル〜乳幼児早期の虐待予防に向けて〜」奈良県医療政策部保健予防課

（http://www.pref.nara.jp/secure/106714/manual2013.pdf.2017/6/3）.

National Criminal Justice Reference Service（2011）Economic costs of financial abuse Financial Abuse of Elderly People vs. Other Forms of Elder Abuse: Assessing Their Dynamics, Risk Factors, and Society's Response" National Criminal Justice Reference Service No.233613.

Nelson, LaRon E., Dianne Momson-Beedy and Margaret H. Kearney（2011）Sexual partner type taxonomy use among urban Black adolescent Mothers, The Canadian Journal of Human Sexuality, Vol.20(1), 1-10.

練馬区（2013）「練馬区高齢者虐待防止・養護者支援マニュアル」練馬区高齢施策担当部高齢者支援課

（https://www.city.nerima.tokyo.jp/kusei/kaigi/kaisaibijun/index/uneiiinkai 20140619.files/20140619_sankousiryou1.pdf,2017/5/9）.

内閣府男女共同参画局（2009）「配偶者からの暴力の被害者対応の手引き」内閣府.

日本高齢者虐待防止学会研究調査委員会・朝日新聞大阪本社（2013）「養護者の高齢者虐待に至る背景要因と専門職支援の実態・課題〜平成24（2012）年度都市型市区自治体活動と専門職の取組み事例調査より〜」平成25（2013）年度日本高齢者虐待防止学会・朝日新聞大阪本社共同調査事業.

日本NPOセンター（2016）「NPOに関するQ&A他セクターとの協働のために」（http://www.jnpoc.ne.jp/?page_id=215, 2016/03/20）.

日本社会福祉士会（2006）『地域包括支援センターのソーシャルワーク実践』地域包括支援センターにおける社会福祉士実務研修委員会，中央法規.

日本社会福祉士会（2010）『高齢者虐待対応ソーシャルワークモデル実践ガイド』中央法規.

日本社会福祉士会（2011）「市町村・地域包括支援センター・都道府県のための養護者による高齢者虐待対応の手引き」平成22年度老人保健健康増進等事業.

日本小児科学会こどもの生活環境改善委員会（2014）「子ども虐待診療手引き第2版」

（https://www.jpeds.or.jp/modules/guidelines/index.php?content_id = 25, 2015/8/24）.

日本臓器移植ネットワーク監修臓器提供施設委員会（2014）「臓器提供施設の手順書（第2版）」

（https://www.jotnw.or.jp/jotnw/law_manual/pdf/plant.pdf/2015/3/28）.

日本老年学会・日本老年医学会（2017）「高齢者に関する定義検討ワーキンググループ報告書」日本老年学会・日本老年医学会,

（https://www.jpn-geriat-soc.or.jp/info/topics/pdf/20170410_01_01.pdf, 2017/6/1）.

認知症介護研究・研修仙台センター（2014）「高齢者虐待の要因分析等に関する調査研究事業」平25年度老人保健事業推進費等補助金（老人保健健康増進等事業）報告書.

認知症介護研究・研修仙台センター（2017）「高齢者虐待の要因分析及び対応実務課題の解決・共有に関する調査研究事業報告書」平27年度老人保健事業推進費等補助金（老人保健健康増進等事業）報告書.

認知症介護研究・研修仙台センター（2018）「高齢者虐待における重篤事案等にかかる個別事例についての調査研究事業報告書」平成29年度老人保健事業推進費等補助金（老人保健健康増進等事業）報告書（https://www.dcnet.gr.jp/pdf/download/support/research/center3/list_center3/s_h29gyakutaijyutoku_doRmk.pdf,2018/9/9）.

野村祥平・岸恵美子・小長谷百合絵・ほか「高齢者のセルフ・ネグレクトの理論的な概念と実証研究」『高齢者虐待防止研究』10(1), 175-187.

Nygren, Lennart, Ulf Hyvönen and Evelyn Khoo（2009）The Travelling Idea of Looking After Children: Conditions for moulding a systematic approach in child welfare into three national contexts Australia, Canada and Sweden, Australian Social Work, 62(4), 491-506.

Nygård M（2009）Constructions of Children and State Intervention among Finnish Politicians in Relation to the Child Protection Act 1983 and 2006, Policy & Administration (43) 5, 464-482.

〔O〕

太田義弘（2007）「ソーシャルワークの体系　1 ソーシャルワークの意義と方法」仲村優一・一番ヶ瀬康子・右田紀久恵監修, 岡本民夫・田端光美・濱野一郎・

ほか編『エンサイクロペディア社会福祉学』中央法規出版，626-631.

太田義弘（2008）「ソーシャルワーク実践と科学化への方法」『関西福祉科学大学紀要』12，1-20.

乙幡美佐江（2014）「ソーシャルワーク研究における質的内容分析法の適用」『社会福祉学評論』13，1-16.

乙幡美佐江（2016）「Q238養護者への支援」「Q242心理的虐待」「Q251虐待の捉え方」赤沼康弘・池田惠理子・松井秀樹編集代表『Q&A成年後見実務全書第3巻』民事法研究会，p949-953，p966-970，p1003-1006.

乙幡美佐江（2018）「地域連携ネットワークと個人情報の保護」実践成年後見、民事法研究会，38-46.

小野ミツ（2014）「高齢者虐待防止研究の10年のあゆみと今後の課題」『高齢者虐待防止研究』10(1)，8-16.

〔P〕

Payne, B. K. (2005). Crime and elder abuse: An integrated perspective. Springfield: Charles C Thomas.

Phillipson, C and Biggs, S (1992) Understanding Elder Abuse Longman Group UK Limited（=京都社会福祉士会学術研究委員会訳（2005）『高齢者虐待対応マニュアル』ミネルヴァ書房）.

Podnieks, E. (2004). A world view on elder abuse. Paper presented at 9th International Conference on Family Violence, San Diego, CA.

〔R〕

立教大学（2009）「地域包括支援センターの評価に関する研究報告書」平成20年度厚生労労働省老人保健健康増進等事業.

立教大学（2010）「包括的支援事業と地域包括支援センターにおける総合評価に関する研究報告書」平成21年度厚生労働省老人保健健康増進等事業.

Rapp, A.C and Goscha, R.J (2011) The Strength Model: A Recovery-Oriented Approach to Mental Health Service Third Edition, Oxford University Press（=2014田中英樹監訳『ストレングスモデル——精神障害者のためのケースマネジメント第3版』金剛出版）.

Rappleyea, Damon L. Steven M. Harris and Charette A.Dersch (2009) Therapist Response to Intimate PartnerViolence: A Qualitative Content Analysis, Journal of Couple & Relationship Therapy, 8, 34-51.

Rassin, Michal (2011) tactics of concealment among people living with HIV, Deviant Behavior, 32, 101-114.

Rice, Julie Steinkopf (2010) Viewing trade liberalization through a feminist lens: A content analysis of the counterhegemonic discourse of gender and trade advocacy groups, Sociological Spectrum, 30, 289-316.

Richmond, Mary Ellen (1917), Social diagnosis, New York, Russell Sage Foundation.

Rondeau, Krista and Lynn McIntyre (2010)'I know what's gone into it': Canadian farmwomen's conceptualization of food safety, Health, Risk & Society, 12(3), 211-229.

Royse, David (2008) Research Methods in Social Work Fifth Edition, Brooks/Cole, Cengage Learning.

Rutherford, Markella B. (2009) Children's Autonomy and Responsibility: An Analysis of Childrearing Advice, Qual Sociol, 32, 337-353.

〔S〕

才村眞理（2003）「児童虐待防止における自治体ソーシャルワークに関する一考察」『社会福祉学』43(2), 33-45.

才村　純（2005）『子ども虐待ソーシャルワーク論』有斐閣.

斉藤信也・稲葉光行（2004）「質的内容分析法によるインターネット・コミュニティの特性と成熟度に関する研究」『政策科学』11(2), 45-58.

坂田伸子・山口光治（2007）「高齢者虐待予防プログラムの策定に関する取り組み——エンパワメントアプローチに基づいて——」『高齢者虐待防止研究』3(1), 110-120.

佐藤珠美・後藤智子・石山さゆり・他（2010）「女性が分娩・産褥期に経験した排尿の問題と排尿ケアへの要望」『母性衛生』51(3), 178.

佐藤正晴（2001）「テレビドラマの内容分析法・序説——TBS ドラマ『Summer Snow』の内容分析法を例題として」『尚美学園大学総合政策研究紀要』1, 53-68.

佐藤美和子（2009）「日本高齢者虐待防止センターの養護者支援への取り組み——電話相談における養護者支援——」『高齢者虐待防止研究』5(1), 27-31.

Schickedanz, Adam D. Dean Schillinger and C.Seth Landefeld eds (2009), A Clinical Framework for Improving the Advance Care Planning Process: Start

文　献

with Patients' Self-Identified Barriers, JAGS 57, 31-39.

Schneider, L. Robert, Lester Lori and Ocheing Julia（2008）Advocacy, Encyclopedia of social work 20th Edition 1A-C, NASW PRESS OXFORD UNVERSITY PRESS.

Schreier Margrit（2012）Qualitative Content Analysis in Practice, SAGE Publication Inc.

全国老人福祉施設協議会（2017）「養護老人ホーム行動指針」介護保険事業等経営委員会養護老人ホーム部会.

社会保険研究所（2017）『介護報酬の解釈 2 指定基準編』宮嶋印刷.

謝花小百合（2011）「緩和ケア病棟における死別ケアにみる終末期がん患者の家族ケアの構造」沖縄県立看護大学大学院保健看護学研究科2011年度博士学位論文.

Shemmings, D.（2000）. Adult attachment theory and its contribution to an understanding of conflict and abuse in later life relationships. Journal of Adult Protection, 2(3), 40-49.

志村健一（2008）「グラウンデッドセオリー──アクションリサーチの理論と実際──」『ソーシャルワーク研究』34(2), 143-147.

白井千晶（2007）「不妊当事者が抱えるセクシュアリティーの問題」『お茶の水女子大学ジェンダー研究センター年報』10, 75-90.

小児の脳死判定及び臓器提供等に関する調査研究（2009）「脳死下臓器提供者から被虐待児を除外するマニュアル」平成21年度厚生労働科学研究費補助金（厚生労働科学特別研究事業）.

Skidmore, Rex A. and Thackeray, Milton G.（1964）, Introduction to Social Work, Appleton, New York, 340-358.

総務省（2008）「介護保険事業等に関する行政評価・監視結果報告書」総務省行政評価局
（http://www.soumu.go.jp/main_sosiki/hyouka/hyouka_kansi_n/ketsuka_nendo/pdf/000254176.pdf, 2016/4/11）.

総務省（2016）「統計トピックス No. 97統計からみた我が国の高齢者（65歳以上）──敬老の日にちなんで──」総務省統計局
（http://www.stat.go.jp/data/topics/topi971.htm,2017/5/13）.

総社市（2006）「高齢者虐待対応マニュアル」総社市長寿介護課地域ケア推進係

（http://www.city.soja.okayama.jp/tyouzyukaigo/kaigohoken_houkatusien/gyakutaimanyu.html,2017/5/9）.

副田あけみ（2008）「高齢者虐待とソーシャルワーク」『ソーシャルワーク研究』34(2), 96-106.

副田あけみ・土屋典子（2011）「高齢者虐待防止のための実践アプローチ開発」『高齢者虐待防止研究』7(1), 115-123.

副田あけみ・小嶋昌吾編著（2012）『ソーシャルワーク記録・理論と技法』誠真書房.

副田あけみ（2013）『高齢者虐待にどう向き合うか──安心づくり安全探しアプローチ開発──』潮谷出版.

副田あけみ・松本葉子・長沼葉月・ほか（2014）「高齢者虐待対応における機関間協働スキル：行政と地域包括支援センターの場合」『高齢者虐待防止研究』10(1), 95-105.

蘇珍伊（2008）「保育所におけるソーシャルワークの機能に関する研究──保育士の役割に焦点を当てた質的内容分析法──」『現代教育学研究紀要』1, 79-88.

Stemler, S.（2001）An overview of content analysis. Practical Assessment, Research and Evaluation, 7(17)
（http://PAREonline.net/getvn.asp?v=7&n=17,2012/8/25）.

Social Service Inspectorate Department of Health (1993) NO LONGER AFRAID The Sgeguard of older people in domestic settings practice gudelines, London, HMSO (=2007長寿社会開発センター「イギリス社会サービス改革の現状Ⅴ──イギリスにおける高齢者虐待対策──」).

杉本日出子（2008）「うつ病の発症予測」『産業衛生学雑誌』50(1), 21.

鈴木裕久（2006）『臨床心理研究のための質的方法概説』創風社.

鈴木浩之（2016）「子ども虐待に伴う不本意な一時保護を経験した保護者の『折り合い』のプロセスと構造」『社会福祉学』57(2), 1-14.

末原知子（2008）「特集高齢者虐待防止法の改正に向けて──ソーシャルワーカーの立場から；虐待防止法改正に向けて──」『高齢者虐待防止研究』4(1), 27-33.

柴田益江（2014）「高齢者虐待の要因についての研究」金城学院大学大学院人間生活学研究科博士後期課程.

文　献

〔T〕

田窪正則（2009）『SPSS で学ぶ調査系データ解析』東京図書.

田島静・吉岡佳子（2008）「管理監督者と過重労働面接」『産業衛生学雑誌』50⑴，21.

田中千枝子（2009）「ソーシャルワークと権利擁護」『社会福祉学』50⑵，98-102.

田中智志・生田久美子（2012）「教育の共同性とは何か──近しさの基層（司会論文，シンポジウム共同性／協働性／協同性）」『近代教育フォーラム』21，149-159.

田中八州夫（2012）「地域包括支援センター職員の専門性と実用的スキルに関する考察」『同支社政策科学研究』13⑵，139-153.

田中荘司（2015）「高齢者虐待防止研究の10年の歩みと今後の課題」『高齢者虐待防止研究』11⑴，11-22.

高崎絹子・佐々木明子・谷口好美・ほか（1998）『老人虐待の予防と支援──高齢者・家族・支え手をむすぶ』日本看護協会出版会.

高崎絹子・吉岡幸子（2004）「高齢者虐待と高齢者・介護者のアドボカシー──虐待の実態と要因の分析を中心として──」『社会福祉研究』91，49-58.

高崎絹子監修（2010），岸恵美子・小長谷百絵・小野ミツ編『実践から学ぶ高齢者虐待の対応と予防』日本看護協会.

高橋三郎・花田耕一・藤縄昭翻訳「DSM-Ⅲ-R 精神障害の分類と診断の手引き」医学書院.

高瀬幸子（2010）「在宅高齢者へのソーシャルワーク実践のエコロジカル視点に基づく分析──ミックス法による実証的研究──」上智大学社会福祉学博士学位論文.

高柳泰世・宮尾克・石原伸哉（2008）「就労可否判定に関わる色覚検査の功罪」『産業衛生学雑誌』50⑴，21-22.

高山直樹（2009）「社会福祉における権利擁護の意義」『社会福祉学』50⑵，103-106.

高山由美子（2015）「地域包括支援センターにおける社会福祉士の実践に関する論述と研究の動向」『ルーテル学院紀要』49，13-29.

高橋由光（2010）「Usefulness of network analysis in health informatics: Application to public health issues （健康情報学におけるネットワーク分析の

有用性;公衆衛生分野の諸問題への適用)」京都大学大学院医学研究科社会健康医学系専攻2010年度博士学位論文.

滝沢香（2013）「虐待と人権に関する法律の状況」『高齢者虐待防止研究』 9⑴, 9-14.

武田丈（2012）「終章 社会福祉調査の展望」潮谷有二・杉澤秀博編『MINWEVA 社会福祉士養成テキストブック⑤ 社会調査の基礎』ミネルヴァ書房.

竹森幸一・山本春江・浅田豊（2005）「シナリオ学習（PBL 方式）を応用した新しい健康教育モデル（TYA 方式2002）の開発」『青森県立保健大学雑誌』 6 ⑴, 72-74.

滝沢茂男・武藤佳恭（2006）「法整備による超高齢社会の介護システムの確立──日英法比較研究──」『社会技術研究論文集』 4, 43-57.

Tambling, Rachel B., Lee N.Johnson（2010）Client Expectations About Couple Therapy, The American Journal of Family Therapy, 38, 322-333.

多々良紀夫編著, 二宮加鶴香訳（1994）『老人虐待』筒井書房.

多々良紀夫・塚田典子監訳（2004）『世界の高齢者虐待防止プログラム』明石書店.

多々良紀夫（2005）「家庭内における高齢者虐待に関する調査」『高齢者虐待防止研究』 1⑵, 46-59.

多々良紀夫・塚田典子・佐々木隆夫・藤亦麻子（2009）「社会福祉士と高齢者虐待防止活動──全国調査からわかったこと;最終調査報告書にかえて──」『高齢者虐待防止研究』 5⑴, 72-83.

多々良紀夫（2010）「第 1 章 高齢者虐待防止法の理解」日本社会福祉士会『高齢者対応ソーシャルワークモデル実践ガイド』中央法規.

筒井孝子・東野定律（2002）「わが国の高齢者虐待研究における『虐待』の定義と今後の課題;文献的考察」『J.Natl.Public Health』51⑶, 168-173.

所明宏・小山淳子・松田能宣・他（2010）「サイコオンコロジー・緩和医療の卒前医学教育」『心身医学』50⑹, 580.

徳島県（2005）「子どもの虐待防止ハンドブック」徳島県保健福祉部こども未来課.

東京都（2006）「東京都高齢者虐待対応マニュアル」東京都福祉保健局.

東京都（2013）「東京都高齢者権利擁護推進事業高齢者虐待事例分析検討委員会

文　献

報告書」東京都福祉保健局.

東京都健康長寿医療センター研究所（2014）「高齢者虐待・不適切な介護への対応における医療との連携に関する調査報告書」平成24・25年度科学研究費助成事業（学術研究助成基金助成金）（挑戦的萌芽研究）医療との連携促進による在宅認知症高齢者虐待対応に関する研究（JSPS科研費2453158).

東京都福祉保健局「東京都高齢者保健福祉計画（平成27年度～平成29年度)」東京都高齢者保健福祉計画策定委員会

（http://www.fukushihoken.metro.tokyo.jp/kourei/shisaku/koureisyakeikaku/06keikaku2729/06keikakupdf.html,2016/4/30).

東京都福祉保健財団人材養成部福祉人材養成室高齢者権利擁護支援センター編（2014）「区市町村職員・地域包括支援センター職員必携高齢者の権利擁護と虐待対応お役立ち帳」東京都福祉保健財団.

東京都福祉保健財団（2015）「介護支援専門員養成研修教本基礎編５訂版」.

特別区長会事務局・特別区議会議長会事務局・特別区人事・厚生事務組合総務部ら編（2014）「区政会館だより」Vol.287，公益財団法人特別区協議会総務部企画財政課.

特別区長会事務局・特別区議会議長会事務局・特別区人事・厚生事務組合総務部ら編（2016）「区政会館だより」Vol.308，公益財団法人特別区協議会総務部企画財政課.

Taylor, R.L, T.Olds, K.Boshoff and A.E.Lane（2010）Children's conceptualization of the term 'satisfaction': relevance for measuring health outcomes, Child: care, health and development, 36(5)，663-669.

The Elder abuse prevention unit（2014）"Queensland Focus" World elder abuse awareness day special edirion 34,

（http://www.eapu.com.au/uploads/newsletters/34-EAPUNews_WEAAD14.pdf/2015/4/4).

Tiia, Tamm（2010）Professional Identity and Self-concept of Estonian Social Workers, ACADEMIC DISSERTATION To be presented, with the permission of the Faculty of Education of the University of Tampere, for public discussion in the Auditorium of Research Centre for Vocational Education, Korkeakoulunkatu 6, Hämeenlinna,

（http://nbn-resolving.de/um:nbn:de:0114-fqs0002204,2015/4/4).

都丸けい子・斎藤俊則・大野精一（2010）「初任教員の教師キャリア発達等に関する探索的な調査研究（その2）」『日本教育大学院大学紀要』3，119-137.

塚田紀子・多々良紀夫・大石剛一郎ほか（2012）「わが国の高齢者虐待対応におけるアメリカ型法医学センターモデルの応用に関する研究」『高齢者虐待防止研究』8(1)，63-71.

津田右子・金子道子（2005）「臨地実習における学びの構造から明らかになったペプロウ看護論とロイ適応看護モデルの理論と実践の統合――精神看護学実習終了時学生レポートの質的内容分析法を行なって――」『日本適応看護理論研究会学術論文集』4(1)，211-235.

津止正敏（2009）「家族介護者支援のリアリティ――男性介護者研究からの提言――」『高齢者虐待防止研究』5(1)，32-38.

津崎哲郎（2004）「介入型対応における保護者対応の基本原則」，加藤曜子「ソーシャルワーカーのための困った場面の保護者対応ガイド～虐待事例における保護者対応の基本と疑問に答えて～」平成16年度厚生労働科学研究子ども家庭総合研究事業.

津村智恵子（2007）「セルフ・ネグレクト（自己放任）を防ごう」『高齢者虐待防止研究』3(1)，53-58.

津村智恵子・桝田聖子・臼井キミカ（2014）「事例から見た養護者支援の実態と課題――個別養護者支援の実態調査――」『高齢者虐待防止研究』10(1)，33-40.

長寿社会開発センター（2013）「地域ケア会議運営マニュアル～地域の力を引き出す地域包括ケアの推進をめざして～」平成24年度老人保健事業推進費等補助金老人保健健康増進等事業地域ケア会議運営マニュアル作成事業.

常田俊樹（2009）「金沢市の高齢者虐待防止事業における養護者支援の現状と課題」『高齢者虐待防止研究』5(1)，8-13.

〔U〕

上村典子・内藤和美・桜井智子・ほか（2003）「日本で行われた高齢者虐待の実態調査研究の検証」『群馬パース学園短期大学紀要』5(1)，117-154.

上野栄一（2004）「内容分析法の歴史と質的研究の今後の課題」『富山医科薬科大学看護学会誌』5(2)，1-18.

鵜沼憲晴・関根薫（2007）「虐待者である息子の特徴と高齢者虐待防止への視点」『社会福祉学』47(4)，111-123.

文　献

〔W〕

若穂井透「社会福祉と権利擁護」『社会福祉学』50(2)，107-108.

渡部克哉（2008）「高齢者虐待の定義をめぐって──医療機関，英米，そして日本──」『社学研論集』12,157-171.

和田忠志「高齢者虐待とエルダーミストリートメント（elder mistreatment）」『高齢者虐待防止研究』10(1)，17-23.

Walsh, C.A., Olsen, J.L., Plpeg, J.et al. (2011) .Elder abuse and oppretion: Voice of maeginalized elders. Journal of elder abuse & Neglect, 23(1)，17-42.

Wada ichiro (2014) The social costs of child abuse in Japan, Children and Youth Services Review, 46，72-77.

綿谷聡成・奥西英介（2015）「高齢者虐待対応における関係形成が困難な養護者に対するソーシャルワーク実践──「中間域」に焦点をあてた質的分析──」『福井県立大学論集』44，123-145.

WHO（2010）"Framework for action on interprofessional education and collaborative practice" Health Professions Networks Nursing & Midwifery Human Resources for Health

（http://apps. who. int/iris/bitstream/10665/70185/1/WHO_HRH_HPN_10.3_eng.pdf?ua=1,2017/6/1）.

WHO（2013）Elder abuse

（http://www.who.int/ageing/projects/elder_abuse/en/2013/7/9）.

WHO（2015）Elder abuse（http://www.who.int/ageing/projects/elder_abuse/en/2015/2/3）.

White, R. Clyde (1956) The Problem of Knowing in Social Work, Social Work (1)，94-99.

Wolf, R., Strugnell C. P. & Godkin, M. A. (1982) Preliminary Findings from Three Model Projects on Elderly Abuse, Worcester, MA, Centre on Aging, University of Massachusetts Medical Centre.

〔Y〕

山田裕子（2016-2017）「虐待による高齢者の死亡事例等と検証に関する調査研究」科学研究費助成事業.

山岸貴子（2010）「保健師の支援した高齢者虐待事例の家族関係の特徴とその対応」『日本赤十字看護大学紀要』24，104-111.

山口光治（2005）「高齢者放任に対する介護者の意味づけ——ソーシャルワーク実践への象徴的相互作用論アプローチ——」『高齢者虐待防止研究』1 (1), 69-78.

山口光治（2008）「高齢者虐待防止とネットワーク——ネットワーク構築における関係からの視点——」『ソーシャルワーク研究』34(2), 122-128.

山口幸男（1991）『司法福祉論』ミネルヴァ書房.

山本繁樹（2010）「男性介護者による高齢者虐待に関する考察」『高齢者虐待防止研究』6 (1), p13-20.

山下興一郎（2008）「高齢者虐待対応や権利擁護における地域包括支援センター等の役割と課題」『ソーシャルワーク研究』34(2), 114-121.

山城五月・前田和子・上田礼子・他（2008）「児童虐待防止活動における専門職者の教育的ニーズ——沖縄県離島の場合——」『沖縄県立看護大学紀要』9, 1-9.

安井洵子（2010）「ケアとは何か——メイヤロフ, キリガン, ノディングスにとっての『ケア』」『哲学論叢』第37号別冊, S119-S130.

安田美予子（2012）「第6章質的調査のデータの整理と分析」, 潮谷有二・杉澤秀博・武田丈編 『社会調査の基礎 MINELVA 社会福祉士養成テキストブック』ミネルヴァ書房.

横山正博・山根俊恵・吉島豊録・ほか（2009）「介護支援専門員の体験する『ゆらぎ』の構造方程式モデリングによる分析」『山口県立大学学術情報 社会福祉学部紀要』第2号, 1-12.

米本秀仁「権利擁護実践の理論構築」『社会福祉学』50(2), 109-110.

吉田勉・寺澤和彦・加藤隆寛・他（2008）「4.3直交代制勤務者に対する抗菌薬（メイアクト錠100mg）の服薬指導」『産業衛生学雑誌』50(1), 21.

Youdin, Robert (2014) Clinical Gerontological Social Work Practice, Springer Pubishing Cpmpany, LLC.

結城康博（2014）「養護老人ホームにおける関係従事者の意識分析」『淑徳大学研究紀要（総合福祉学部・コミュニティ政策学部)』48, 331-341.

湯原悦子（2010）「イギリスとオーストラリアの介護者法の検討」『日本福祉大学社会福祉論集』122, 1-14.

Yuhwa E, Eileen A, and Charissa C (2011) A New Methodology for Assessing Social Work Practice: The Adaptation of the Objective Structured Clinical

文　献

Evaluation（SW-OSCE），Social Work Education �30 2，170-185.

遊佐安一郎（1984）『家族療法入門　システムズ・アプローチの理論と実際』星和書店.

〔Z〕

Zeman L, Swanke J, and Doktor J（2011）Measurable Successes for Children with ASD: Perspectives from Mothers' Virtual Journals, School Social Work Journal, �36 1，61-78.

〔巻末資料〕

アンケート調査依頼文・調査票

平成27年1月19日

地域包括支援センター各位
高齢者虐待対応の担当者殿

「養護者による高齢者虐待の悪化防止」に関する
調査協力のお願い

　拝啓、時下ますますご清祥のこととお慶び申し上げます。地域包括支援センターにおかれましては、日頃より、権利擁護業務において、高齢者虐待が疑われる段階から相談対応を実施し、ご尽力されていることと思います。

　高齢者虐待予防研究会では、養護者による高齢者虐待の予防的支援策を構築することを目的に研究を行っております。

　この調査は、二次予防とされる虐待の「悪化防止」に焦点をあて、全国の地域包括支援センターを対象に実施しております。本調査を通して、養護者支援を含め、高齢者が虐待を受けたとされる時点から悪化することなく支援できる体制を提言することを考えております。

　ご回答は、無記名でお願いし、高齢者虐待対応に当たっている専門職の方にご記入をお願いいたします。すべて統計的な数値として取りまとめいたしますので、事業所名などが公表されることはございません。

　恐れ入りますが、2月28日（土）までに同封の返送用封筒でご投函下さいますようお願い申し上げます。

　なお、本調査は、ルーテル学院大学の研究倫理委員会にて承認されております。また、本調査で得られました情報は、上記趣旨以外での利用はいたしません。研究終了後には、研究者が責任を持って破棄いたします。本調査へのご協力は任意です。調査の趣旨にご同意くださいましたら、ご記入をおねがいいたします。調

301

巻末資料

査票の回収を持って本調査への同意をいただいたこととさせていただきます。

　以上、本調査の趣旨をご理解いただき、ご協力いただけますよう、重ねてお願い申し上げます。

高齢者虐待予防研究会代表

ルーテル学院大学大学院教授　福山　和女

担当　乙幡美佐江

連絡先：ルーテル学院大学

〒181-0015東京都三鷹市大沢3—10—20

ＴＥＬ　0422—31—4611

ＦＡＸ　0422—33—6405

巻末資料

2015年1月

「養護者による高齢者虐待」の悪化防止に関する調査

ルーテル学院大学　高齢者虐待予防研究会

> この調査は無記名式です。
> 虐待対応に当たっている専門職の方にご回答をお願いしています

【基本情報】

Ⅰ　現在勤務している貴地域包括支援センターについて、該当する数字に○をつけてください。

問1	1．市区町村　　2．社会福祉協議会　　3．社団法人・財団法人 4．社会福祉法人　　5．医療法人（社団・財団）　　6．株式会社 7．その他（　　　　　）
問2	貴地域包括支援センターの所在地を教えてください。 1．都道府県名（　　　　　　　　）　　2．市部　　3．区部 4．町村部
問3	貴地域包括支援センターの職員は、常勤換算で何名配置されていますか？　　　　　　　　　　　　　　　　　　　　　　　　　　　　名

Ⅱ　あなたご自身（回答者）について該当する数字に○をつけてください。

問1	現在勤務している以外の地域包括支援センターも含め、地域包括支援センターの職員としての経験年数は何年ですか？　　　　　　　年
問2	現在の地域包括支援センターで、あなたはどの職種で採用されていますか？ 1．社会福祉士　　2．主任ケアマネジャー　　3．保健師・看護師 4．その他（　　　　　）
問3	あなたの持っている資格全てに○をつけてください。 1．介護福祉士　　　　2．保健師・看護師　　3．社会福祉士 4．その他の介護職　　5．その他の医療職　　6．その他の相談職 7．介護支援専門員　　8．精神保健福祉士　　9．前記以外（　　　　）
問4	あなたの性別を教えてください　1．男性　　2．女性

303

巻末資料

> 問5　あなたがこの2年の間で、虐待（疑い）の事案を扱ったことがあるか
> どうか教えてください。
> 　1．ない　　　　　　2．ある＿＿＿＿＿＿＿件くらい

【養護者による高齢者虐待】への対応について

　貴地域包括支援センター（以下包括）の虐待（疑い）事案への対応について以
下の問にお答えください。

問1　早期発見について、該当する数字に○をつけてください。

> 【回答番号の意味する内容について】
> 　1　全事案で実施している　　2　ほとんどの事案で実施している
> 　3　半分程度実施している　　4　ほとんどの事案で実施していない
> 　　　　　　5　全く実施していない

1	介護保険申請者のうち、サービス未利用の方の実態把握を実施している	1	2	3	4	5
2	転入・転出時がある虐待事案において、管轄市区町村・包括と、虐待情報を共有している	1	2	3	4	5
3	本人の居住地と住所地がずれている虐待事案において、支障なく対応している	1	2	3	4	5
4	虐待（疑い）事案は、包括のケアマネジャー支援業務だけで対応している	1	2	3	4	5
5	医療機関や警察、保健所が虐待を発見した事案は、発見後すぐに通報がされている	1	2	3	4	5

巻末資料

問2　通報受付と報告について該当する数字に○をつけてください。

> 1　当てはまる　2　当てはまらない

1	市区町村に伝えていない虐待（疑い）事案がある	1	2
2	市区町村・包括は、虐待（疑い）の通報を、受付けなかったことがある	1	2
3	近隣住民から、虐待対応に協力を受けている （例：通報の協力や、怒鳴り声が聞こえた時間や内容をメモしてもらうなど）	1	2
4	通所介護などのサービス事業所が発見した場合、ケアマネジャーを通して通報を受けることが多い	1	2
5	ケアマネジャーなどの関係機関から包括への相談・通報理由に該当するものすべてに○をしてください 　1　訪問・通所・入所などサービスの導入を試みたが、拒否された 　2　養護者や本人の行動変容を促したが、かわらなかった 　3　親族に対応してくれそうなキーパーソンを探したが、いなかった 　4　成年後見制度の利用が必要な状況にあった 　5　その他（　　　　　　　　　　　　　　　　　　　　　　　　　　）|		

問3　協議について該当する数字に○をつけてください。

> 1　全事案で実施している　2　ほとんどの事案で実施している
> 3　半分程度実施している　4　ほとんどの事案で実施していない
> 5　全く実施していない

1	包括内部で、通報内容を共有している	1	2	3	4	5
2	虐待事案において、コア会議（包括と市区町村で緊急性などの合議の場）を開催している	1	2	3	4	5
3	コア会議に、虐待対応主管課の管理職（課長職以上）が参加している	1	2	3	4	5
4	虐待事案において、個別ケース会議を開催している	1	2	3	4	5

305

巻末資料

5	高齢者本人や養護者の死亡事案も含め、振り返り会議をしている	1	2	3	4	5
6	虐待事案を、会議（コア、個別、進行管理会議など）において終結を判断している	1	2	3	4	5

7　終結の理由に当てはまるものすべてに○をつけてください。
　　1　本人及び養護者の死亡　　2　施設入所による分離
　　3　在宅サービス導入　　4　養護者支援　　5　成年後見制度など利用開始
　　6　数か月間虐待が確認されなかった　　7　その他（　　　　　　）

8　虐待（疑い）にかかる情報（通報者や保護先など）の漏れ防止体制に当てはまるものすべてに○をつけてください。
　　1　関係者へ守秘義務に関する誓約書を求めるなど、文書により防止を図っている
　　2　関係機関が集まる会議や情報収集の時に、口頭で情報の漏洩について注意喚起している
　　3　高齢者本人の保護先が養護者に漏れた場合に、保護先を移す対応をしている
　　4　その他（　　　　　　　　　　　　　　　　　　　　　　　）

問4　事実確認について、該当する数字に○をつけてください。

1　当てはまる　　2　当てはまらない　　3　わからない

1	通報受付け後、おおむね48時間以内に本人の安全を確認している	1	2	3
2	医療機関や介護サービス事業所などの関係機関から、必要な情報を収集している	1	2	3
3	経済情報や介護保険に係る情報など、必要な行政内の情報を得ている	1	2	3
4	本人の居住地と住所地が異なる場合、必要な情報を住所地の行政から得ている	1	2	3

306

巻末資料

問5　当該市区町村の体制による権限行使の状況について、あなたの考えをお聞かせください。

> 1　当てはまる　2　当てはまらない　3　わからない

1	立入調査は、必要時に実施されている	1	2	3
2	警察署長への援助要請は、必要時に依頼されている	1	2	3
3	「やむを得ない事由による措置」は、必要時に実施されている	1	2	3
4	契約による保護後、必要時に「やむを得ない事由による措置」への切替えがなされている	1	2	3
5	養護者などとの面会は、必要時に制限されている	1	2	3
6	面会制限をかけると同時に、面会の解除についても検討されている	1	2	3
7	保護先の施設管理権による面会制限の依頼が実施されている	1	2	3
8	施設への優先入所依頼は、必要時に実施されている	1	2	3
9	首長申立による成年後見制度利用開始の審判請求は、必要時に実施されている	1	2	3
10	成年後見制度利用支援事業は、条件（後見類型のみ該当など）なく活用できる体制にある	1	2	3
11	成年後見制度の申立手続きや判断が、裁判所によって異なる	1	2	3
12	消費者被害の相談は、消費生活関係部署・機関につなげている	1	2	3
13	医療機関に対して行政権限による保護ができず、虐待対応上、困ったことがある	1	2	3
14	本人を施設に保護・サービス導入時に、本人の同意を得ている	1	2	3
15	本人を施設に保護・サービス導入時に、本人自身が意思を決定できるよう支援している	1	2	3
16	市区町村の虐待対応主管課管理職の判断の有無が、虐待対応を左右している	1	2	3

巻末資料

問6　虐待者である養護者の支援について該当する数字に○をつけてください。

> 1　全事案で実施している　2　ほとんどの事案で実施している
> 3　半分程度実施している　4　ほとんどの事案で実施していない
> 5　全く実施していない

1	虐待対応中に面接などで、養護者の状況を把握している	1	2	3	4	5
2	面会を制限する事案において、養護者が本人に会いたい時どうするかを説明している	1	2	3	4	5
3	市区町村が制限を行使する事案において（施設への保護など）、養護者に対し、高齢者本人の安全を確保したことや今後の支援についてなど、説明を行っている	1	2	3	4	5
4	虐待対応中に、養護者のための支援チームを結成している	1	2	3	4	5
5	養護者の支援チームにバトンタッチし、虐待対応を終結している	1	2	3	4	5
6	養護者からの訴訟について、包括ないしは市区町村でリスクを検討している	1	2	3	4	5
7	養護者の自殺については、包括ないしは市区町村でリスクを検討している	1	2	3	4	5

8-1　在勤の包括全体で扱った虐待（疑い）事案において、虐待対応（分離など）が原因で、養護者が死亡したと思われる事案がありますか？
　　　　1　ない　2　ある
8-2　【1の回答のみ】何件ありましたか？　　　　　件
8-3　その事案について振り返り会議を実施しましたか？
　　　　1　実施した　2　実施していない

9-1　包括以外の関係機関が養護者支援に関わる時、業務範囲外での関わりとなる場合がありますか？
　　　（例：お金にならないボランティア的な関わりをお願いするなど）
　　　　1　ある　2　ない
9-2　【1の回答のみ】　どんなお願いですか？
　　　（具体例：　　　　　　　　　　　　　　　　　　　　　　　　）

巻末資料

10 養護者支援に必要だと思われることをご自由にお書きください。

問7 モニタリング、評価などについて該当する数字に○をつけてください。

1 全事案で実施している 2 ほとんどの事案で実施している
3 半分程度実施している 4 ほとんどの事案で実施していない
5 全く実施していない

1	虐待事案に対し、虐待対応の支援計画を作成している	1	2	3	4	5
2	虐待事案に対し、支援計画に基づいたモニタリングを実施している	1	2	3	4	5
3	虐待事案に対し、支援計画に基づいた評価を実施している	1	2	3	4	5
4	市区町村と包括が、虐待事案の進行状況を管理している	1	2	3	4	5

問8 普及啓発と体制整備について該当する数字に○をつけてください。

1 当てはまる 2 当てはまらない 3 わからない

【体制について】			
1	都道府県が設置している機関を活用している	1	2	3
2	民間の機関を活用している	1	2	3
3	高齢者虐待防止ネットワークを活用している	1	2	3
4	包括の管理職は、虐待事案の全てを詳細に把握している	1	2	3
5	包括の管理職は、所属法人などの管理職へ適宜に報告している	1	2	3
6	高齢者虐待防止のパンフを配布している	1	2	3

309

7	厚労省、都道府県など作成の高齢者虐待対応に関するマニュアルを活用している	1	2	3
8	市区町村や包括で、高齢者虐待防止マニュアル作成している	1	2	3
9	庁内情報の目的外利用と外部提供について、市区町村が要綱の作成や個人情報保護審議会に諮るなど体制整備している	1	2	3

【調査・研修】

10	市区町村において独自に虐待に係る調査研究を実施している	1	2	3
11	直営包括の方に伺います。厚労省の調査に全ての虐待（疑い）案件を記入できていない	1	2	3
12	包括三職種全員が、高齢者虐待防止に関する研修を受けている	1	2	3
13	包括や市区町村が、市民対象の高齢者虐待防止に関係する研修を実施している	1	2	3
14	包括や市区町村が、家族介護者対象の高齢者虐待防止に関係する研修を実施している	1	2	3
15	包括は、行政職員対象の高齢者虐待防止に関係する研修に関わっている	1	2	3
16	包括や市区町村が、医療保健福祉関係機関対象の高齢者虐待防止に関する研修を実施している	1	2	3

【その他】

17-1	包括や行政の職員の異動・退職などによる虐待対応への影響を防ぐ体制を整備している			
17-2	【1の回答のみ】　整備している場合、具体的に教えてください ⟵ （　　　　　　　　　　　　　　　　　　　　　　　　　）	1	2	3
18-1	虐待対応をしているとき、あなた自身又は関係者が怖い思いをした			
18-2	【1の回答のみ】　どんな怖い思いをしたことがありますか？（例：つきまとわれる可能性など）⟵ （　　　　　　　　　　　　　　　　　　　　　　　　　）	1	2	3
19	包括の虐待対応記録について開示請求を受けた	1	2	3

20	虐待対応上、包括や関係職員の身の安全を保証する体制に該当するものに〇をつけてください。

　　1　二人体制で訪問する　　2　男性職員と訪問する
　　3　その他（　　　　　　　　）

問9　高齢者虐待の悪化を防止するために必要だと思われることをご自由にお書きください。

　　　　　　　お忙しい中ご協力いただきまして、誠にありがとうございました。

事項索引

【英字】

Abandonment　*17*
Discrimination and mistreatment of older adult workers　*17*
GT 法　*85*
MAXQDA 10　*185*
Social abuse　*17*
SOS　*102*
SPSS Ver. 22　*185*
WHO　*2*

【ア行】

愛着理論　*20*
アウトリーチ　*4*
アウトリーチ機能　*163*
アセスメント　*11*
悪化防止　*9、44、301*
アドボカシー　*39*
アンケート　*301*
意思決定支援　*228*
委託型地域包括支援センター　*180*
一般健康モデル　*51*
医療同意　*156*
インテーク　*11*
インフォーマルな社会資源　*105*
エイジズム　*20*
演繹的な方法（concept-driven way）　*85*
エンパワメント　*39*

【カ行】

介護・世話の放棄・放任　*18*
介護予防　*49*
介護予防事業　*13*
ガイドライン　*107*
カイ二乗検定　*185*
カウンセラー　*221*
家族システム論　*21*

環境システムズ論　*21*
関係者・関係機関　*80*
管理職　*150*
キーパーソン　*156*
基幹型地域包括支援センター　*181*
危機　*62*
危機回避能力　*99*
危機理論　*19*
記述統計　*184*
虐待対応機関　*80*
虐待対応プロセス　*35*
虐待防止ネットワーク　*235*
客観性　*170*
強権的介入　*39*
居宅介護支援事業所　*152*
記録　*29*
緊急性　*100*
クロス集計　*185*
ケアシステム　*45*
ケア提供者　*3*
経験年数　*208*
経済的虐待　*18*
警察　*221*
啓発　*154*
権限行使　*33*
研修　*154*
検証　*76、253*
権利擁護業務　*10、212*
コアメンバー　*31、33*
公衆衛生モデル　*51*
公衆衛生理論　*21*
公的マニュアル　*177*
行動変容　*213*
高齢アメリカ人法　*26*
高齢者虐待防止法　*13*
高齢者虐待予防計画　*72*
コーダー　*86*

事項索引

コーディングフレーム　*88*
国際ソーシャルワーカー連盟（IFSW）　*10*
個人情報保護法の例外規定　*36*
混合研究法　*11*

【サ行】
再発防止　*9、44*
残差分析　*185*
ジェネリック・ソーシャルワーク　*38*
支援計画　*33*
支援計画策定・実行　*11*
支援者支援　*245*
支援プロセス　*11*
市区町村マニュアル　*235*
事後対応型福祉　*53*
自殺リスク　*30*
事実確認　*31、32*
事前対応型福祉　*53*
質的調査　*266*
質的内容分析法　*85*
質問紙調査　*184*
児童虐待防止法　*13*
死亡　*201*
社会システム理論　*19*
社会正義と人権　*10*
社会的交換理論　*19*
社会福祉士　*31*
終結　*34*
主任介護支援専門員　*31*
守秘義務違反　*36*
順次的手順　*12*
障害者虐待防止法　*13*
人権侵害　*270*
進行管理　*153*
身体的虐待　*18*
心理的虐待　*18*
スクリーニング　*57*
ストレス理論　*19*
ストレングス　*158*

ストレングス理論　*21*
スペシフィック・ソーシャルワーク　*38*
生活機能評価　*48*
生活習慣病予防　*48*
生活保護　*221*
性的虐待　*18*
成年後見制度　*27*
成年後見制度利用支援事業　*151*
生物・心理・社会的モデル　*51*
接近困難事例　*39*
セルフ・ネグレクト　*2*
全世代対応型地域包括センター　*4*
全米ソーシャルワーカー協会　*40*
相談・通報・届出　*32*
相談助言・広域調整機関　*167、253*
ソーシャルワーク　*13*
ソーシャルワークのグローバル定義　*10*
ソーシャルワークの敗北　*37*
ソーシャルワークモデル　*38*
訴訟リスク　*30*
ソフトアプローチ　*37*

【タ行】
ターゲット別介入モデル　*51*
第一次予防　*44*
第二次予防　*44*
第三次予防　*44*
体制整備　*32*
タイムラグ　*215*
多職種連携　*41*
立入調査　*9*
縦軸　*264*
妥当性　*170*
多変量解析　*268*
男性介護者　*28*
地域共生社会　*3*
地域包括支援センター　*23*
地域包括システム　*3*
チームアプローチ　*166*

313

事項索引

庁内情報　*235*
直営型地域包括支援センター　*181*
通報義務　*162*
通報義務　*212*
データ主導（data-driven way）　*85*
当事者　*80*
独自性　*259*
トライアンギュレーション　*12*

【ナ行】
日常生活自立支援事業　*152*
認知社会的システムモデル　*51*
ネットワーク　*155*

【ハ行】
ハードアプローチ　*37*
配偶者等虐待防止法　*13*
ハイリスク　*44*
発生率　*5*
犯罪学　*20*
評価　*11、34*
フォーマルな社会資源　*105*
普及啓発　*270*
不適切ケア　*16*
普遍化　*170*
分析方法　*263*
変化　*160*
弁護士　*163*
変数　*191*
防衛的反応　*158*
包括的継続的支援システム　*257*
保健師　*31*
保健所　*221*

【マ行】
マクロ　*20、45*
マニュアル　*128*
マルチメソッド　*12*
ミクロ　*20、45*
未然防止　*9、44*
身元保証人　*156*
メゾ　*20、45*
メディカル・モデル　*39*
面会制限　*9*
モニタリング　*11、34*
モニタリングシステム　*179*

【ヤ行】
役割理論　*19*
有意差　*241*
養護者　*157*
養護者支援　*8、28*
養護者支援チーム　*157*
養護受託　*151*
要支援・要介護認定　*5*
横軸　*264*
予防医学　*13*
予防概念　*262*
予防精神医学　*13*

【ラ行】
リーガル・モデル　*38*
リサーチクエスチョン　*86*
離職　*64*
リスクアセスメントシート　*41*
リスク要因保持者　*60*
量的調査　*265*
老人福祉法　*26*

314

〔著者略歴〕

乙幡　美佐江（おっぱた　みさえ）

社会福祉士、介護支援専門員

〔略歴〕　東洋大学大学院社会学研究科福祉社会システム専攻修士課程修了（社会学修士）、ルーテル学院大学大学院総合人間学研究科社会福祉学専攻博士後期課程修了（社会福祉学博士）

〔経歴〕　デイサービスセンター相談員、在宅介護支援センター相談員、居宅介護支援事業所ケアマネジャー、社会福祉協議会主事、地域福祉権利擁護事業専門員、介護認定審査会委員、介護保険審査会専門調査員、介護支援専門員実務・現任研修講師、地域包括支援センター相談員、成年後見人、市保健福祉部介護福祉課権利擁護担当、地域包括支援センタースーパーバイザー、権利擁護関係各種研修企画実施・講師などを務め、現在、公益財団法人東京都福祉保健財団人材養成部福祉人材養成室高齢者権利擁護支援センター専門相談員、駒沢女子大学人文学部非常勤講師

〔主な業績〕　一般社団法人日本社会福祉学会関東部会奨励賞受賞（2014年）、「ソーシャルワーク研究における質的内容分析法の適用」社会福祉学評論13号（2014年）、「地域連携ネットワークと個人情報の保護」実践成年後見73号（2018年）、「社会福祉士による成年後見制度の実践と認知症高齢者福祉に関する課題」老年精神医学雑誌30巻1号（2019年）。

〔その他〕　東京社会福祉士会地域包括支援センター委員会副委員長、高齢者虐待防止学会法制度推進委員会委員　など

ソーシャルワーク実践による高齢者虐待予防

2019年3月28日　第1刷発行

定価　本体4,000円＋税

著　　者　　乙幡　美佐江

発　　行　　株式会社　民事法研究会

印　　刷　　株式会社　太平印刷社

- -

発 行 所　株式会社　民事法研究会

　　　　　〒150-0013　東京都渋谷区恵比寿 3-7-16

　　　　　〔営業〕　TEL 03(5798)7257　FAX 03(5798)7258

　　　　　〔編集〕　TEL 03(5798)7277　FAX 03(5798)7278

　　　　　http://www.minjiho.com/　　info@minjiho.com

落丁・乱丁はおとりかえします。　　ISBN978-4-86556-281-1　C3032　¥4000E
カバーデザイン：関野美香

実務に即応する信頼と実績の法律専門書

法律・医療などの基礎から、財産管理・身上監護の基本的知識、実務上の留意点までを解説！

権利擁護と成年後見実践〔第2版〕
─社会福祉士のための成年後見入門─

(社)日本社会福祉士会 編　　　　　　　　　（A5判・458頁・定価 本体3700円＋税）

意思決定支援をめぐる議論、JR東海事件をはじめとする成年後見をめぐる裁判例等、最新動向を織り込み改訂！

専門職後見人と身上監護〔第3版〕

上山　泰　著　　　　　　　　　　　　　　　（A5判・347頁・定価 本体3000円＋税）

日常生活の困りごとから確実な遺言の残し方まで高齢者の不安にわかりやすく回答！

今を生きる高齢者のための法律相談

特定非営利活動法人 遺言・相続・財産管理支援センター 編 （A5判・177頁・定価 本体1400円＋税）

最新の家庭裁判所の運用、改正民法、家事事件手続法、成年後見制度利用促進法等に対応し改訂！

事例に学ぶ成年後見入門〔第2版〕
─権利擁護の思考と実務─

弁護士　大澤美穂子　著　　　　　　　　　（A5判・255頁・定価 本体2300円＋税）

当事者間の調整の方法、支援機関の利用方法など実践的なアドバイスを多数収録！

代理人のための面会交流の実務
─離婚の調停・審判から実施に向けた調整・支援まで─

片山登志子・村岡泰行 編　　面会交流実務研究会 著 （A5判・195頁・定価 本体2200円＋税）

扶養義務の学説・裁判例の状況等を確認し、改正生活保護法における扶養義務と生活保護利用との関係を解説！

生活保護と扶養義務

近畿弁護士会連合会 編　　　　　　　　　　（A5判・144頁・定価 本体1400円＋税）

発行 ㊲ 民事法研究会　〒150-0013 東京都渋谷区恵比寿3-7-16
（営業）TEL 03-5798-7257　FAX 03-5798-7258
http://www.minjiho.com/　info@minjiho.com

公益社団法人　成年後見センター・リーガルサポート　編

厚生労働省「市民後見人養成のための基本カリキュラム」対応

初版発刊から約3年の間の成年後見をめぐるめまぐるしい動きに対応するため、最新の法令・実務に基づき改訂！

市民後見人養成講座〔第2版〕

《全3巻》　2色刷

テキスト採用自治体多数！（弊社HP参照）

【手引あります！】

本書をテキストとしてご採用いただいた養成研修実施機関向けに「活用の手引」をご用意しています。

実施機関や講師がどのようにカリキュラムを組み、どのような内容を取り上げるかを考える際に参考としていただき、『市民後見人養成講座』を効率的に活用していただくことができます。サンプルは弊社HP＜http://www.minjiho.com/html/page18.html＞からご覧いただけます（電子データ［PDF］でのご提供になります）。

第1巻	成年後見制度の位置づけと権利擁護	定価　本体 2,100円＋税
第2巻	市民後見人の基礎知識	定価　本体 2,600円＋税
第3巻	市民後見人の実務	定価　本体 1,700円＋税

本書の特色と狙い

▷ 専門職後見人の全国組織であるリーガルサポートが総力をあげて、市民後見人養成に適するテキストを作成！リーガルサポートの会員司法書士のほか、厚生労働省、法務省、家庭裁判所、弁護士、社会福祉士、医師、精神保健福祉士などが、それぞれの専門分野で執筆！

▷ 豊富な実務経験に基づき、単に養成だけでなく、その後の市民後見人としての活動を見据えての必要な知識＝実務に直結する内容を、あますところなく収録。

① **成年後見実務の基本的視点**　みずからの行動指針（倫理）を持ち行動することができる市民後見人を養成することをめざします。

② **就任直後の実務**　法定後見制度の利用に関する手続の流れを学び、制度の理解を深めるとともに、就任直後の職務について、市民後見人が円滑に後見業務をスタートできるよう、実務的な内容に踏み込んで詳細に解説しています。

③ **就任中の実務**　後見人の職務の2本柱である財産管理と身上監護について、具体的手法を詳細に解説しています。

④ 後見実務において大きな問題となっていた成年後見人の**死後の事務**と**郵便物の転送**について、平成28年の民法改正を踏まえて詳細に解説しています。

≪第2版での主な変更点≫

【初版刊行後に改正、新たに成立した法律】

精神保健福祉法改正法／障害者差別解消法／介護保険法改正法／障害者権利条約（批准）／成年後見制度利用促進法／民法等改正法等

【初版刊行後にあった大きなできごと】

成年被後見人の選挙権回復、JR東海事件——認知症高齢者徘徊鉄道事故訴訟等

これらを盛り込み、最新の法令・実務に基づき改訂！

発行　民事法研究会

〒150-0013　東京都渋谷区恵比寿3-7-16
（営業）TEL. 03-5798-7257　FAX. 03-5798-7258
http://www.minjiho.com/　info@minjiho.com

▶成年後見実務の第一線で活躍する弁護士・司法書士・社会福祉士等の実務家が、制度の理念から実務までを、最新の法令・理論・実務に基づき網羅的に解説！

成年後見制度の理念、制度へのつなぎから申立て、審判、そして後見計画の作成と登記などの法定後見の開始に向けた実務から開始時の実務までを解説！

Q＆A成年後見実務全書〔第1巻〕

編集代表　赤沼康弘・池田恵利子・松井秀樹　　Ａ5判・371頁・定価　本体3800円＋税

第1部　総　論
第2部　法定後見Ⅰ
　第1章　後見等開始に向けた実務／第2章　後見等開始時の実務

成年後見人等の権限や職務の範囲など実務全般の問題から財産管理の方法、補助・保佐の同意権・代理権、報酬・費用、高齢者介護・障害者福祉などの対応を収録！

Q＆A成年後見実務全書〔第2巻〕

編集代表　赤沼康弘・池田恵利子・松井秀樹　　Ａ5判・569頁・定価　本体5200円＋税

第2部　法定後見Ⅱ
　第3章　後見等開始後の実務

医療、虐待、就労や日常生活の支援、年金、生活保護、消費者問題、相続・遺言、信託、税務、親亡き後問題などの対応を収録！

Q＆A成年後見実務全書〔第3巻〕

編集代表　赤沼康弘・池田恵利子・松井秀樹　　Ａ5判・432頁・定価　本体4300円＋税

第2部　法定後見Ⅲ
　第3章　後見等開始後の実務

成年後見監督人の実務や任意後見のほか、平成28年4月に成立した民法等改正法の内容を盛り込み、死後の事務について解説！

Q＆A成年後見実務全書〔第4巻〕

編集代表　赤沼康弘・池田恵利子・松井秀樹　　Ａ5判・484頁・定価　本体4600円＋税

第2部　法定後見Ⅳ
　第4章　成年後見監督人等の実務／第5章　後見終了をめぐる実務
第3部　任意後見
　第1章　任意後見開始に向けた実務／第2章　任意後見開始時の実務
　第3章　任意後見人・任意後見監督人の実務／第4章　任意後見の終了をめぐる実務

発行　民事法研究会　〒150-0013　東京都渋谷区恵比寿3-7-16
（営業）TEL 03-5798-7257　FAX 03-5798-7258
http://www.minjiho.com/　　info@minjiho.com

実務に即応する信頼と実績の法律専門書

高齢者虐待防止法の条文を逐条的に解説したうえで、同法に基づく高齢者虐待の防止に向けた取組みを詳解！

高齢者虐待防止法活用ハンドブック〔第2版〕

日弁連高齢者・障害者の権利に関する委員会　編　　　（Ａ5判・266頁・定価 本体2300円＋税）

障害者虐待防止法について、政令・省令・厚生労働省マニュアルを踏まえて、実践的な解説と活用法を明示！

障害者虐待防止法活用ハンドブック

日弁連高齢者・障害者の権利に関する委員会　編　　　（Ａ5判・345頁・定価 本体2600円＋税）

障害者総合支援法や介護保険法、民法等の改正に対応したほか、高次脳機能障害者の事例などを追加！

社会福祉士がつくる身上監護ハンドブック〔第2版〕

小賀野晶一・公益社団法人東京社会福祉士会　編　　　（Ｂ5判・235頁・定価 本体2700円＋税）

本人に宛てた郵便物等の成年後見人への配達の嘱託（回送嘱託）と死後事務許可の審判申立事件を追録！

書式　成年後見の実務〔第三版〕
―申立てから終了までの書式と理論―

坂野征四郎　著　　　（Ａ5判・404頁・定価 本体3800円＋税）

後見人が直面するさまざまな課題について、ストーリーとエピソードでわかりやすく解説！

エピソードで学ぶ成年後見人―身上監護の実際と後見活動の視点―
エピソードで学ぶ成年後見人 PartⅡ―虐待等対応と後見活動の視点―

池田惠利子・公益社団法人あい権利擁護支援ネット　編（Ａ5判・180頁・定価本体1400円＋税）PartⅡ（Ａ5判・175頁・定価本体1500円＋税）

成年後見制度利用促進基本計画を新たに収録！ 民法は現行法と債権関係改正法を織り込んだ両方を収録！

後見六法〔2018年版〕

公益社団法人 成年後見センター・リーガルサポート　編　（Ａ5判・707頁・定価 本体3800円＋税）

発行 ㊙ 民事法研究会　〒150-0013 東京都渋谷区恵比寿3-7-16
（営業）TEL03-5798-7257　FAX 03-5798-7258
http://www.minjiho.com/　info@minjiho.com